DIRECTEURS DE COLLECTION ET AUTEURS
Dominique AUZIAS et Jean-Paul LABOURDETTE

AUTEURS
Céline PIETERS, Nathalie LAMBERT, Céline PEREY, , Jean-Paul LABOURDETTE, Dominique AUZIAS et alter

DIRECTEUR ÉDITORIAL
Stéphan SZEREMETA

RÉDACTION
Patrick MARINGE, Caroline MICHELOT, Morgane VESLIN, Pierre-Yves SOUCHET, Talatah FAVREAU

MAQUETTE ET MONTAGE
Julie BORDES, Sandrine MECKING, Delphine PAGANO, Laurie PILLOIS

ICONOGRAPHIE ET CARTOGRAPHIE
Maxime LAFON

DIRECTEUR DES VENTES
Bénédicte MOULET assistée d'Aissatou DIOP et Vianney LAVERNE

RESPONSABLE DES VENTES
Jean-Pierre GHEZ assisté de Nathalie GONCALVES

RELATIONS PRESSE-PARTENARIATS
Jean-Mary MARCHAL

PRÉSIDENT
Jean-Paul LABOURDETTE

DIRECTRICE ADMINISTRATIVE ET FINANCIÈRE
Valérie DECOTTIGNIES

DIRECTRICE DES RESSOURCES HUMAINES
Dina BOURDEAU assistée de Sandra MORAIS et d'Angela DE OLIVEIRA

COMPTABILITÉ
Jeannine DEMIRDJIAN, Christelle MANEBARD, Adrien PRIGENT

RECOUVREMENT
Fabien BONNAN assisté de Sandra BRIJLALL et Belinda MILLE

CITY TRIP BRUXELLES 2017

NOUVELLES ÉDITIONS DE L'UNIVERSITÉ©
Dominique AUZIAS & Associés©
18, rue des Volontaires - 75015 Paris
Tél. : 33 1 53 69 70 00 - Fax : 33 1 53 69 70 62

Imprimé en France par IMPRIMERIE CHIRAT
42540 Saint-Just-la-Pendue

Pour nous contacter par email, indiquez le nom de famille en minuscule suivi de @petitfute.com
Pour le courrier des lecteurs : country@petitfute.com

IMPRIMÉ EN FRANCE

Édito

« Alors que Paris vous rend parisien et Londres londonien, Bruxelles ne vous rendra pas bruxellois, elle vous permettra d'être vous-même. Ses habitants cultivent une chaleur qui manque au climat. » Voilà les mots doux que murmuraient Eric Emmanuel Schmitt à la belle Bruxelles il n'y a pas si longtemps de cela. On partage vite son enthousiasme alors que l'on découvre une ville bien ancrée dans son siècle, à la fois moderne et tournée vers ses traditions, et que l'on apprécie son côté humain, chaleureux et sans démesure. Des ruelles tortueuses du centre-ville aux formes élancées de l'Atomium, des vastes espaces verts aux petites boutiques de créateurs tendance, la ville est un condensé de saveurs à l'instar de ses bières et de ses chocolats. Aussi, peu importe la météo ou ce qu'on peut en dire, Bruxelles, c'est avant tout une ville de bons vivants où l'humour est une vertu et où les petits verres et restos entre amis sont une religion. Bruxelles atypique, Bruxelles chic, Bruxelles étudiante, Bruxelles alternative… Elle est celle qui vous ressemble, sans chichi et sans prétention. Partez à la découverte du centre-ville et de ses monuments et musées renommés, explorez le quartier européen et ses institutions, puis détendez-vous à Schaerbeek avec un petit verre de vin, profitez de la nature environnante à Woluwe-Saint-Lambert et dégustez un bon petit plat à Ixelles ou à Saint-Géry… Ce guide vous emmène chez les Bruxellois et à leur rencontre !

PEFC 10-31-1895

Retrouvez cette offre en page 99

Sommaire

115 Dansaert, Saint-Géry et Sainte-Catherine

Quartiers colorés de Bruxelles, tant le jour que la nuit, Dansaert, Saint-Géry et Sainte-Catherine vous charmeront par leur côté *trendy*. Cette partie du centre-ville était, il y a encore quelques années, presque oubliée des Bruxellois eux-mêmes. Aujourd'hui, ce quartier à la pointe de la mode est très couru pour ses boutiques de fringues. Ambiance à la fois branchée et bon enfant, on y cultive à l'envi l'esprit *zwanze*, typiquement bruxellois et sans prise de tête… Avec ses vitrines de créateurs, ses restos cosmopolites et ses nombreuses galeries d'art, ce secteur est devenu l'un des lieux les plus vivants de la capitale. Il a vraiment tout pour plaire.

137 Schaerbeek, Saint-Josse et Woluwé Saint-Lambert

Situés au nord de Bruxelles, Schaerbeek et Saint-Josse sont des quartiers plus confinés et tranquilles. Sans être véritablement incontournables, ils présentent toutefois un autre visage de la ville, par leur patrimoine architectural. C'est ici que se cache le domaine royal. On aimera en particulier la visite des musées royaux, du parc Heysel et de l'emblématique Atomium.

149 Saint-Gilles, Ixelles et Uccle

Lieux de prédilection de la jeunesse bruxelloise, Saint-Gilles et Ixelles font partie intégrante du paysage local. Le jour, ils accueillent eurocrates et populations métissées. La nuit, ils rassemblent étudiants de tout poil et de tous horizons. Très cosmopolites, ces quartiers sont idéaux pour qui souhaite remettre ses pendules à l'heure de l'Europe.

A
B
C
D
E
1
2
3
4
5
6
7
8
9
CHAUSSÉE DE GAND
PLACE COMMUNALE
COMTE DE FLANDRE
QUAI DES CHABONNAGES
BD DE NIEUPORT
Petit Château
RUE LOCQUENGHIEN
Sq. des Blindés
RUE DU GRAND HOSPICE
Hospice
RUE DU CANAL
RUE DE LAEKEN
PORTE DE FLANDRE
RUE DE FLANDRE
Marché aux-Porcs
QUAI DU HAINAUT
Canal Bruxelles Charleroi
BARTHELÉMY
RUE FERNAND
RUE ANTOINE DANSAERT
STE-CATHERINE
Maison de la Bellone
QUAI AUX BRIQUES
QUAI AUX BOIS A BRULER
PL. DU BÉGUINAGE
PL. DU SAMEDI
PLACE DE BROUCKÈRE
RUE DU HOUBLON
PL. DU NOUVEAU MARCHÉ AUX GRAINS
Ste-Catherine
PL. STE CATHERINE
DE BROUCKÈRE
Galerie du 25 Août
PORTE DE NINOVE
PLACE DE NINOVE
RUE NOTRE DAME DU SOMMEIL
RUE DU GRAND SERMENT
RUE DU VIEUX MARCHÉ AUX GRAINS
RUE STE-CATHERINE
ANSPACH
Anspach Center
Musée Album
CHARTREUX
RUE DES FABRIQUES
PL. DU JARDIN AUX FLEURS
Sq. A. Smet
RUE ANNEESSENS
Halles St-Géry
BOURSE
PL. DE LA BOURSE
Bourse
St-Nicolas
BD DE L'ABATTOIR
BD POINCARÉ
R. DES RICHES CLAIRES
N. D. des Riches Claires
RUE DES SIX JETONS
BOULEVARD
Hôtel de Ville
GRAND PLACE
PORTE D'ANDERLECHT
RUE D'ANDERLECHT
RUE DE CUREGHEM
CHAUSSÉE DE MONS
Manneken Pis
RUE DU LOMBARD
Acad. des Beaux Arts
LEMONNIER
RUE DES BOGARDS
PL. DE LA VIELLE HALLE AUX BLÉ
PLACE ANNEESSENS
ANNEESSENS
St-Antoine
RUE PHILIPPE DE CHAMPAGNE
RUE DES ALEXIENS
PLACE DE DINANT
PLACE ROUPPE
RUE D'ACCOLAY
BOULEVARD
BOULEVARD DU MIDI
BOULEVARD MAURICE LEMONNIER
AVENUE DE STALINGRAD
Palais du Midi
N.D. de la Chapelle
RUE DES URSULINES
PL. DE LA CHAPELLE
Square de l'Aviation
R. LAMBERT CRICKX
RUE DES BRIGITTINES
LEMONNIER
BD JAMAR
PL. BARA-PLEIN
MAROLLES
RUE HAUTE
RUE BLAES
RUE DES TANNEURS
Tour du Midi
GARE DU MIDI
PL. DE LA CONSTITUTION
AV. DE LA PORTE DE HAL
BD DU MIDI
Immaculée Conception
PLACE DU JEU DE BALLE
RUE DES CAPUCINS
Sq. Breughel l'Ancien
PLACE POELAERT PLEIN
Palais de Justice
MIDI
0 200 m
Reproduction interdite
Jean-Baptiste Nény
Juillet 2009

F
G
H
I
J
1
2
3
4
5
6
7
8
9
BOULEVARD DU JARDIN BOTANIQUE
AVENUE VICTORIA
ROGIER
Parc du Jardin Botanique
BD ST-LAZARE
RUE BOTANIQUE
RUE ROYALE
Gesù
R. DE LA COMÈTE
R. TRAVERSIÈRE
RUE DE LA LIMITE
R. DU MÉRIDIEN
RUE BRIALMONT
BOTANIQUE
AV. GALILÉE
BOULEVARD
RUE DE L'UNION
PLACE QUETELET
Sq. Henri Frick
RUE DE L'ASTRONOMIE
RUE POTAGÈRE
R. ST-ALPHONSE
R. DE BÉRIOT
R. DE L'ALLIANCE
AVENUE BISCHOFFSHEIM
AV. DES ARTS
RUE SCAILQUIN
CHAUSSÉE DE LOUVAIN
MADOU
R. HYDRAULIQUE
RUE DE LA CHARITÉ
R. DU MARTEAU
RUE JOSEPH II
PORTE DE SCHAERBEEK
Passage 44
Auditorium
Cité Administrative
R. DE LA SABLONNIÈRE
R. VAN ORLEY
Musée du Jouet
PLACE DES BARRICADES
R. DE L'ASSOCIATION
R. DE LA RÉVOLUTION
GOUVERNEMENT PROVISOIRE
RUE DU PROVISOIRE
I. DE LA BOBINE
R. VÉSALE
R. VANDERMEULEN
PLACE DU CONGRÈS
RUE DU CONGRÈS
PL. DE LA LIBERTÉ
R. DES CUTTES
PETITE RUE DU NORD
PL. SURLET DE CHOKIER
RUE DU NORD
R. DU MONITEUR
R. DE L'ENSEIGNEMENT
Cirque Royal
Galerie du Parlement
RUE DE LA CROIX DE FER
R. DE LA TRIBUNE
R. DU PARLEMENT
RUE DE LOUVAIN
RUE DE LA PRESSE
RUE DUCALE
RUE DE LIGNE
R. TREURENBERG
Palais de la Nation
R. DE BEYAERT
RUE DE LA LOI
Théâtre du Parc
PARC
Parc de Bruxelles
RUE ROYALE
ARTS-LOI
RUE DE LA LOI
R. ZINNER
R. GUIMARD
RUE DU COMMERCE
RUE DE L'INDUSTRIE
Square Frères Orban
RUE LAMBERMONT
BOULEVARD DU RÉGENT
RUE BELLIARD
St-Joseph
RUE DE LA SCIENCE
RUE MONTOYER
PLACE DES PALAIS
Palais de Académies
Palais Royal
PLACE DU TRÔNE
RUE DU TRÔNE
TRÔNE
RUE DU LUXEMBOURG
Square de Meeûs
RUE DE BOURGOGNE
RUE DE PARIS
R. DE FLEURUS
R. M. DE PARNASSE
RUE CAROLY
R. D'IDALIE
RUE DU TRÔNE
R. DE DUBLIN
R. MAJOR-RENÉ-DUBREUCQ
R. DE LONDRES
R. D'ALSACE LORRAINE
RUE DE NAPLES
R. DE L'ESPLANADE
RUE D'EGMONT
R. DE HORNES
RUE DU CHAMP DE MARS
AV. MARNIX
BD DU RÉGENT
RUE DE LA PÉPINIÈRE
R. THÉRÉSIENNE
PORTE DE NAMUR
Galerie de la Porte de Namur
CHAUSSÉE DE WAVRE
CHAUSSÉE D'IXELLES
Galerie d'Ixelles
RUE D'EDIMBOURG
R. FRANCART
R. ST-BONIFACE
R. E. SOLVAY
R. LONGUE VIE
R. DE LA PAIX
R. DU BERGER
RUE DE NAMUR
RUE BRÉDERODE
RUE DES PETITS CARMES
RUE DU PÉPIN
R. DU BAUDET
R. DE LA REINETTE
Caserne Prince Albert
Plalais d'Egmont
Parc d'Egmont
P.M. YOURCENAR
ROND-POINT RENÉ CLIQUET
BOULEVARD DE WATERLOO
AV. DE LA TOISON D'OR
Galerie de la Toison d'Or
R. STASSART
R. DES CHEVALIERS
R. DES DRAPIERS
RUE DU GRAND CERF
RUE AUX LAINES
R. J. DUPONT
Concervatoire de Musique
RUE DES SABLONS
R. DES SIX JEUNES HOMMES
R. DES QUATRES FILS AYMON
PL. DU PETIT SABLON
N.D. du Sablon
RUE DE LA RÉGENCE
BODENBROECK
RUE DE RUYSBROECK
Cour de Comptes
St-Jacques
PLACE ROYALE
R. DU MUSÉE
PL. DU MUSÉE
Palais des Beaux-Arts
Bibliothèque Royale
Palais des Congrès
Mont des Arts
COUDENBERG
R. TERARKEN
R. VILLA HERMOSA
R. MONTAGNE DE LA COUR
PETITE RUE DU MUSÉE
Site Archéologique
R. BARON HORTA
RUE RAVENSTEIN
Palais des Beaux-Arts
Galerie Ravenstein
MONT DES ARTS
R. DES SOLS
BD DE L'EMPEREUR
PL. DE L'ALBERTINE
GARE CENTRALE
Carrefour de l'Europe
R. DE LA MADELEINE
R. DE L'INFANTE ISABELLE
PLACE D'ESPAGNE
CENTRALE
R. DU CARDINAL MERCIER
LA PUTTERIE
MARCHÉ AU BOIS
R. MONTAGNE DU PARC
R. DES DOUZE APÔTRES
R. DE LA CHANCELLERIE
RUE DES COLONIES
R. DU GENTILHOMME
PLACE STE-GUDULE
PARVIS STE-GUDULE
Cathédrale Sts-Michel et Gudule
R. DU BOIS SAUVAGE
R. DES PAROISSIENS
R. DU MAJOUR
R. DE LOXUM
RUE DE L'IMPÉRATRICE
R. DE LA MONTAGNE
Galerie de la Reine
Galerie du Prince
Galerie du Roi
Galeries St-Hubert
R. D'ARENBERG
R. DES BOUCHERS
R. D'ASSAUT
R. MONTAGNE AUX HERBES POTAGÈRES
R. DE LA COLLÉGIALE
R. DE SERCLAES
BOULEVARD DE BERLAIMONT
Banque Nationale de Belgique
RUE DE LA BANQUE
Théâtre de la Monnaie
RUE LÉOPOLD
RUE AUX LOUPS
R. DES COMÉDIENS
R. ST-LAURENT
R. DES SABLES
Centre Belge de la Bande Dessinée
RUE DU MEIBOOM
R. J. STRAAT
BD PACHÉCO
R. DE L'OMMEGANG
RUE DU MARAIS
R. DES CENDRES
R. DE LA BLANCHISSERIE
RUE NEUVE
R. DU DAMIER
R. DU CANON
AUX CHOUX
R. DU PERSIL
R. DES BOITEUX
PLACE DES MARTYRS
Galerie du Commerce
R. D'ARGENT
RUE DES ŒILLETS
R. DES ROSES
ST-MICHEL
N. D. du Finistère
R. DU FINISTÈRE
BD ADOLPHE MAX
R. DE MALINES
RUE ST-PIERRE
Galerie Ravenstein
N
S
O
E

Index des rues de Bruxelles

F

FABRIQUES (RUE DES) B4/C4
FAUCILLE (IMPASSE DE LA) D3
FAUCON (RUE DU). D9
FERRAILLE (IMPASSE DE LA) . . . C5
FIANCÉE (RUE DE LA) F2
FIDÉLITÉ (IMPASSE DE LA). . . E4/F4
FIN (RUE) A2
FINISTÈRE (RUE DU) F2
FLANDRE (RUE DE) B2/C2
FLEURISTES (RUE DES) C9/C8
FLEURS (PLACE DU JARDIN) C4
FLEURS (RUE AUX) E2
FLEURUS (RUE DE) J8
FONSNY (AVENUE) B9/B8
FONTAINE (RUE DE LA). B7/C7
FOPPENS (RUE) A5
FOSSÉ AUX LOUPS (RUE DU) . E3/F3
FOULONS (RUE DES). B6/C6
FOURCHE (RUE DE LA) E4
FRANCART (RUE) H9
FRERES ORBAN (SQUARE) J6
FRICK (SQUARE HENRI) I2
FRIPIERS (RUE DES) E4/E3
FROEBEL (RUE) B5

G

GALILLÉE (AVENUE) I2
GAND (CHAUSSÉE DE) A1/B2
GENTILHOMME (RUE DU) G4/H4
GOUTIÈRE (RUE DE LA). D5
GOUVERNEMENT
PROVISOIRE (RUE DU). H3/I3
GRAND CERF (RUE DU) F9
GRAND HOSPICE (RUE DU) . . . D2/E2
GRAND SABLON (PLACE DU) E7
GRAND' PLACE E5
GRAND-SERMENT (RUE DU). . B4/C3
GRANDE ÎLE (RUE DE LA) C5/D4
GRANDS CARMES (RUE DES) D5
GRÉTRY (RUE). E3/E4
GRIL (IMPASSE DU). C2
GUIMARD (RUE) I6/J6

H

HAINAUT (QUAI DU) A3/B2
HALLES (RUE DES) D3/E3
HARENGS (RUE DES) E4
HAUSSENS (RUE C. S.) E8
HAUTE (RUE). D9/D8
HAUTE HOOG (RUE). E8/E7
HECTOLITRE (RUE DE L'). C9
HÉRIS (RUE) B5
HIRONDELLES (RUE DES). E2
HOMME CRÉTIEN (RUE DE L') E5
HÔPITAL (RUE DE L') E6/F6
HORNES (RUE DE). H8
HOUBLON (RUE DU) B3/C3
HOUILLE (QUAI À LA) D2/D1
HYDRAULIQUE (RUE) J4

I

IDALIE (RUE D'). J9
IMPÉRATRICE
(BOULEVARD DE L') F5/F4
INDUSTRIE (QUAI DE L') A4
INDUSTRIE (RUE DE L') I8/J7
INDUSTRIE (RUE DE L') J6/J5
INFANTE ISABELLE (RUE DE L') . . F5
INFIRMERIE (IMPASSE DE L') E2
INFIRMERIE (RUE DE L') D2/E2
IXELLES (CHAUSSÉE D') H8/H9
IXELLES (GALERIE D'). H9

J

JACQMAIN
(BOULEVARD EMILE) E2/F1
JAMAR (BOULEVARD). A8/B8
JAMAR (BOULEVARD) A8/B8
JARDIN AUX OLIVES (RUE DU) . . . D5
JARDIN ROMPU (RUE DU). . . . D7/D8
JEU DE BALLE (PLACE DU C9
JOSEPH II (RUE) J5
JUSTICE (PLACE DE LA) F6

L

LABOUREUR (IMPASSE DU) B3
LAEKEN (RUE DE) E2
LAEKEN (RUE DE) E2/E1
LAINES (RUE AUX). E9
LAMBERMONT (RUE) I6
LAVOIR (RUE DU). C8
LEBEAU (RUE) F7/F6
LEMONNIER
(BOULEVARD MAURICE) B7/C5
LENGLENTIER (RUE DE) C8
LEOPOLD (RUE). F4/F3
LEPAGE (RUE LÉON) C3/C2
LÉTUVE (RUE DE) D6/E5
LIBERTÉ (PLACE DE LA) I3
LIGNE (RUE DE) G4/H3
LILAS (RUE DES) E2
LIMITE (RUE DE LA) J2/J1
LOCQUENGHIEN (RUE) C1/C2
LOMBARD (RUE DU) 5/E5
LONDRES (RUE DE). I8
LONGUE VIE (RUE). H9/I9
LOUVAIN (CHAUSSÉE DE) I4/J3
LOUVAIN (RUE DE). H4/I4
LOXUM (RUE DE) F4/G5
LUNETTES (IMPASSE DES). C5
LUXEMBOURG (RUE DU) I7/J8

M

MADELEIINE (RUE DE LA) F5
MALINES (RUE DE) F1
MAQUIS (RUE DU) G4
MARAIS (RUE DU) F3/G2
MARCHÉ AU BOIS G5
MARCHÉ AU CHARBON
(RUE DU) D5/E5
MARCHÉ AUX FROMAGES
(RUE DU) E5
MARCHÉ AUX HERBES
(RUE DU) E4/F5
MARCHÉ AUX PEAUX (RUE DU) . . F4
MARCHÉ AUX POULETS
(RUE DU) D3/E4
MARCQ (RUE) D2/D1
MARINIERS (RUE DES) B2
MARNIX (AVENUE). H8
MARRONNIERS (RUE DES) E2
MARTEAU (RUE DU) J4
MARTYRS (PLACE DES) F3
MAUS (RUE H.) D4/E4
MAX (BOULEVARD ADOLPHE) F2/F1
MEEÛS (SQUARE DE) I7
MEIBOOM (RUE DU) G3/H2
MELSENS (RUE) D3
MÉRIDIEN (RUE DU) I2
MÉRODE (RUE DE). B9
MIDI (BOULEVARD DU) B6/B7
MIDI (RUE DU). D6
MINIMES (RUE DES) D9/E8
MIROIR (RUE DU). D7/D8
MOINEAUX (RUE DES). D5
MONITEUR (RUE DU). H4
MONNAIE (PLACE DE LA) E3
MONS (CHAUSSÉE DE) A6/A5
MONT DES ARTS. F6/G6
MONTAGNE (RUE DE LA). F5/F4
MONTAGNE AUX HERBES
POTAGÈRES (RUE). F4/F3
MONTAGNE DE LA COUR (RUE) . . G6
MONTAGNE DU PARC (RUE) G5
MONTOYER (RUE) I7/J7
MORETUS (RUE) A6
MOUCHERONS (RUE DES). C5
MUSÉE (PLACE DU). F6
MUSÉE (RUE DU). G6

N

N.D. DE GRÂCES (RUE) D8
NAMUR (RUE DE) G7/G8
NANCY (RUE DE) D8/D7
NAPLES (RUE DE) H9/I8
NAVETS (RUE DES) C5
NEUVE (RUE). F3/F2
NIEUPORT (BOULEVARD DE) . B2/C1
NINOVE (CHEMIN DE) A3
NINOVE (PLACE DE) A3
NIVEAU (RUE DU) A1
NOM DE JÉSUS (RUE DU) D2
NORD (P. DU). F2
NORD (RUE DU). I3/I4
NOTRE SEIGNEUR (RUE). D7/E7
NOTRE-DAME
DU SOMMEIL (RUE) B3/C4
NOUVEAU MARCHÉ AUX GRAINS
(PLACE DU) C3

O-P

OILLETS (RUE DES). 3/F2
OMMEGANG (RUE DE L') G2/H2
OPHEM (RUE D') C2/C1
ORTS (RUE A.). D4
OTLET (RUE D'). A7
PACHÉCO (BOULEVARD). H3/H2
PAILLE (RUE DE LA) F7/F6
PAIX (RUE DE LA) I9
PALAIS (PLACE DES). G6/H6
PARADIS (RUE DU) F7
PARIS (RUE DE). I8
PARLEMENT (GALERIE DU). I4
PARLEMENT (RUE DU) H4/I4

Q-R

S

T

U-V

W-Y-Z

Les immanquables

REPÈRES HISTORIQUES

Les origines de Bruxelles sont assez difficiles à dater. Les historiens ne sont pas unanimes sur la création de la capitale belge. Les premières évocations parlent d'un château construit par Charles de France, duc de Basse-Lortharingie, mais aucune fouille archéologique n'est venue jusqu'à présent attester cette présence. Au XIIe siècle, les comtes de Louvain font bâtir un château fortifié sur l'ancien lieu-dit Coudenberg (actuelle place Royale). Le lieu se développe et ce qui devient une ville est englobé par le duché de Brabant, permettant aux comtes de Louvain de devenir les premiers ducs de Brabant. La ville se tourne vers le commerce florissant des étoffes et profite de sa situation stratégique entre Bruges, plus grand port de la mer du Nord, et Cologne, plus grande ville de commerce d'Allemagne. Les ducs de Brabant poursuivent l'agrandissement de la ville en faisant construire une enceinte sur près de 4 km.

En 1430, c'est Philippe le Bon, duc de Bourgogne, qui hérite du duché. Le prince le plus riche d'Europe y établit sa résidence et fait de Bruxelles la capitale du Grand Duc d'Occident. La ville continue ainsi son expansion. Le commerce des étoffes et des tapisseries est plus prospère que jamais. La ville s'enorgueillit d'être en même temps un centre culturel et politique. Ses églises, son palais et son artisanat de luxe sont célébrés.

En 1477, Bruxelles passe aux mains des Habsbourg après le mariage de Marie de Bourgogne avec Maximilien d'Autriche. Son décès cinq ans plus tard laisse le trône à son fils Philippe le Beau, qui le confiera à son tour à son fils Charles Quint. Grâce à lui, Bruxelles devient capitale des Pays-

Bas et se voit unie à l'Autriche. La ville est alors remplie d'artistes et de scientifiques et se démarque très nettement de ses anciennes rivales, Anvers ou Louvain. Elle devient le siège du gouvernement des Pays-Bas. 1695 est une année sombre. Les troupes de Louis XIV, commandées par le maréchal de Villeroy, bombardent Bruxelles, pour terrifier l'Europe en détruisant la prospère capitale des Pays-Bas. Tout le centre-ville est incendié.

Au XVIIIe siècle, les Pays-Bas deviennent autrichiens après une longue série de conflits. Bruxelles dès lors connaît des moments calmes et d'autres plus violents. Ainsi, la révolution brabançonne soulève le pays qui ne supporte plus les réformes progressistes de Joseph II et conduit le pays à déclarer son indépendance en 1790. Statut de courte durée suivi du rétablissement du régime autrichien sous l'autorité de Léopold II. La ville passe ensuite sous le contrôle des Français. Ces derniers abolissent les privilèges féodaux. Le pays continue de prospérer notamment grâce à la politique de l'Empire qui maintient un blocus de l'Angleterre et sert ainsi la croissance du pays.

Tout cela est finalement stoppé en 1815 avec la défaite de Napoléon à Waterloo. Les Pays-Bas sont alors unifiés. Bruxelles partage le rôle de capitale avec La Haye. Guillaume Ier d'Orange devient roi. Sa façon de gouverner, sèche et rigide, crée peu de temps après un mécontentement de la population entraînant la révolution, qui aboutira à l'indépendance de la Belgique dans la nuit du 24 au 25 août 1830. Un nouveau roi est nommé, Léopold Ier, le 21 juillet 1831. Le XIXe siècle est une nouvelle période de prospérité pour Bruxelles qui connaît un développement considérable. La ville s'étend, de nouveaux quartiers sont créés. Occupée pendant la Première Guerre mondiale par les Allemands, mais peu touchée par les bombardements, elle est en revanche sérieusement malmenée pendant la Seconde Guerre mondiale. La seconde moitié du XXe siècle voit le statut de la ville s'internationaliser, notamment grâce à l'Exposition universelle de 1958. La même année, elle devient le siège de l'Union européenne puis de l'OTAN en 1967. Devenue capitale de l'Europe, aujourd'hui, la moitié de sa population est étrangère et elle est le deuxième pays après New York à posséder le plus grand nombre de diplomates.

POINTS D'INTÉRÊT

» La Grand-Place

Cocteau disait qu'elle était « le plus beau théâtre du monde ». Classée depuis 1998 au patrimoine mondial de l'Unesco, la Grand-Place est le point de passage incontournable pour toute escapade à Bruxelles. Située à l'écart des voies de circulation principales, elle semble introuvable au premier abord. Nous vous conseillons d'y accéder en partant de la rue Amigo. La sensation est alors extraordinaire lorsqu'on foule son sol, surtout si c'est la première fois.

8.30 – 10.30

Sandrine Dans
Faut qu'on en parle

Toute la semaine, Sandrine et ses chroniqueurs abordent les questions qui font débat avec humour, légèreté... et avec vous.

BEL RTL
Vivrensemble

Une Grand-Place introuvable !

A tout seigneur, tout honneur, la découverte de Bruxelles commence par la Grand-Place. Au premier abord, celle-ci est pourtant introuvable. Explication : les anciens ont eu la sagesse de situer le nombril de la ville à l'écart des voies de circulation principales. En tout, sept rues partent de la Grand-Place, lesquelles menaient jadis aux sept portes de la première enceinte. Le rectangle (ou presque) de la Grand-Place groupe les maisons des corporations autour de l'hôtel de ville, façade des artisans et des marchands. Victor Hugo parlait de « la plus belle place » qu'il eût l'occasion d'observer...

A l'origine, la Grand-Place, c'est un *Grote Markt*, un grand marché. Le lieu, qui rassemble corporations, artisans et marchands, s'agrandit au fil des siècles. Les rues avoisinantes évoquent ce qu'on y vend : rue Marché-aux-Fromages, aux-Herbes, aux-Charbons... La place est alors bordée de maisons patriciennes en pierre nommées *steenen*, de maisons en bois, de halles au drap, au pain et à la viande. Au XVe siècle, la construction de l'hôtel de ville va apporter une dimension nouvelle à la Grand-Place. Elle devient le siège du pouvoir municipal.
Puis vient le drame, les 13 et 14 août 1695, lorsque le maréchal de Villeroy, au service de Louis XIV, fait bombarder la ville. Le centre est réduit en cendres. Sur la Grand-Place, les maisons sont anéanties par les boulets incendiaires. Miraculeusement, seuls les murs et la tour de l'hôtel de ville résistent au brasier. Aujourd'hui, il est l'unique témoignage de l'époque médiévale. Son sommet est orné d'une statue représentant le saint patron de la ville de Bruxelles, saint Michel, terrassant le dragon.
Après cet arrosage mortel, la ville approuve différents projets de reconstruction. Guillaume de Bruyn décide de rassembler les sept propriétés du coté est sous un même bâtiment qui porte le nom de « maison des Ducs de Brabant » (de 13 à 19). Ces projets contribuent à l'esthétisme unique des bâtisses qui alternent les styles : hôtel de ville gothique, pignon baroque, façades Renaissance...
La place est reconstruite. Encore plus belle et harmonieuse. On admirera en particulier l'hôtel de ville et les maisons environnantes, parmi lesquelles la Broodhuis (maison du Roi), qui abrite le musée de la ville de Bruxelles, et des maisons individuelles :

- **La maison du Pain ou du Roi – 1 :** comme son nom l'indique.
- **La Brouette – 2 et 3 :** la maison des graissiers.
- **Le Sac – 4 :** la maison des ébénistes et des tonneliers. On la reconnaît grâce aux outils qui décorent la facade.
- **La Louve – 5 :** la maison des archers.
- **Le Cornet – 6 :** la maison des bateliers.

Le Renard – 7 : la maison des merciers.

L'Étoile – 8 : la maison de l'*amman* au XIVe siècle (le justicier qui prononçait les sentences).

Le Cygne – 9 : la maison des bouchers. Statues représentant la boucherie, l'abondance et l'agriculture.

L'Arbre d'or – 10 : la maison des brasseurs.

La Rose – 11 : une maison bourgeoise. Aujourd'hui, elle abrite le célèbre restaurant La Rose Blanche.

La maison des Ducs de Brabant – 13 à 19 : repérez les portes, regardez bien la décoration et trouvez les maisons de l'Ermitage, la Fortune, le Moulin et la Colline.

La Chaloupe d'Or – 24 et 25 : la maison des tailleurs.

Le Pigeon – 26 et 27 : la maison des peintres.

» La bande dessinée

Une des grandes fiertés de la ville. Née au XIXe siècle, la bande dessinée connaît un premier bouleversement en 1926, avec l'apparition de *Tintin au pays des Soviets* dans le journal *Le XXe siècle*. Les tribulations du jeune reporter imaginé par Hergé remportent un vif succès. C'est le début des aventures de Tintin et de Milou. Les 24 albums publiés aux éditions Casterman seront lus par des millions de lecteurs.

Trois revues contribuent ensuite à l'essor de la discipline : l'hebdomadaire *Spirou* lancé en 1938, suivi de *Tintin, le journal des aventuriers*, en 1946, et du journal français *Pilote,* en 1959. Bruxelles, capitale du 9e art, devient le foyer de nombreux auteurs du cru, qui mettent en bulles des personnages inoubliables : Fantasio, Gaston Lagaffe, Lucky Luke, mais aussi les Schtroumpfs, Boule et Bill...

© AUTHOR'S IMAGE

Hall d'entrée du Centre belge de la bande dessinée.

Aujourd'hui, la Belgique ne compte pas moins de 650 auteurs de BD aux univers tous différents.
Le succès des créations contemporaines, tels *Le Chat* de Gelluck ou la série *XIII* de Van Hamme, prouve à quel point le royaume reste à l'avant-garde dans ce domaine : la BD n'est plus seulement un livre pour enfant. Elle incarne un monde imaginaire qui ouvre ses portes aux adultes en quête d'histoires, de péripéties, d'univers particuliers propre à elle.
A Bruxelles, les bédéphiles peuvent s'amuser à suivre les traces des héros dissimulées sur les pignons de la ville. Ce ne sont en effet pas moins de vingt fresques qui recouvrent les murs de la capitale pour rendre hommage aux artistes, aux scénaristes, aux dessinateurs ou aux éditeurs. Un parcours BD est proposé par l'office de tourisme.
On peut aussi faire un tour au Centre belge de la bande dessinée. Installé dans les anciens magasins Waucquez construits en 1906 par Victor Horta, on y raconte l'histoire de cet art, depuis son début à New York jusqu'à nos jours. Le cœur du musée est représenté par l'espace Saint-Roch, au sous-sol, qui regroupe plus de cinq mille planches exposées en alternance. Un musée imaginaire permet au visiteur de pénétrer dans l'univers magique des personnages de dessins animés, grâce à des décors, des dioramas, des maquettes…
Et pour ceux qui souhaitent compléter leur collection, un quartier est spécialisé autour de la chaussée de Wavre. La Bande des Six Nez y tient une place de choix : tenue depuis plus de 30 ans par Jean-Louis Carette, cette boutique fourmille de dessins, de planches originales, de BD neuves ou d'occasion. Un véritable temple dédié au 9e art !

CENTRE BELGE DE LA BANDE DESSINÉE ★
Rue des Sables 20
✆ +32 2 219 19 80
www.cbbd.be
visit@cbbd.be
Métro : Rogier
Ouvert tous les jours et les jours fériés de 10h à 18h. Fermé le 25 décembre et le 1er janvier. Adulte : 10 €. Enfant (jusqu'à 12 ans) : 3,50 €. Groupe (15 personnes) : 8 €. Sénior (plus de 25 ans) : 8 €. De 12 à 25 ans : 7 €. Groupe scolaire : 5 €.

» L'Art nouveau

Né dans la seconde moitié du XIXe siècle, l'Art nouveau est un mouvement artistique qui se veut proche de la nature. Contrairement aux styles gothique et néogothique, il impose courbes, lignes et fantaisie pour représenter fleurs, plantes, arbres, animaux... L'objectif est de rendre l'art accessible à tous et à un coût abordable. De nouveaux matérieux tels le bois, la pierre ou l'acier, sont ainsi utilisés dans les créations, par souci de démocratisation.
En France, ses détracteurs surnomment l'Art nouveau le « style nouille » à cause de ses courbes, ou le « style métro » en référence aux réalisations d'Hector Guimard (concepteur des entrées de métro à Paris).

Balade Art nouveau

Un parcours « Art nouveau » mis au point par l'office du tourisme de Bruxelles permet de sillonner les quartier Bailli, Châtelain, Brugmann et les étangs d'Ixelles à la découverte des plus beaux monuments de l'époque comme l'hôtel Tassel, construit par Victor Horta en 1893 et considéré comme le bâtiment emblématique du mouvement avec son large *bow-window* et ses pierres ocres et bleues, ou la maison personnelle de Paul Hankar, reconnaissable à ses sgraffites symbolisant le matin, le jour, le soir et la nuit, et sa façade austère mais précieuse où le fer joue un rôle majeur, ou bien encore la maison Delune, la réalisation la plus aboutie de l'architecte Delune construite en 1904 pour l'Exposition universelle de Bruxelles de 1910.
Disponible sur www.brusselsinternational.be ou en brochure (3 €) avec d'autres promenades, toutes les infos concernant les musées et les différents centres d'intérêt de Bruxelles, à se procurer au bureau de l'office du tourisme, Grand-Place, à l'hôtel de ville ou dans les bureaux BIP sur la Place Royale, www.biponline.be

A Bruxelles, Paul Hankar, Victor Horta et Henry Van de Velde contribuent de façon majeure à la diffusion de cet art :

- **Paul Hankar** (né en 1859) rentre à l'académie des Beaux-Arts de Bruxelles où il se lie d'amitié avec Victor Horta, sans savoir que, quelques années plus tard, ils deviendront concurrents. Son style est plus accessible que celui d'Horta, il opte pour des formules simples aux matériaux moins coûteux que ceux utilisés par son ancien ami. Hankar bouscule l'état des choses en concevant des maisons aux larges ouvertures cintrées et à la polychromie. Il conçoit notamment la décoration intérieure des maisons ainsi que certains mobiliers tels que des chaises ou des tables.

- **L'Art nouveau** doit beaucoup à Victor Horta et en particulier le mérite d'avoir brisé l'agencement classique bruxellois, à savoir les pièces en enfilade, ce qui a fait rentrer la lumière au sein des foyers. Ses talents sont sollicités plus particulièrement par les plus fortunés et meneurs sociaux de l'époque. En 1969, 22 ans après sa mort, le musée Horta ouvre ses portes au sein de son ancienne demeure.

- **Henry Van de Velde** débute sa carrière comme peintre dans un style néo-impressionniste, puis va se tourner vers l'architecture et la décoration. Il s'oppose d'emblée aux fantaisies, selon lui farfelues, et aux autres foisonnements décoratifs plus présents dans l'œuvre de Horta et de ses disciples.

Il développe un style abstrait, s'inscrivant dans une démarche semblable à celle du *design*. C'est surtout en Allemagne qu'il développe son art et rencontre plus de succès. Après avoir assumé la direction de l'école des arts et métiers d'Allemagne, le futur célèbre Bauhaus, il rentre en Belgique et ouvre le premier Institut supérieur des arts décoratifs (I.S.A.D.) dans l'abbaye de la Cambre en 1925.

» L'Atomium et le parc Heysel

Au nord de Bruxelles, le parc Heysel abrite le symbole de l'Expo 58, l'Atomium, qui surplombe le plateau du haut de ses 102 m, contrastant avec les miniatures de Mini-Europe et ayant pour arrière-fond l'architecture monumentale du palais de Bruxelles Expo. Avec pour slogan « Bilan d'un monde, pour un monde plus humain », l'Atomium représente une molécule de cristal de fer agrandie 165 milliards de fois. L'ingénieur Waterkeyn aurait bien aimé que la structure tienne debout appuyée sur la seule boule inférieure ; pas de chance, des pieds ont dû être ajoutés.

Entièrement restauré récemment, il est à nouveau possible de visiter l'intérieur. On y trouve plusieurs expositions et, depuis la dernière sphère, un panorama exceptionnel sur la ville.

Toujours à Laeken, les musées d'Extrême-Orient : fermés depuis 1947, les deux magnifiques bâtiments, la Tour japonaise, inaugurée en 1905, et le complexe chinois, achevé en 1910, ont été rendus au public il y a quelques années. Ils abritent respectivement des expositions consacrées aux divers aspects de l'art japonais et une collection de porcelaines manufacturées pour l'exportation, entre la fin du XVIIe et le début du XIXe siècle. Ouvert depuis 2005, le musée d'Art japonais présente les riches collections japonaises des musées royaux d'Art et d'Histoire. Les quelque 12 000 pièces de cet important patrimoine sont exposées par rotation.

Les sphères argentées de l'Atomium.

■ **ADAM – ART & DESIGN ATOMIUM MUSEUM**
Place de Belgique 1, Laeken
✆ +32 2 669 49 29
www.adamuseum.be
henri.simons@adamuseum.be
Métro : Heysel
Ouvert du mercredi au lundi de 10h à 18h. Gratuit jusqu'à 5 ans. Adulte : 10 €. Enfant : 8 €.

■ **ATOMIUM** ★★★
Boulevard du Centenaire
Laeken
✆ +32 2 475 47 75
www.atomium.be
info@atomium.be
Métro : Heysel, puis une dizaine de minutes à pied.
Ouvert tous les jours de 10h à 18h. Dernière entrée à 17h30. Billet à partir de : adulte : 12 €, senior : 9 €, enfant 6-11 ans : 6 €, adolescent 12-17 ans : 8 €. Restauration. Boutique.

■ **MINI-EUROPE** ★
Bruparck, Laeken
✆ +32 2 478 05 50
www.minieurope.eu
info@minieurope.eu
Métro : Heysel. En voiture suivre la direction « Expo » depuis le centre-ville.
Fermé du 9 janvier au 10 mars. Ouvert tous les jours. Horaires selon la saison, vérifier sur le site web. Fermeture des caisses 1 heure avant la fermeture du parc. Adulte : 15,30 €. Enfant : 11,40 €. Possibilité de tickets combinés avec l'Atomium et Océade. Gratuit jusqu'à 1m20. Restauration. Boutique. Espace restauration avec grande terrasse.

© MINI-EUROPE

Mini-Europe.

» La bière

Sur le fronton de la maison des Brasseurs à Bruxelles, on peut lire : « Des bienfaits du ciel et de la terre, par la grâce de saint Arnould et le savoir des hommes, est née cette boisson divine : la bière. »
Avec plus de 200 à 300 variétés différentes et plus de 1 000 étiquettes, la bière est une vraie référence nationale ! Il en existe pour tous les goûts, toutes les occasions et toutes les bourses.
Chaque région brasse sa bière à sa façon et, de même qu'aucune ne porte le même nom, elles n'ont jamais le même goût et encore moins le même verre !

▸ **Le drugstore Beermania** propose plus de 400 variétés de bières, une centaine de verres s'y associant, de la documentation, des souvenirs et des cadeaux.

© AUTHOR'S IMAGE

Bières belge.

La Brasserie Cantillon, véritable musée vivant, est la dernière brasserie traditionnelle encore en activité à Bruxelles. Elle brasse la Gueuze depuis un siècle ainsi que la Kriek, la Framboise et la Vigneronne, qui sont des bières aux fruits.

Quant au musée de la Brasserie, il permet de découvrir les techniques du brassage de la bière : les ustensiles, les cuves de brassage et de fermentation, ainsi qu'un nouveau centre de la haute technologie en brasserie.

» Le surréalisme

Après quelques heures de déambulation à travers ruelles, boulevards et avenues, vous percevrez peut-être le côté déroutant de Bruxelles.

Brussels Beer Project

Le « Brussels Beer Project » est un projet collaboratif qui se base sur la co-création afin d'apporter innovation et panache au marché de la bière belge. Ce dernier est en effet considéré comme bien trop conservateur et comme les créateurs du BBP le disent si bien, ils sont fiers que le projet soit né en 2013 et non en 1492 ! L'objectif réside en effet dans le challenge et le changement de nos idées préconçues sur les saveurs et le goût de la mousse. Alors, serez-vous tentés par une Baby Lone ou une Grosse Bertha ?

Informations : www.beerproject.be (188, rue Antoine-Dansaert 1000 Brussels, Ouvert le jeudi, le vendredi et le samedi de 14h à 22h).

Le surréalisme et son mode de pensée

En 1924, André Breton, dans le *Premier Manifeste du Surréalisme*, dit que ce mode de pensée est « *un automatisme psychique pur, par lequel on se propose d'exprimer, soit verbalement, soit par écrit, soit de toute autre manière, le fonctionnement réel de la pensée* ». L'idée est de donner à l'art et à la vie un sens poétique, « *l'art doit rendre visible l'invisible, la poésie doit dire l'indicible* ».

La ville est en effet un patchwork de contradictions, tant du point de vue architectural que politique. Nul doute que cette fantasmagorie ait inspiré les peintres Magritte et Delvaux. Deux lieux particulièrement intéressants :

Le musée Magritte, ouvert en juin 2009, entièrement consacré au peintre. Il rassemble 200 tableaux, mais aussi beaucoup d'archives de gouaches, de dessins, de photographies, présentées selon un parcours chronologique. Le lieu révèle aussi des aspects moins connus de l'artiste comme sa proximité avec le mouvement syndical à travers des affiches appelant à manifester, ses facéties cinématographiques familiales, ses rapports ambigus avec la publicité qui reprendra nombre de ses images, ou encore sa « période vache », pendant laquelle le petit-bourgeois bruxellois n'hésite pas, en une trentaine de toiles féroces, à bousculer le Tout-Paris artistique en 1948, dans un acte profondément surréaliste. Quelques chefs-d'œuvre à ne pas manquer : *L'homme du large* (1927), *L'empire des lumières* (1954), *Le retour* (1940), *Shéhérazade* (1948).

Autre lieu emblématique, le bistrot La Fleur en Papier Doré, qui fut jadis le repaire d'artistes reconnus : Magritte et Hugo Claus, CoBrA (Alechinsky et Dotremont)... Les murs de l'enseigne portent des tonnes de gravures, de mots d'auteurs peints, de textes dada. Mythique !

LA FLEUR EN PAPIER DORÉ
Rue des Alexiens 55
✆ +32 2 511 16 59
www.fleurenpapierdore.be
cafe@lafleurenpapierdore.be
Ouvert du mardi au samedi de 11h à 0h ; le dimanche de 11h à 19h.

© LA FLEUR EN PAPIER DORÉ

La fleur en papier doré.

AGRITTE
egence 3
08 32 11
e-magritte-museum.be
info@fine-arts-museum.be
Horaires et tarifs variables, consultez le site internet pour plus d'informations.

Autre adresse : 1 Place Royale, 1000 Bruxelles (pour les visiteurs individuels avec tickets et les groupes avec réservation) 2 Place Royale, 1000 Bruxelles (pour les personnes à mobilité réduite)

›› Le Manneken-Pis

Moins connu de son vrai nom, Julien, le Manneken-Pis est le héros bruxellois. Sculpté par Jérôme Duquesnoy au XVIIe siècle, ce petit garçon est le seul autorisé à « pisser » au coin de deux rues, dos au mur !

© ZIGRIT - FOTOLIA

Manneken-Pis.

Mais où est-il ?

Dans la rue de l'Etuve, au coin de la rue du Chêne. Vous le trouverez au départ de la Grand-Place, partant par la rue Charles-Buls où gît le monument à la mémoire d'Everard t' Serclaes. La statue se trouve près d'un mur BD représentant Tintin avec une fusée.

La légende raconte que ce garçonnet haut comme trois pommes a défié les ennemis venus incendier Bruxelles, en éteignant la mèche de la bombe qui menaçait l'hôtel de ville, devinez comment... Il se fiche bien des bonnes manières et incarne à lui seul un trait du caractère bruxellois : le « je-m'en-foutisme ».
Depuis toujours, la tradition veut que les hôtes de la ville l'habillent (sa garde-robe personnelle est visible au Musée de la Ville de Bruxelles, sur la Grand-Place). Par contre, les raisons de ces séances d'habillage nous dépassent : peut-être est-ce par pudeur qu'on a commencé à l'habiller ou est-ce juste une offrande au petit bonhomme audacieux ? Rien n'est sûr.
Le Manneken-Pis a une petite sœur, Jeanneke-Pis, visible impasse de la Fidélité, une rue perpendiculaire à la rue des Bouchers, et un chien, Pis ou Zinneke (« bâtard »), pissant au croisement de la rue des Chartreux et de la rue du Vieux-Marché-aux-Grains.

MANNEKEN-PIS ★★★
Rue de l'Etuve 46.

Chocolats à déguster sans modération !

» L'Europe dans Bruxelles

L'Europe a pris d'assaut le cœur de Bruxelles. Après des années de rivalités avec Strasbourg, Bruxelles a finalement gagné, mais cette victoire s'est faite au détriment du paysage urbain. Raison qui pourrait expliquer le désintérêt, voire parfois le rejet, des Bruxellois face aux bâtiments de verre, de granit ou de béton.

Capitale de l'Europe, Bruxelles accueille les institutions majeures de l'Union : la Commission européenne, le Conseil des ministres et le Parlement européen.

Dans les années 1960, le quartier Léopold comptait 25 000 habitants, joli quartier bourgeois avec de belles maisons de maître. Aujourd'hui le paysage affiche un ensemble de bâtiments sans grande richesse architecturale ni harmonie. A l'image d'une Europe qui a grandi un peu trop rapidement, Bruxelles a bétonné ses artères avec 3,5 millions de m² de bureaux sur 12 millions de m² de superficie. Néanmoins, certains bâtiments valent le détour d'un point de vue architectural : le Parlement européen, alias le Caprice des Dieux, rue Wiertz, ou encore le bâtiment Berlaymont (voir *« Schaerbeek, Saint-Josse et Woluwé Saint-Lambert – Visiter »*). Et, bien sûr, pour les passionnés de l'Europe, sachez qu'il existe des visites d'information à la Commission et au Parlement (voir sur le site www.opt.be).

» Le chocolat

Au sujet du chocolat, la Belgique est le pays de la variété et de la créativité. Patrie par excellence de la praline, elle est aussi celle d'une multitude de goûts devenus classiques. De grande qualité, les chocolatiers belges offrent souvent un très bon rapport qualité-prix. Ils sont nombreux à jouir d'une renommée internationale (Leonidas, Neuhaus, Galler...). Le chocolat belge est souvent fourré et, d'une manière générale, plus sucré que son homologue français. Petit tour d'horizon des adresses bruxelloises à l'attention des « chocolat addicts » :

- **Pour tout connaître du chocolat :** rendez-vous au musée du Cacao et du Chocolat pour découvrir l'histoire de la fève et des tablettes, en passant par les fameuses pralines. Dégustation à l'appui.

Pour découvrir les créations de dix grands artisans belges : la maison des Maîtres Chocolatiers belges regroupe des ambassadeurs renommés du chocolat belge travaillant tous dans la plus pure tradition.

Pour goûter à des chocolats bluffants : cap chez le magicien des saveurs, Laurent Gerbaud.

Pour faire une pause gourmande : direction le salon de thé de Frédérick Blondeel dont les pralines sont une référence belge.

Pour déguster le chocolat dans sa version luxe : pousser la porte du magasin haute couture du maître chocolatier Pierre Marcolini.

Pour s'inviter en *backstage* : Zaabär est un véritable atelier ouvert au public, où l'on peut découvrir les coulisses de la fabrication.

» Les galeries royales Saint-Hubert

Conçues par l'architecte Cluysenaer en 1847, les galeries royales sont citées comme le premier exemple européen de galerie couverte, dont le succès inspirera d'autres villes.

Les Galeries Royales Saint-Hubert.

© B-LEFEVRE

Bordé de boutiques, de théâtres et de cafés, l'édifice se présente comme une rue de style Renaissance, à deux étages, inspirée des Offices de Florence et couverte par une très belle verrière. En fait, il s'agit de deux rues qui se soudent en ligne brisée, au croisement de la rue des Bouchers : la galerie de la Reine entre le marché aux Herbes et la rue des Bouchers, la galerie du Roi entre la rue des Bouchers et la rue de l'Ecuyer. La petite galerie des Princes, qui prolonge la galerie du Roi, abrite Tropismes, la plus belle librairie de Bruxelles, installée dans une ancienne salle de bal toute en dorures et en miroirs, rehaussée par d'étonnants néons. Par la galerie de la Reine, vous pourrez accéder à l'expo-spectacle « Bruxelles en scène », une visite interactive dans les souterrains des galeries Saint-Hubert, pour (re) découvrir l'histoire de la ville.

GALERIES ROYALES SAINT-HUBERT ★★
Rue du Marché-aux-herbes
www.galeries-saint-hubert.be
info@grsh.be

» Bruxelles en vert

Avec ses 4 000 ha de bois et de parcs, la capitale belge propose à ses habitants des échappées belles de premier plan. Non loin du quartier des musées, le Parc royal et le mont des Arts permettent aux Bruxellois de s'oxygéner en plein centre-ville : le premier est propice au pique-nique improvisé alors que le second se prête parfaitement à la flânerie assis sur un banc sous un arbre. Les romantiques s'exilent quant à eux dans le jardin botanique, à Rogier, lieu poétique et raffiné. Les passionnés d'Art nouveau poussent jusqu'au jardin des Epoux Van Buuren, conçu à l'image de leur maison, un petit chef-d'œuvre vert. Les enfants prennent leurs aises, au-dessus du Sablon, dans le parc Egmont, un havre de paix où règne Peter Pan. Non loin du rond-point Schuman et du quartier Européen, les arcades du Cinquantenaire, au pied du parc, donnent aux curieux un sentiment de grandeur. A Ixelles, le bois de la Cambre balade les songeurs entre parc et forêt. La plaine est souvent jonchée de nappes, pendant que les guitares et djembés créent une ambiance très familiale. Le plateau du Heysel et son parc grandiose avec comme décor l'Atomium, mais aussi les Serres royales (voir « festivités »), le pavillon chinois et Mini-Europe, accueillent en nombre les familles le week-end. Enfin, le poumon vert de Bruxelles, la forêt de Soignes et ses majestueux hêtres vieux de deux siècles, régale les marcheurs les meilleurs, tandis que le Rouge-Cloître, juste à coté, s'impose aux bulleurs comme l'espace de détente rêvé.

» Le muséum de l'Institut royal des Sciences naturelles

Le muséum des Sciences naturelles est, avec celui de New York, le plus beau et le plus impressionnant musée du genre au monde. Depuis 2007, les salles permanentes se sont enrichies de la plus grande galerie de dinosaures d'Europe. Un must ! L'architecture est restaurée à l'identique, la muséologie contemporaine, les dispositifs interactifs, les œuvres d'art intéressantes et, bien entendu, la présence de véritables squelettes de dinosaures font de sa visite une véritable expérience à vivre. Dans une salle annexe à la galerie, les enfants peuvent s'initier en s'amusant à la géologie et à la paléontologie dans le PaleoLAB, un espace de découverte entièrement consacré à la vie fossile. Outre la galerie des dinosaures, le muséum présente également de nombreuses autres salles permanentes (mammifères, baleines, insectes, préhistoire, minéraux, etc.) et des expositions temporaires qui remportent chaque fois un grand succès auprès des visiteurs.

Muséum de l'Institut Royal des Sciences Naturelles.

MUSÉUM DES SCIENCES NATURELLES ★
Rue Vautier 29
Ixelles
© +32 2 627 42 33
www.sciencesnaturelles.be
info@sciencesnaturelles.be
Basse saison : ouvert du mardi au vendredi de 9h30 à 17h. Haute saison : le week-end de 10h à 18h. Gratuit jusqu'à 5 ans. Adulte : 7 €. Enfant (de 6 à 17 ans) : 4,50 €. Étudiant, Senior, Personne handicapée : 6 €. Accès PMR excellent (Accessibility Award Visit Brussels 2013) ! Restauration (café, coin pique-nique). Boutique. Partenaire de l'opération « Faucons pour tous ». Différentes formules de découvertes : stages vacances.

RESTO

Il serait regrettable de réduire la gastronomie belge aux seules « moules-frites ». Certes, le royaume consomme beaucoup de frites (et quel délice !). Le secret de leur confection est qu'elles seraient cuites… deux fois. Mais la Belgique n'a vraiment pas à rougir de ses traditions culinaires. Le pays possède d'ailleurs autant d'étoiles au *Michelin* que la France, proportionnellement au nombre d'habitants. A Bruxelles, on peut manger bien et pas cher dans des milliers de petites enseignes. Quel que soit le quartier, toutes renferment de bonnes tables, généreuses et conviviales. Les petites brasseries bruxelloises raviront les curieux voulant toucher à la vie locale. En s'éloignant un peu de la Grand-Place, vous vous mêlerez plus facilement aux locaux. A la croisée de l'Europe, la capitale s'ouvre de plus en plus aux tendances du moment et propose des cartes de cuisine fusion, plus moderne. Un conseil, tout de même, n'allez pas manger dans la rue des Bouchers, hyper touristique et véritable piège à touristes (à quelques exceptions près). Le quartier Sainte-Catherine réserve aussi quelques surprises. Il regorge de petits restaurants huppés spécialisés dans le poisson et les fruits de mer, produits frais achetés au marché le matin même.
Tomates crevettes, carbonnades flamandes, chicons au gratin, waterzooi… les spécialités locales sont à tester pendant tout séjour dans la capitale. Au niveau des fromages, il en existe plus de 80 sortes. Le Remoudou d'Herve est incomparable et considéré comme l'un des meilleurs du monde... Très piquant et odorant, il ravira les amateurs ! Peu importe le fromage, il s'accompagne parfaitement avec une

De l'eau du robinet, s'il vous plaît

Si vous demandez de l'eau à un serveur, sachez que celui-ci va vous l'apporter en bouteille et, donc, facturée. La carafe d'eau, gratuite, est une coutume française. En revanche, si votre café n'est pas accompagné d'un verre d'eau comme à Paris, il est proposé avec un *spéculoos* à Bruxelles.

« Chez le Paki »

Ce qu'on appelle couramment à Bruxelles les Pakistanais sont des *night-shops*, ouverts toute la nuit ou presque (certains sont ouverts 24h/24). Bien qu'ils ne soient pas tous originaires du Pakistan, le mot « pakistanais » est entré dans le vocabulaire bruxellois. On y trouve de tout, plus cher évidemment : cigarettes, alcools et de quoi manger le soir si les grandes surfaces sont fermées. Bien pratique. La plupart disposent également d'une cabine téléphonique et d'une connexion Internet.

bière. Elle se décline sous plusieurs formes : blonde, brune, blanche, fruitée. La Belgique en compte plus de 1 000 variétés. Un rafraîchissement qui se déguste à toute heure de la journée. Plus qu'un simple breuvage, la bière est à la Belgique ce que le vin est à la France, une partie du patrimoine culturel national. Quant aux douceurs, difficile de ne pas succomber aux chocolats et *aux speculoos,* biscuits à la cassonade aromatisés à la cannelle, qu'on peut tremper dans son café. Au moment du goûter, la gauffre bruxelloise sera idéale pour combler un petit creux.

Le petit déjeuner est très copieux, composé en général de couques au beurre, aux raisins ou au chocolat. A midi, vous pourrez « dîner » sur le pouce, dans des cafés pas chers et rapides, sandwicheries ou fromageries. Les pistolets fourrés (sandwich rond ou mou garni selon les goût) sont proposés à des prix très modestes. Pour les amateurs de cornets de frites et de mitraillettes, les *fritkots* permettent de bien caler l'estomac. Pas très équilibré, mais terriblement bon. Le soir, vous pourrez souper dans un bon petit resto en accompagnant vos mets de vin ou de bière. Tout le monde ne le sait pas, mais la Belgique dispose de quelques appellations d'origine contrôlée : Hageland, Haspengauw, côtes de Sambre et Meuse et « Vin des pays des jardins de Wallonie »... Bonne dégustation !

SHOPPING

Les amoureux des belles et rares choses se plairont à Bruxelles. Les brocantes y sont nombreuses et populaires, notamment celle de la place du Jeu-de-Balle, où l'on peut trouver quelques objets artisanaux anciens. Plusieurs quartiers sont aussi très prisés par les chineurs : le Sablon, qui accueille tous les week-ends un marché aux antiquaires, ou encore les Marolles, réputé pour ses bazars et petits restos à la mode. Quant au marché aux puces, il garde un esprit bien à lui. Qu'il fasse beau, pleuve ou vente, tous sont là pour présenter les objets tout droit sortis des greniers.

Les marchés bruxellois

Voici nos préférés, que se soit pour l'ambiance ou la qualité des produits.

- **A Saint-Gilles :** le lundi de midi à 19h sur la place M. Van Meenen à l'hôtel de ville (produits artisanaux) ; du mardi au dimanche sur le parvis de Saint-Gilles de 6h à 13h ; le dimanche à la gare du Midi (le plus grand et le plus varié) de 6h à 13h30.
- **A Ixelles :** le mercredi sur la place du Châtelain (produits artisanaux) de 13h à 19h30 et les samedi et dimanche de 7h à 13h30 aux étangs d'Ixelles.
- **Dans le centre :** place Sainte-Catherine le mercredi de 7h30 à 15h (produits bio) et du jeudi au samedi de 7h à 17h (fleurs et produits artisanaux). Du vendredi au dimanche les abattoirs d'Anderlecht sur la rue Ropsy de 7h à 14h (viande) ou encore à Schaerbeek le mardi de 8h à 13h place Dailly.

Impossible de quitter la capitale sans emporter une bière locale. Si vous ne savez que choisir, offrez-vous un « mètre de bière » qui propose plusieurs échantillons, parmi les meilleures du pays. Vous en trouverez dans certaines boutiques spécialisées près des centres touristiques. Difficile de faire l'impasse sur le chocolat. Leonidas, Neuhaus, Godiva, Corné, Galler, Daskalidès, Darcis et Marcolini... les grandes enseignes sont légion à Bruxelles. N'hésitez pas à déguster les pralines vendues dans leurs petits ballotins.

© STÉPHAN SZEREMETA

Souvenirs de Bruxelles.

Leur prix peut varier entre 10 et 25 € le kilo selon les marques, mais vous pouvez également vous procurer des sachets de 100 g. Nous vous conseillons de vous rendre dans les galeries St-Hubert ou sur la place du Sablon pour en acheter.
Une autre spécialité est sans conteste la dentelle de Bruxelles. Par sa finesse et le raffinement de ses motifs, elle a su se démarquer de ses concurrentes française et italienne, faisant de la capitale belge le centre européen de la dentelle au XVIIIe siècle. Le musée du Costume et de la Dentelle retrace son épopée à travers tableaux et pièces de collections. Il permet de découvrir les techniques qui ont fait le succès des dentellières bruxelloises.
Quant aux amateurs de bandes dessinées, ils ne résisteront pas à la tentation de compléter leur collection. Si vous êtes fan ou juste curieux, ne manquez pas le Centre belge de la bande dessinée (CBDB) dans le centre. Pour faire vos achats, nous vous conseillons les boutiques du boulevard Anspach et de la rue du Midi, la place Fernand Coq à Ixelles. Sans oublier LE quartier spécialisé, concentré autour de la chaussée de Wavre.
Question mode, les *fashion victims* pourront se rendre à Ixelles et faire leur shopping sur les avenues de la Toison d'Or et Louise. Dans le centre, les quartiers St-Jacques et Dansaert et la rue Neuve, qui doit être la seule rue piétonnière de Bruxelles, abrite la galerie City2 et ses grands magasins d'accessoires et de cosmétiques. Ne reste plus qu'à flâner au gré de vos envies.

SORTIR

La nuit tombée, Bruxelles s'éclaire sous les projecteurs et se lève allègrement au rythme frénétique et hypnotique des sons. Les boîtes de nuit donnent le tempo tandis que les gares, entrepôts et hangars mènent la cadence. Vous ne vous ennuyerez pas à Bruxelles.
Toute la semaine, les bars sont bien fréquentés. Mais c'est surtout à partir du jeudi que les rues de la ville s'animent. Ce jour-là, les étudiants se mettent en jambe lors des « thé dansant », plus communément appelés « TD » . En dépit de certains esprits qui pourraient croire le contraire, il ne s'agit pas là de soirées proprettes à boire le thé sur un air de musette. Bien au contraire ! Ces soirées sont plutôt alternatives. Organisées dans des hangars, elles sont un bon prétexte pour faire la fête et la bière y coule à flot. A noter que ces TD sont en principe réservés à ceux qui possèdent une carte étudiant, mais vous pouvez toujours tenter de négocier pour y accéder.
Le ton monte d'un cran le vendredi, à l'approche du week-end. En général, les soirées se passent dans les bistrots. Chacun met son grain de sel selon l'humeur du jour et le tempérament ambiant.
A 1h du matin, les noctambules rejoignent bar-clubs et discothèques. L'entrée peut varier de 5 à 20 € selon l'endroit, l'heure et le type de soirée. Toutefois, les consommations n'augmentent pas au fil des heures et ne sont pas tarifées selon l'emplacement.

Le signe des Lacs du Connemara !

C'est bien un signe – et non un cygne – que vous envoie la chanson des Lacs du Connemara de Michel Sardou en Belgique. En effet, si vous êtes de sortie et que l'aube s'approche dangereusement, il se peut que le club où vous vous déhanchez depuis quelques heures commence à s'essouffler. Dans ce cas, afin d'inviter les hôtes à quitter les lieux dans la bonne humeur, on vous passera les Lacs du Connemara ! Et oui, c'est le signe qui vous indique que la boîte fermera dans les 15 minutes à venir…

Bien sûr, le centre de Bruxelles est le pôle d'attraction majeur pour les sorties. Saint-Géry reste la place préférée des locaux par son ambiance festive, été comme hiver, mais on peut tout à fait se rendre dans les rues Dansaert, Flandre et Ste-Catherine. Ou encore traverser le boulevard en direction de la Bourse, vers le quartier Saint-Jacques, lieu de prédilection de la communauté gay qui vous accueille dans un esprit de tolérance.
Bruxelles ne se résume cependant pas, bien sûr, à ses quartiers centraux ! A Ixelles, les places Flagey et St-Boniface offrent un cadre assez branché et *trendy*. Matongé accueille la population congolaise, toujours très à même de partager sa bonne humeur. La place du Luxembourg est également le rendez-vous branché des européens venus travailler dans la capitale. Ambiance garantie les jeudi et vendredi. Le Chatelain qui accueille un marché tous les mercredis se transforme en été en véritable rendez-vous de la jeunesse bruxelloise. Les cafés installent leur terrasse sur la rue et vous vous baladez le verre à la main. Enfin, le cimetière d'Ixelles est devenu en quelques années le haut-lieu de la vie estudiantine.
A noter que les bus (noctis) roulent la nuit du vendredi et du samedi jusqu'à 3h du matin. Pour plus d'informations, connectez-vous au site de la stib (www.stib.be).
Bien que les Bruxellois soient connus comme des personnes aimant faire la fête, la ville offre également de multiples possibilités au niveau culturel. Les théâtres sont nombreux et chacun a son propre style. Petits et grands trouveront leur bonheur. Si jamais vous préférez le cinéma, les petites salles dégagent souvent beaucoup de charme. Les films sont sans doute moins récents, mais vous découvrirez probablement un classique ou même une production locale. A l'affiche de la CinemateK ou du Nova, des films qui sortent des sentiers battus. Enfin, pour les plus rock and roll, des concerts se donnent aux quatre coins de la ville. Dans les cafés ou dans des salles, l'ambiance sera à son apogée. L'Ancienne Belgique, appelée l'AB par les locaux, est un *must*.

Idées de séjour

BRUXELLES POUR LA PREMIÈRE FOIS

Voici un parcours sur 3 jours qui vous guidera à la découverte de Bruxelles. La capitale belge est une ville qui peut se visiter à pied, et c'est d'ailleurs souvent de cette façon qu'on l'apprécie le mieux.

›› Jour 1 : vendredi

▸ **Matinée :** direction la Grand-Place ! N'y allez pas trop tôt, car vous risquez de tomber nez à nez avec des camions qui déchargent leurs marchandises. Rendez-vous à l'hôtel de ville pour vous procurer la description des maisons et visiter la maison du Roi. Baladez-vous ensuite dans le quartier Saint-Jacques et son réseau de petites ruelles classées par l'Unesco, puis admirez le Manneken-Pis. Sillonnez ensuite les galeries royales Saint-Hubert et leurs très jolies boutiques.

▸ **Déjeuner :** un petit creux ? Une multitude d'établissements se situent aux awbords des galeries et vous n'en aurez que l'embarras du choix. Cependant, il s'agit bien d'adresses très touristiques et on vous conseille donc de déjà vous diriger vers le Sablon où vous trouverez par exemple Le Suisse, Genco ou le Beli.

▸ **Après-midi :** le Sablon, c'est le quartier des antiquaires et du chocolat. Petite dégustation chez Marcolini ? Pause gourmande chez Wittamer ? C'est le moment de prendre son dessert. Ensuite, rendez-vous vers le Palais des Beaux-Arts pour découvrir une expo ou continuez vers le Mont des Arts pour visiter le musée Magritte.

…irée : prenez le bus ou le tram …s la place Saint-Boniface pour aller dîner puis regagnez la place Fernand-Coq ou la place Flagey (très proches l'une de l'autre) pour terminer la soirée dans un bar animé.

» Jour 2 : samedi

Matinée : on démarre de la place du Jeu-de-Balle dans les Marolles, au cœur de l'âme bruxelloise. Le marché aux puces ouvre ses portes à 6h du matin. Vous y trouverez peut-être l'objet de vos rêves ! Qui sait ? Un petit café au Chaff sur la place et c'est parti ! Prenez la rue des Renards qui remonte et tournez à gauche sur la rue Haute. Flânez, contemplez les vitrines, avant de bifurquer vers la rue de l'Epée sur votre droite. Montez dans l'ascenseur, vous arriverez au pied du Palais de justice, avec une très jolie vue sur la ville. Un peu de shopping peut s'envisager entre les arrêts « Louise » et « Stéphanie » jusqu'à l'heure de table.

Déjeuner : si votre ventre crie famine, il y a de très chouettes restaurants dans les rues J.Stas et Dejoncker. Sinon, prenez la chaussée de Charleroi : Ma Folle de Sœur et l'Orientalia contenteront agréablement votre fringale.

Après-midi : rendez-vous rue Américaine pour un voyage à la rencontre de l'Art nouveau avec le musée Horta. Vous pouvez vous renseigner pour faire une « balade Art nouveau » auprès de l'office du tourisme. Une carte reprenant les plus belles façades est disponible. Si vous optez plutôt pour le lèche-vitrine, rendez-vous rue du Bailli ou encore place du Châtelain.

Soirée : après avoir dîné, profitez d'une pièce de théâtre ou allez danser dans le centre. La place Saint-Géry est une bonne option, car vous y trouverez de nombreux restaurants et vous êtes ainsi très proche de « là où ça se passe » le samedi soir.

» Jour 3 : dimanche

Matinée : libre. il y a la grasse matinée comme option !

Après-midi : l'après-midi, vous avez le choix. Soit vous partez à la découverte du quartier européen et vous vous baladez dans le parc du Cinquantenaire, soit vous allez vous détendre au parc du Heysel et vous visitez l'Atomium pour faire le tour de l'Europe en quelques heures. Avec la possibilité de profiter du cadre verdoyant du parc de Laeken.

Soirée : de retour dans le centre, vous pouvez commencer la soirée au Moeder Lambic à Saint-Gilles non loin de sa très jolie maison communale et déguster des champignons préparés à toutes les sauces au Café des Spores. Pourquoi ne pas ensuite terminer la soirée au Bar du Matin ou sur le parvis de St-Gilles à la brasserie Verschueren, à refaire le monde ?

PARCOURS ALTERNATIF

Un petit week-end à Bruxelles ? Vous avez déjà découvert les sites touristiques traditionnels ? Voici un petit itinéraire mixte qui commence le vendredi soir et se finit le dimanche après-midi. On vous emmène dans des petits endroits chéris par les Bruxellois !

» Jour 1 : Le « petit verre » du vendredi soir

Soirée : le soir, en supposant une arrivée à la gare du Midi, prenez directement le métro jusqu'à la station Schuman pour profiter d'une vue sur les institutions européennes au coucher du soleil. Une petite marche de 10 minutes vous amènera jusqu'au bar à vins *Chez Félix*. En été, vous pouvez également passer la soirée sur la place des Chasseurs-Ardennais où *food trucks* et petits bars temporaires sont montés, créant une ambiance conviviale. Si vous préférez manger assis, optez pour un restaurant de la place Jourdan.

» Jour 2 : samedi « marchés et culture »

Matinée : le Grand Sablon, quartier des antiquaires par excellence, abrite le fameux marché aux antiquaires et aux livres, ouvert les samedis (de 9h à 18h) et dimanches matin (de 9h à 14h). Installé au pied de l'église du Sablon, ce petit marché du centre-ville compte plusieurs stands ayant chacun leur spécialité : peinture, argenterie, mobilier… Il faut arriver de bonne heure pour ne pas se faire dépasser par un acheteur connaisseur et matinal. Il faudra ensuite pousser la porte des antiquaires ayant pignon sur rue, l'offre y est intéressante, bien qu'un peu chère.

Déjeuner : le Grand Sablon est apprécié pour ses nombreux restaurants et ses terrasses. Choisissez une place au soleil pour grignoter un plat bien bruxellois avant de poursuivre l'exploration du Bruxelles des bonnes affaires.

Après-midi : prévoyez une petite visite au musée d'Ixelles qui vaut le détour, à tout moment de l'année, ou au Contretype, le centre de photographie contemporaine.

Soir : préférez la place Saint-Boniface pour dîner. Vous y trouverez de nombreux restaurants très sympathiques. Le Mano a Mano ou le Yamato, par exemple, sont à découvrir absolument. Terminez la soirée à Flagey avec une délicieuse bière belge. Si vous avez un véhicule à votre disposition, choisissez sans attendre le Cook & Book à Woluwe-Saint-Lambert.

» Jour 3 : dimanche « nature »

Matinée : si vous êtes matinal, profitez d'une visite au musée du Tram avant de faire une balade dans le parc qui l'entoure. Vous pouvez également prendre le tram 44 jusqu'à son terminus (Tervuren station), le tram traverse la forêt et offre une très jolie vue. Ceux qui veulent se dégourdir les jambes s'arrêteront pour une petite balade au bois à la station Auderghem-foret.

Lunch : avant de rentrer, prenez un lunch à la place du Luxembourg.

PLAISIRS GOURMANDS

Une découverte gourmande pour les amateurs de chocolat, de pâtisseries, ou de bières, à commencer impérativement le ventre vide !

» Jour 1 : vendredi

Après-midi : pour se mettre l'eau à la bouche avant l'heure de l'apéritif (et découvrir aussi le cœur de Bruxelles), la maison des Brasseurs belges, sur la Grand-Place, explique l'histoire de la bière. Une dégustation du fabuleux breuvage est prévue en fin de visite. De l'autre côté de la Grand-Place, le musée du Cacao et du Chocolat, situé dans la rue de la Tête d'Or, vous livrera tous les secrets de la conception du chocolat, de la fève au carré.

Soirée : en continuant tout droit, la rue du Midi débouche sur la Bourse à droite. Ici, le Cirio accueille les amateurs de bières dans un cadre inchangé depuis la fin du XIXe siècle. Pour finir en beauté, il faut regagner le centre et s'aventurer dans les galeries Saint-Hubert. La Mort Subite attend les plus téméraires à l'entrée des estaminets et, si la nuit file trop vite, le Delirium café (à deux pas de la Grand-Place, impasse de l'infidélité 4A) ouvre ses portes jusqu'à tôt le matin.

» Jour 2 : samedi

Matinée : place du Sablon, stop au Pain quotidien, surnommé le « Pain quot » par les Bruxellois. C'est en Belgique que la célèbre chaîne est née. On y déguste, sur de grandes tables en bois conviviales, un solide petit déjeuner fait de pain artisanal et de confitures grand-mère. A noter que le week-end, la place accueille un marché aux antiquaires avec de très beaux objets et de belles pièces de collection.

© AUTHOR'S IMAGE

Moules marinières et frites, deux spécialités culinaires belges.

Après-midi : un peu plus bas, le créateur de chocolats Pierre Marcolini exhibe sa superbe vitrine de bonbons chocolatés, ressemblant à un comptoir d'œuvres d'art. On aurait presque (presque, on a dit !) peur de goûter à ses mélanges subtils et audacieux (thé, gingembre, violette...).

On redescend ensuite vers la rue du Chêne, pour saluer le Manneken-Pis, avant de tester l'une des célèbres spécialités sucrées de la ville, la gaufre bruxelloise. Il existe deux façons de la manger : comme les touristes, avec chantilly, fraise ou chocolat (c'est un défi que de la manger proprement, surtout en marchant !) ou comme les vrais Bruxellois, avec juste du sucre glace (on dit « impalpable » ici).

Plus loin, dans la rue au Beurre, se trouve la biscuiterie Dandoy, véritable institution belge. Cela va faire bientôt deux siècles que la famille Dandoy perpétue son savoir-faire pour le plus grand bonheur des gourmands venus y acheter les deux spécialités de la maison, les *speculoos* (petits biscuits que l'on ne présente plus !) et les pains à la grecque (qui n'ont rien de grec puisqu'il s'agit de rectangles de pain au lait à la cassonade et à la canelle, qui tiendraient leur nom d'une erreur de traduction du flamand au français).

Soirée : pour poursuivre cette exploration gourmande de Bruxelles, le Corbeau, dans la rue Saint-Michel, invite à la découverte d'une cuisine familiale et bruxelloise : après les douze coups de minuit on danse sur les tables, et l'on boit le fameux « Chevalier » (un litre de bière !).

» Jour 3 : dimanche

Matinée et déjeuner : dans la rue Sainte-Catherine, une halte à la boulangerie Charli, le pâtissier travaille devant tous, pour le plaisir des yeux. On salive rien qu'en voyant l'étalage ! C'est l'endroit idéal pour dévorer pâtisseries et gourmandises le dimanche matin ou dimanche midi pour les lève-tard.

Après-midi : en gardant le cap à droite, on arrive place Sainte-Catherine. Direction les anciens canaux sur le quai aux Briques ! Il faut alors pousser les portes de Comus & Gasterea, le palais des glaces ! Ici tous les parfums se dégustent en cornet, même les plus fous tels que carotte ou chicon ; plus classiques, l'orange amère ou la vanille sont à tomber !

VISITES GUIDÉES

N'écoutez pas les snobs qui vous diront que les visites guidées sont ringardissimes. Il existe de très bons tours à Bruxelles : seul, en transports en commun, à pieds, en bus... voici une sélection choisie. L'office du tourisme pourra vous fournir la liste complète des différentes initiatives.

■ **BRUSSELS BY WATER**
Quai des Péniches 2 bis
✆ +32 2 203 64 06 /
+32 2 218 54 60
www.brusselsbywater.be
Métro : Yser. Tram : Yser
ou Sainctelette. Bus : Yser.
Le canal retrouve ses lettres de noblesse depuis quelques années grâce, entre autres, à la plage estivale, aux soirées sur les péniches et aux nouveaux bars qui s'ouvrent à proximité. Mais Brussels by Water investit les eaux du canal depuis plus de dix ans en organisant des croisières l'été, à raison de six par jour. L'occasion de découvrir le port et son fonctionnement. Il est même possible de pousser plus loin l'escapade, via Rivertours, pour une excursion d'une journée vers Charleroi, Gand ou Anvers, ou de combiner la navigation à une randonnée à vélo ou à des visites touristiques.

■ **BRUSSELS CITY TOURS**
Rue du Marché aux Herbes 82
✆ +32 2 513 77 44
www.brussels-city-tours.com
info@brussels-city-tours.com
Brussels City Tour est devenu est un acteur incontournable dans les visites organisées et pratiques des plus beaux coins de chez nous. Selon les formules proposées, on découvre Bruxelles en autocar et on se fie au professionnalisme des guides expérimentés. Tour de la ville parfois combiné par une dégustation chocolatée ou brassicole. Au programme également, des combinaisons entre Bruxelles et d'autres villes belges. Renseignez-vous..

■ **D TOURS**
✆ +32 2 345 09 59
www.d-tours.org
info@d-tours.org
Bruxelles sensoriel. DTours propose de vous faire visiter Bruxelles un casque sur les oreilles. Appuyez sur « Play » et profitez des commentaires informatifs, distrayants et oniriques, étayés de références, de paroles d'habitants, etc. Trois parcours sont proposés : le quartier populaire des Marolles, le quartier de la Grand-Place ou celui de Sainte-Catherine. Une autre façon de voir la ville. Vraiment génial !

Galeries royales Saint-Hubert.

Les Greeters Bruxellois

Un *Greeter* est un citadin qui aime et connaît sa ville, et souhaite partager ses connaissances avec un visiteur ou un petit groupe de visiteurs étrangers. Ce job bénévole consiste à guider ces touristes quelques heures et leur faire découvrir l'un ou l'autre aspect de la ville. Cette forme de guidage qui organise et ré-invente l'hospitalité dans nos villes modernes, valorise les atouts de celles-ci sur base de thématiques diverses : l'art, les cafés, balades en vélo, les quartiers historiques, un parc…

Depuis quelques mois, ce mouvement, né à New-York dans les années 90 et bien développé en Europe, a donc pris ses quartiers à Bruxelles. Et c'est l'association Tourisme Autrement qui a été chargée de développer ce réseau de tourisme participatif dans tout le pays.

www.brussels.greeters.be

LE BUS BAVARD

Rue des Thuyas 12
✆ +32 2 673 18 35
www.bruxellesbavard.be
info@bruxellesbavard.be
Métro : Beaulieu. Tram : Marie-José.

La devise de cette association militant pour une découverte conviviale du Bruxelles des Bruxellois : *« Nos guides ne sont pas des perroquets. Nos groupes ne sont pas des troupeaux. »* Les visites se font à pied ou en car, en groupe ou individuellement. Programmes classés selon les thèmes et les mois.

Où se procurer les Audioguides ? A l'office du tourisme de l'hôtel de ville sur la Grand-Place pour le parcours « Grand-Place ». A la Brasserie Verschueren (parvis Saint-Gilles 11-13, 1060 Bruxelles) pour le parcours « Marolles ». A la Brasserie Walvis (209 rue Antoine-Dansaert, 1000 Bruxelles), pour le parcours « Sainte-Catherine ». En téléchargement sur : www.brusselsinternational.be

LA FONDERIE

Rue Ransfort 27
✆ +32 2 410 99 50
www.lafonderie.be
parcours@lafonderie.be
Métro : Comte de Flandre.
Tram et bus : Porte de Flandre.

Ouvert du lundi au vendredi de 9h à 17h. Les tarifs diffèrent selon les parcours, consultez le site internet pour plus d'informations.

Ici, au centre d'histoire économique et sociale de la Région bruxelloise, c'est donc l'héritage social et industriel qui est mis en avant. Au total, vous aurez le choix entre 27 parcours urbains (à pied, en car, en bateau ou en train) comme, par exemple, « le socialisme à Bruxelles », « Tour et Taxis », « Les bières bruxelloises »…

PRO VELO

Rue de Londres 15
✆ +32 2 502 73 55
www.provelo.org
info@provelo.org
Métro : Trône. Bus : Londres.
De novembre à mars, ouvert du lundi au vendredi de 10h à 13h30 et de 14h à 17h. D'avril à octobre, du lundi au vendredi de 10h à 13h30 et de 14h à 18h et le week-end (et les jours fériés) de 10h à 18h.
Vous les trouverez facilement, près de la place du Trône. Un service de location met à disposition des vélos pour adultes et pour enfants. Pour 1 heure, comptez 4 €, pour une journée 16 €, pour un week-end 25 €. Des visites guidées de qualité (www.provelo.org) sont programmées selon un calendrier bien établi, disponible sur Internet ou à la maison des Cyclistes.

VOIR ET DIRE BRUXELLES

Rue Royale 2-4
✆ +32 2 563 61 51
www.voiretdirebruxelles.be
info@voiretdirebruxelles.be
Métro : Trône. Tram et bus : Palais.
Ce ne sont pas moins de quatre associations bruxelloises qui se sont réunies pour offrir un éventail plus large encore d'activités destinées à découvrir la capitale sous un jour des plus variés. Ces associations sont L'Arau (Atelier de Recherche et d'Action Urbaines), Arkadia.be, Bruxelles Bavard et Pro Vélo. A travers ces découvertes, les moindres détails insolites sont mis en exergue pour permettre à chacun de percevoir ce que la ville à de plus discret, de plus curieux sur le plan historique, architectural, économique, social, folklorique. Voir et dire Bruxelles propose plus de 150 thèmes de visites guidées (individuelles ou en groupe), des visites d'hôtels de maîtres et est également à l'origine de BANAD festival (Brussels Art Nouveau et Art Deco Festival) qui se déroulera du 11 au 26 mars 2017.

WATERBUS – CROISIERES A BRUXELLES

Quai de Beco – Avenue du Port 6
✆ +32 2 218 54 60
www.brusselsbywater.be
contact@brusselsbywater.be
Croisières découverte de 55 minutes ou Croisières de 1h55. Tarifs de 4 à 6 € par adulte, demi-tarif pour enfants. De mai à octobre : départ à 10h, 12h, 13h, 15h et 16h les mardis, mercredis, jeudis et vendredis. En juillet et août tous les jours, sauf le lundi. Tickets en vente sur le bateau.
L'idée est de découvrir Bruxelles et ses environs de manière originale. Venez visiter un musée, faire des courses en ville et rentrez en bateau ou encore embarquez famille, vélos, naviguez et rentrez en pédalant. Tous les lieux d'embarquement du bateau-bus sont accessibles en transports en commun. Le bateau-bus fonctionne avec un tarif par zone comme les bus 'classiques'.

© HELB

Festivités

Voici un petit pêle-mêle, non exhaustif, des festivités annuelles que Bruxelles vous a concocté. On vous conseille toujours de bien vérifier les dates, les programmes et les prix.

Un site assez complet reprenant les événements à Bruxelles : www.agenda.be

» Février

ANIMA – FESTIVAL DU FILM D'ANIMATION

Flagey
Entrée par la Place Ste-Croix
✆ +32 2 502 70 11
www.animatv.be
Tram et bus : Flagey
De février à mars. Entrée : 8 € (à partir de 16 ans). Enfant : 7 €. Pass 5 tickets pour 28 €. Forfait «Passeport Anima» pour toutes les séances : 65 €. Nuit animée : 15 €.
Qui a dit que les dessins animés ne sont que pour les enfants ? Anima vous prouve le contraire en mettant sur pied chaque année le festival international du film d'animation. Celui-ci se déroule à Flagey et programme des dessins animés, des films d'animations, des rencontres et des concerts.

ART TRUC TROC & DESIGN

Bozar, Rue Ravenstein 23
www.tructroc.be
Métro : Centrale.
Tram et bus : Palais.
En février. 8 € l'entrée, 5 € en prévente.
Et si l'art ne se monnayait pas, et si le mécénat pouvait être démocratique... Depuis 2004, Truc Troc propose à des centaines d'artistes de troquer leurs œuvres contre un voyage, un ordinateur portable, un vélo d'appartement... Des milliers de visiteurs se rendent au palais des Beaux-Arts et se prêtent à cette expérience, unique en son genre.

» Mars

FOIRE DU LIVRE

Tour & Taxis
Avenue du Port 86c
✆ +32 2 290 44 31
www.flb.be
info@flb.be
Métro, tram et bus : Ribeaucourt.
1 700 m² rien que pour lui, le livre est mis à l'honneur : ce n'est pas moins de 175 exposants avec 1 400 éditeurs représentés. On ne sait plus où donner de la tête. Tous les domaines sont au rendez-vous, représentant les livres du monde entier et les files s'allongent devant les auteurs et dessinateurs qui viennent se plier aux séances de dédicace.

» Avril

ART BRUSSELS, SALON D'ART CONTEMPORAIN

Tour et taxis
Avenue du Port 86
www.artbrussels.be
artbrussels@easyfairs.com
Métro, tram et bus : Ribeaucourt.
En avril (vernissage le jeudi 20 avril 2017).
Actuellement, une œuvre d'art peut se présenter sous la forme d'un tableau, d'une sculpture, d'une installation d'objets, d'un clip vidéo... ou de tout ça à la fois. Art Brussels invite une bonne centaine de galeries d'art à venir défendre les travaux de leurs artistes, toutes tendances confondues. Le salon accueille 30 000 personnes sur les 4 jours d'ouverture.

» Mai

BRUSSELS JAZZ MARATHON

www.brusselsjazzmarathon.be
info@brusselsjazzmarathon.be
Fin mai.
Le Jazz Marathon vous emmène à travers plus de soixante lieux pour découvrir ou redécouvrir des groupes de jazz belges. Belle balade sonore dans une très chouette ambiance, tant à l'extérieur (place Sainte-Catherine, place du Sablon, Grand-Place...) que dans les salles de concerts et de spectacles de la ville.

FÊTE DE L'IRIS

www.fetedeliris.be
events@visitbrussels.be
Un weekend début mai.
Comme chaque année, concerts gratuits, animations de rue et de nombreuses activités grand public vont rythmer le temps d'un weekend la Région de Bruxelles-Capitale. Couleurs, ambiance festive et célébrités seront de la partie. Cette Fête de l'Iris a plus de vingt ans !

LES NUITS BOTANIQUES

Botanique, Rue Royale 236
Saint-Josse-ten-Node
✆ +32 2 218 37 32
www.botanique.be
info@botanique.be
Métro, tram et bus : Botanique.
3 semaines en mai.
Un lieu unique et une programmation d'une sacrée réputation ! Depuis plus de vingt ans, c'est le rendez-vous des artistes confirmés, émergeant ou inconnus. Chaque année, l'affiche est variée et attire des amateurs en tous genres venus des quatre coins de la Belgique.

SERRES ROYALES DE LAEKEN

Domaine royal de Laeken
Avenue du Parc royal, Laeken
✆ +32 2 513 89 40
www.monarchie.be
Métro : Stuyvenbergh ou Bockstael. Bus : Serres royales.
Dès la mi-avril jusqu'en mai.
Au printemps durant trois semaines environ, ce joyau architectural, voulu par Léopold II et dessiné par Alphonse Balat (professeur du célèbre Victor Horta), ouvre ses portes. Les serres abritent la plus ancienne collection de camélias au monde, des orangers bicentenaires et des milliers de plantes ramenées du Congo.

» Juin

FESTIVAL COULEUR CAFÉ

Tour & Taxis
Avenue du Port 86c
www.couleurcafe.be
news@couleurcafe.be
Métro, tram et bus : Ribeaucourt.
De fin juin à début juillet.
Avec sa programmation exotique, le festival porte bien son nom. Chaque année défilent des artistes d'univers variés tout droit venus des Caraïbes, d'Afrique et d'Amérique Latine pour charmer les oreilles des participants. Outre les divers styles musicaux présents comme le r'n'b, le hip-hop, le soukous, le reggae, le club... les organisateurs ont pensé à tout. En effet, on ne vient plus là que pour la musique, on vient aussi pour les ateliers, les animations, les cours de danse ou de musique, etc. Une multitude de petites échoppes artisanales et de snack-bars vendent leur produits à prix réduits et avec le sourire !

BRUSSELS FILM FESTIVAL

Centre Flagey
Place Sainte-Croix
Ixelles
✆ +32 2 762 08 98
www.brff.be – info@brff.be
Tram et bus : Flagey.
Les professionnels du septième art présentent une gamme de films allant de l'originalité à la sensibilité, mais toujours d'une grande qualité. Les films venant des quatre coins de l'Europe sont mis à l'honneur. Tout est pensé pour satisfaire les cinéphiles.

FETES DE LA MUSIQUE

www.fetedelamusique.be
info@fetedelamusique.be
Chaque année aux environs du 21 juin, comme pour célébrer l'arrivée de l'été, Bruxelles vibre au son de la musique et c'est dans une ambiance festive et détendue que se déroulent les concerts. Il y en a pour tous les goûts et tous les styles. A ne pas manquer !

» Juillet

BAL NATIONAL

Place du jeu de Balle
www.balnational.be
info@balnational.be
Métro et tram : Porte de Hal.
Bus : Jeu de balle.

En 2003, à l'occasion des 10 ans de règne du roi Albert II, un bal populaire avait été organisé la veille de la fête nationale. Le succès ne s'est pas démenti depuis et il a lieu chaque année au cœur des Marolles. Comme chaque année, le bal 2017 devrait être haut en couleur !

BRUXELLES LES BAINS
Quai des Péniches
Port de Bruxelles
www.bruxelleslesbains.be
info@bruxelleslesbains.be
Métro, tram et bus : Yser.
Comme chaque année, de fin juin à début août.
a plage débarque à Bruxelles et offre des animations en tout genre qui s'étalent sur près de 6 000 m² de sable fin. Palmiers, cocotiers, terrains de sport, jeux, musique et stands gourmands sont à la disposition des plagistes d'un jour le long du canal de Bruxelles.

OMMEGANG
Grand-Place
✆ +32 2 512 19 61
www.ommegang.be
info@ommegang.be
Métro, tram, bus : Bourse.
Début juillet.
Près de 1 400 figurants se rassemblent chaque année à l'occasion de l'Ommegang. Il s'agit de la plus ancienne évocation historique bruxelloise qui commémore la joyeuse entrée de Charles Quint au XVIe siècle. La plupart des participants sont des descendants de personnages historiques et défilent en costume d'époque. Pour rendre l'événement encore plus caractéristique, des géants représentants Saint-Michel, Sainte-Gudule ou encore le cheval Bayard paradent dans les rues de Bruxelles.

» Août

BRUSSELS SUMMER FESTIVAL
Place des Palais
✆ +32 2 474 83 16
www.bsf.be
info@bsf.be
10 jours à la mi-août.
Le cœur de l'été est synonyme de musique et de fête dans la capitale. Le festival est devenu un rendez-vous multiculturel et festif inévitable. Grâce à des prix démocratiques et une vaste programmation, il attire de plus en plus de festivaliers belges et internationaux.

Autres adresses : Mont des Arts • Place du Musée.

MEYBOOM
www.meyboom.be
info@meyboom.be
Chaque année, le 9 août
La plus ancienne des traditions folkloriques bruxelloises ! Plusieurs légendes existent sur l'origine de cette célébration datant de 1309. Une chose est sûre : ce jour–là, Bruxelles l'emporta sur la ville de Louvain. Depuis lors, sept siècles de folklore se sont enchaînés. Chaque année, on plante le *Meyboom* (arbre de mai), et ce avant 17h, sans quoi l'avantage repasserait aux mains des Louvanistes. Départ du cortège : rue des Marais.

LE TAPIS DE FLEURS

Grand-Place
✆ +32 2 513 89 40
www.flowercarpet.be
karel.goethals@flowercarpet.be
Métro, tram et bus : Bourse.
Se produit vers la mi-août, les années paires.

Le fameux Tapis de Fleurs s'étend sur 300 m², en plein centre de la Grand-Place. Les artisans les assemblent directement sur les pavés de la place, sans couche de terre. Cette tapisserie végétale peut s'admirer depuis le balcon de l'hôtel de ville.

» Septembre

JOURNÉES DU PATRIMOINE

www.journeesdupatrimoine.be
Du 10 au 11 septembre.

L'objectif des Journées du Patrimoine est de réunir le public et son patrimoine. Lors d'un week-end, diverses entreprises, institutions publiques et maisons privées sont accessibles aux visiteurs afin de mettre en valeur le patrimoine belge. Les Journées poursuivent leur action de valorisation, de protection et d'admiration d'un patrimoine d'exception qui attire, chaque année, de plus en plus de visiteurs. Les Journées du Patrimoine sont organisées avec le concours de très nombreux organisateurs, tels des propriétaires privés, des représentants des pouvoirs publics, des institutions, des associations, etc. Ces collaborations sont essentielles dans la réussite de l'événement.

WEEK-END DE LA BIÈRE

Grand-Place
✆ +32 2 511 49 87
www.belgianbrewers.be
info@belgianbrewers.be

Les brasseurs belges se donnent rendez-vous en septembre sur l'une des plus belles places du monde et les alentours, afin d'y présenter tout leur savoir-faire. L'entrée est gratuite et les prix de dégustation sont démocratiques.

© MEYBOOM

» Octobre

BIENNALE DE L'ART NOUVEAU

✆ +32 2 563 61 51
www.voiretdirebruxelles.be
info@voiretdirebruxelles.be
Les week-ends d'octobre. Tous les deux ans.
Animations autour de l'Art nouveau et visites guidées, en car, à pied ou à vélo, de quartiers et d'intérieurs de bâtiments ouverts exceptionnellement au public.

NUIT BLANCHE

✆ +32 2 279 64 21
www.nuitblanchebrussels.be
nancy.galant@brucity.be
Le 1er samedi d'octobre.
Insolite et surprenant. Vous avez une nuit entière pour redécouvrir Bruxelles à travers chants, danses, installations et spectacles, mais aussi pour vous laisser surprendre et pour voir sous un autre œil des lieux insolites du cœur de la capitale comme des vitrines, des cours d'école, des églises... Une nuit pour faire la fête et vivre ensemble la ville.

SKODA JAZZ FESTIVAL

www.skodajazz.be
info@hellojazz.be
Octobre, novembre, décembre, tous les programme sur le site internet.
L'Audi Jazz Festival a trouvé un nouveau sponsor, mais la qualité n'a pas changé. Le jazz dans tous ses états. Les plus grands noms viennent interpréter un jazz teinté de mille nuances dans différents lieux à Bruxelles et ailleurs.

» Novembre

L'HIVER ARS MUSICA

✆ +32 2 219 26 60
www.arsmusica.be
info@arsmusica.be
En novembre.
Du 12 au 30 novembre 2016
Après son festival de printemps, Ars Musica fait son show d'automne avec la musique contemporaine qui rencontre la danse, la vidéo et le théâtre.

» Décembre

PLAISIRS D'HIVER

Place Ste-Catherine
www.plaisirsdhiver.be
tourist@visit.brussels
Métro : Ste-Catherine ou De Brouckère.
Tram et bus : De Brouckère.
De novembre à janvier.
C'est le grand événement de l'hiver. 1,5 km de parcours illuminé autour de la Grand-Place et des animations en tous genres pendant un mois. Décor féerique, arbre de Noël géant, merveilleux marché de Noël avec plus de 140 chalets, grande roue illuminée, manèges, animations de rue et patinoire. Odeur de vin chaud et tartiflettes... Tout est prévu pour plonger visiteurs et habitants dans une bulle magique et féerique. L'ambiance y est vraiment super !

Grand-Place, Monnaie et De Brouckère

Musée
Curiosité
Edifice religieux
Gare ferroviaire
Station de métro
Informations touristiques
vers la Place du nouveau Marché aux grains
Place Sainte-Catherine
Rue Antoine Dansaert
Ste-Catherine
Tour Noire
Rue de Laeken
Rue des Augustins
Rue du Vieux Marché aux grains
Rue des Chartreux
Musée Album
Rue Ste-Catherine
Rue Melsens
Rue de la Vierge Noire
Rue de l'Evêque
Rue des Halles
Rue des Poissonniers
Rue Van Artevelde
Rue d'Anderlecht
Rue St-Christophe
Rue Pletinckx
Place St-Géry
Halles St-Géry
Rue des Riches Claires
Rue des Six Jetons
Rue J. Van Praet
Rue A. Orts
Rue P. Devaux
Rue du Marché aux Poulets
Boulevard Anspach
De Brouckère
Théâtr
Mon
Place de la Monnaie
Rue de l'Ecuyer
Rue Grétry
Bourse
Rue Saint-Géry
Rue de la Grande Ile
Rue Henri Maus
Rue de la Bourse
Pas. St-Honoré
Rue des Fripiers
Rue des Pierres
Rue Plattesteen
Rue de Tabora
St-Nicolas
Rue du Marché aux herbes
Rue de la Fourche
Anneessens
B. secours
Rue du Marché au Charbon
Rue du Midi
Musée du Cacao et du Chocolat
Rue au Beurre
Rue de la tête d'or
R. Chair et Pain
P. des Bouchers
Rue des Bouchers
Dominica
Vers Gare du Midi
Rue des Bogards
R. Van Helmont
R. d. la Gouttière
Rue des Grands Carmes
Rue du Lombard
Rues des Pierres
Hôtel de Ville
Grand-Place
Maison du Pain - Maison du Roi
R. Mar. aux Peaux
Galerie des Princes
Gale
Rue des Moineaux
Musée de la Brasserie - Confédération des Brasseurs de Belgique
Galeries Royales St-Hubert
Rue de la Colline
Rue du marché aux herbes
Rue de la Montagne
Académie des Beaux-arts
Rue de l'Etuve
Manneken Pis
Rue de la Violette
Rue des Chapeliers
Rue de Chêne
Rue des Eperonniers
Rue du Poinçon
Rue des Alexiens
Tour de Villers
Rue d'Accolay
Place St-Jean
Rue Duquesnoy
Rue de la Madeleine
Putterie
Boulevard de l'Impératrice
Rue Saint-Jean
Rue de l'Hôpital
Rue de l'Infante
Rue de Dinant
Rue de l'Escalier
Gare centrale
Rue des Ursulines
Place de Dinant
Place de l'Albertine
Boulevard de l'Empereur
Rue des Sols
Gal. Ravenstein
Rue de la Chapelle
Tour Ameessens
Mont des Arts
Palais des Congrès
Notre-Dame de la Chapelle
Rue Haute
Rue de Rollebeek
Rue Lebeau
Bibliothèque Royale
Rue des Chandeliers
Rue de la Paille
Vers Palais de Justice
vers Musée des Beaux-Arts
Rue Ravenstein

GRAND-PLACE, MONNAIE ET DE BROUCKÈRE

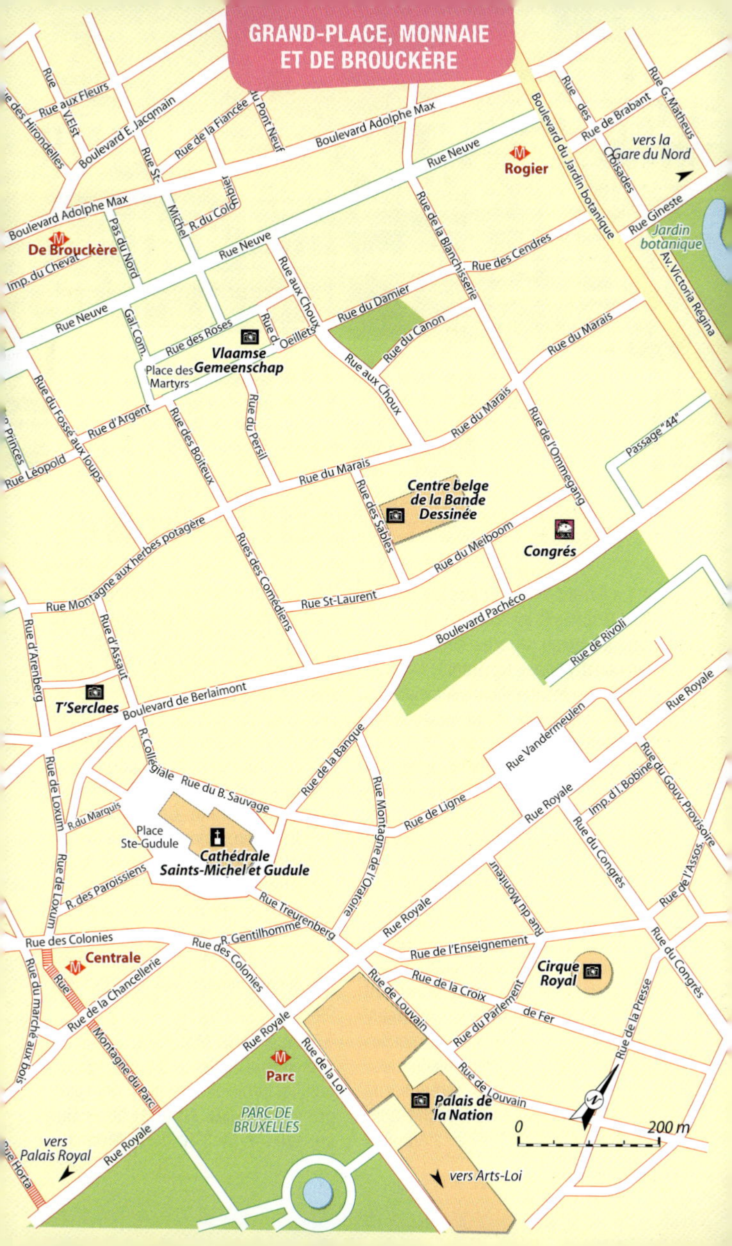

Grand-Place, Monnaie et de Brouckère

La Grand-Place et ses alentours sont à la fois le joyau et le cœur de la capitale belge. Quartier piétonnier, il fait bon d'y flâner. La Grand-Place est bordée par les traditionnelles maisons des corporations, dont les façades rivalisent de beauté.
Le nord de la Grand-Place est un réseau de rues et de ruelles classé au patrimoine de l'Unesco. Ce quartier emblématique est communément appelé « îlot Sacré », depuis les années 1960, lors du boom immobilier. De fait, les habitants, menacés par la démolition, se battent pour conserver leur quartier médiéval en créant une « commune libre », qu'ils nomment l'« îlot Sacré ». La tradition commerciale de tout ce quartier est particulièrement lisible dans les noms de rues : rue au Beurre, rue des Harengs, rue des Bouchers, rue du Marché-aux-Fromages, rue du Poivre… Admirez également les belles vitrines et la magnifique verrière qui font tout le charme des galeries Saint-Hubert.
Derrière l'hôtel de ville, on entre dans le quartier St-Jacques. Très pittoresque, il s'apparente à un petit village planté au milieu de la ville. Depuis toujours, son histoire est liée aux commerces, qui font partie de son identité. Centre artisanal au XIIe siècle, aujourd'hui encore de multiples magasins s'y trouvent : bouquinistes, boutiques de fripes, etc., le tout dans un état d'esprit très tolérant et un vrai sens de l'accueil. Ce n'est d'ailleurs sans doute pas pour rien que la communauté gay en a fait son quartier de prédilection.

Place de la Monnaie. Excellent endroit pour contempler l'incohérence architecturale de Bruxelles. Quel plus grand contraste en effet que celui qui relie le théâtre de la Monnaie aux « nouveaux » bâtiments ! De la place de la Monnaie part la rue Neuve qui concentre les grandes enseignes internationales où la foule défile en rangs serrés. Non loin de là se trouve la place des Martyrs. Contemporaine de la place Royale (1775), elle a un caractère plus intimiste. On l'a laissée à l'abandon durant vingt ans, par manque de moyens et par incertitude quant à son devenir possible, avant de la restaurer.

Place de Brouckère. Au centre de la place De Brouckère, se trouve le somptueux hôtel Métropole. Autrefois, les boutiques, salles de spectacle et cafés de luxe se bousculaient pour y avoir aussi une façade. Depuis la construction de deux gratte-ciel, à la fin des années 1960, le quartier a changé de population et les commerces de luxe se sont envolés vers l'avenue Louise et celle de la Toison d'Or.

© AUTHOR'S IMAGE

Cathédrale Saint-Michel et Gudule, représentation de Sainte Gudule.

VISITER

Joyau et cœur de Bruxelles, la Grand-Place, piétonne et animée, est bordée par les traditionnelles maisons de corporations dont les façades rivalisent de beauté. Au nord, l'îlot Sacré est un réseau de ruelles et de rues classés par l'Unesco au patrimoine mondial de l'humanité. Dans les environs de la Grand-Place, on trouve aussi le célébrissime Manneken-Pis.

LA BOURSE ★★

Boulevard Anspach 80
www.bourse-bruxelles.be
Métro : Bourse (Beurs)

Cet édifice fut construit en 1873. Avec son allure de temple grec, ne dirait-on pas le lointain sanctuaire de l'argent roi ? La curieuse structure qui émerge des pavés est l'entrée du petit musée archéologique Bruxella 1238. A noter que Rodin a donné du burin sur l'un des groupes sculptés qui surplombent la corniche.

CATHÉDRALE SAINTS-MICHEL-ET-GUDULE ★★

Place Sainte-Gudule
✆ +32 2 219 75 30
www.cathedralestmichel.be
Métro : Gare centrale.
Voir infos sur le site internet.

Reconnaissable de loin à ses tours en gothique brabançon, la cathédrale fut d'abord une église érigée sur l'une des collines de Bruxelles et portait alors le nom de Saint-Michel-au-Mont.

Au XIᵉ siècle, elle fut remplacée par une église romane qui prit en 1047 le nom de collégiale. Les reliques de sainte Gudule y furent transportées depuis l'église Saint-Géry et l'église, rebaptisée « Saint-Michel et Gudule », devint un véritable lieu de pèlerinage. Les vitraux des chapelles latérales sont en grande partie du XVIᵉ siècle, notamment d'après des cartons de Bernard Van Orley, dernier des grands peintres bruxellois de la tradition des Pays-Bas. L'un des panneaux de vitrail représente la profanation des hosties, prétexte au massacre des Juifs perpétré au XIVᵉ siècle. Les Juifs bruxellois furent, en effet, accusés d'avoir poignardé des hosties, lesquelles se seraient miraculeusement mises à saigner. A la suite de quoi, les malheureux qui avaient échappé au bûcher furent expulsés de la ville (on notera que le Vatican a attendu plus de six siècles avant de démentir officiellement la vraisemblance de l'accusation).

CENTRE BELGE DE LA BANDE DESSINÉE

Rue des Sables 20
✆ +32 2 219 19 80
www.cbbd.be – visit@cbbd.be
Voir page 14.

CHOCO-STORY BRUSSELS

Rue de la Tête d'Or 9-11
✆ +32 2 514 20 48
www.mucc.be - info@mucc.be
Fermé 25 décembre et 1ᵉʳ janvier. Ouvert tous les jours et les jours fériés à partir de 10h (dernière visite à 16h30). Gratuit jusqu'à 5 ans. Adulte : 6 €. Enfant (de 6 à 12 ans) : 3,50 €. Groupe (15 personnes) : 4,50 €. Senior et enfant plus de 12 ans : 5 €. Visite guidée (sur rendez-vous).
Un musée d'un autre temps donc au cadre un peu vieillot. C'est davantage d'une collection privée, de souvenirs familiaux et d'une atmosphère à l'ancienne qu'il s'agit ici. Exposition permanente et expositions thématiques sont proposés. Lors de la

© CHOCO-STORY BRUSSELS

Choco-Story Brussels.

visites guidée, vous aurez l'occasion de déguster de la masse de cacao, du beurre de cacao et différents types de chocolats. Un maître chocolatier vous livrera aussi ses secrets de la fabrication artisanale du chocolat. Les chocolatiers en herbe pourront confectionner leur propre tablette de chocolat personnalisée lors d'un atelier payant.

■ ÉGLISE SAINT-NICOLAS

A l'angle de la rue Tabora
Petite rue au Beurre 1
✆ +32 2 267 51 64
Ouvert du lundi au vendredi de 8h à 18h30 ; le samedi de 9h à 18h ; le dimanche et les jours fériés de 9h à 19h30. Gratuit.
L'église Saint-Nicolas est l'un des derniers exemples d'église médiévale ancrée en milieu urbain. Edifiée au début du XIIe siècle, elle a été reconstruite et remaniée tant de fois qu'elle offre en soi assez peu d'intérêt architectural. En revanche, sa vue est intéressante depuis la rue au Beurre ou la rue des Fripiers. L'intérieur est très sombre et il y règne une atmosphère religieuse assez particulière.

■ GALERIES ROYALES SAINT-HUBERT ★★

Rue du Marché-aux-Herbes
Édifié en 1847, cet édifice est cité comme le premier exemple européen de grande galerie couverte, dont le succès inspirera d'autres villes. Pour construire ces galeries, l'architecte Cluysenaer a fait raser le quartier de la ruelle Saint-Hubert, d'où leur nom et l'insulte qui s'ensuivit : schieven architek (architecte tordu), autrefois terrible pour les Bruxellois. Bordées de boutiques, théâtres et cafés, ces superbes galeries se présentent comme une rue de style Renaissance, à deux étages, inspirée des Offices de Florence et couverte par une très belle verrière.

Galeries royales Saint-Hubert.

■ GARDE-ROBE DE MANNEKEN-PIS ★

Rue du Chêne 19
✆ + 32 2 279 43 50
www.mannekenpis.brussels
nicolas.edelman@brucity.be
Ouvert du mardi au dimanche de 10h à 17h. Fermé le lundi et les 1er et 11 novembre, 25 décembre et 1er janvier. Entrée : 8 €. Seniors, étudiants : 6 €. Gratuit pour les moins de 18 ans. Depuis février 2017, la Garde-Robe a quitté la Maison du Roi sur la Grand-Place et a investi un bâtiment proche du lieu de résidence du petit bonhomme.

La précieuse garde-robe est composée de plus de 930 costumes du plus célèbre des Bruxellois. Parmi eux, de nombreuses tenues offertes par des associations, confréries, personnalités ou invités de marque. On note par exemple un costume de Père Noël, un autre du Sporting d'Anderlecht ou de gille de Binche ou, parmi les derniers reçus, une tenue de Michel Polnareff (perruque incluse). A l'intérieur, on suit les traces de son habilleur officiel grâce à un parcours sonore inédit, facilement compréhensible dès 10 ans. Bien entendu, pour d'évidentes raisons de conservation et de place, il est impossible de voir tous les costumes. Virtuellement cependant, les visiteurs peuvent découvrir l'ensemble de la garde-robe consultable sur place, à la Maison du Roi et sur le site Web. Histoire de savoir, par exemple, qui a offert quel costume et à quelle occasion. Un livret reprenant l'essentiel de l'histoire de Manneken-Pis et de son incroyable garde-robe est disponible gratuitement à l'entrée. Enfin, deux jeux sont proposés à la dextérité des petits et des grands : un « memory » pour le plaisir des plus petits et la possibilité d'habiller le *ketje* d'un de ses costumes les plus simples. Manneken-Pis est le seul exemple connu au monde d'une statuette profane possédant une vraie garde-robe.

GRAND-PLACE ★★★★

Grand-Place –
Rue du Marché-aux-herbes

A tout seigneur, tout honneur, la découverte de Bruxelles commence par la Grand-Place. Au premier abord, celle-ci est introuvable. Explication : les anciens ont eu la sagesse de situer le nombril de la ville à l'écart des voies de circulation principales. En tout, sept rues partent de la Grand-Place, lesquelles menaient jadis aux sept portes de la première enceinte. Le rectangle (ou presque) de la Grand-Place groupe

© AUTHOR'S IMAGE

Hôtel de Ville.

© HENRI CONODUL - ICONOTEC

La maison du Roi (Broodhuis) située sur la Grand-Place habillée de lumières.

les maisons des corporations autour de l'Hôtel de Ville, façade des artisans et des marchands. Victor Hugo parlait de « la plus belle place » qu'il eût l'occasion d'observer...

MUSÉE DE LA VILLE DE BRUXELLES – MAISON DU ROI

Grand-Place
✆ +32 2 279 43 50
www.museedelavilledebruxelles.be
musea@brucity.be

Ouvert le mardi, le mercredi et du vendredi au dimanche de 10h à 17h ; le jeudi de 10h à 20h. Gratuit jusqu'à 18 ans. Adulte : 8 €. Senior et groupe : 6 €. Etudiant : 4 €. Gratuit le 1er dimanche du mois. Accueil enfants. Visite guidée. Boutique. Animations.

Maquettes de la cité, sculptures et fontaines, peintures et retables, plans anciens, tapisseries et faïence *made in Brussels* sont autant de témoignages de l'évolution sociale, économique, intellectuelle, artistique et urbanistique de Bruxelles. Le musée conserve également la statue originale mais sa précieuse garde-robe (plus de 950 costumes !) bénéficie désormais d'un musée spécialement dédié, rue du Chêne. Parallèlement à ce déménagement, la salle Manneken-Pis à la Maison du Roi a été entièrement repensée. Elle se présente comme un cabinet de curiosités articulé autour de la statuette originale. On voyage dans le temps jusqu'en... 1451, date de la plus ancienne mention de l'existence d'une fontaine appelée *daer dmenneken pist* (« là où l'enfant fait pipi »). A noter aussi, de belles expos temporaires. Enfin, le bâtiment est classé dans son entièreté en 1936 (l'un des premiers en Belgique) et est inscrit avec l'ensemble de la Grand-Place au patrimoine mondial par l'Unesco depuis 2000.

MAISONS DES CORPORATIONS

Grand-Place

Les maisons de la Grand-Place sont la représentation des guildes, métiers et corporations qui composaient l'ordre social issu du Moyen Age, ordre qui fut balayé en même temps que l'Ancien Régime.

Broodhuis (maison du Pain), appelée « maison du Roi » en français. Face à l'hôtel de ville, ce bâtiment néogothique exubérant a été reconstruit au siècle passé sur les bases de l'ancienne halle au Pain. Il renferme le musée de la Ville de Bruxelles.

Tout le côté est de la place consiste en sept maisons qui s'unissent derrière leurs pilastres (les colonnes plates incrustées dans le mur) pour former une façade de palais doré. Pour se convaincre qu'il s'agit bien de maisons différentes, comptez les portes. L'ensemble s'appelle « les Ducs de Brabant ».

Maisons des corporations situées sur la Grand-Place.

Entre la rue de la Colline et la maison du Roi, le Cerf, Anna et Joseph, l'Ange, la Chaloupe d'or et le Pigeon (n° 26-27), où Victor Hugo a habité lors de son exil bruxellois.

Entre la maison du Roi et la rue au Beurre, le Heaume, le Paon, le Petit Renard, le Chêne, Sainte-Barbe, l'Ane. Ces maisons sont les moins ornées, elles rappellent la forme de celles en bois qui les ont précédées. Le petit musée de la Brasserie contenu dans la maison des Brasseurs propose une petite expo high-tech des méthodes de brasserie.

HÔTEL DE VILLE DE BRUXELLES

Grand- Place

✆ +32 2 279 23 43

✆ +32 2 548 04 47

www.musees.bruxelles.be

musea@brucity.be

L'Hôtel de Ville est la star de la Grand-Place. La flèche de la tour porte une immense girouette du XVe siècle représentant Saint–Michel terrassant le dragon. Selon une légende fort répandue parmi les *Brusseleirs* (Bruxellois), « l'architecte, voyant qu'il s'était trompé en ne plaçant pas la tour exactement au centre de la façade, sauta du haut des nonante mètres de la tour, et en mourut ». En réalité, Jan Van Ruysbroek, le bâtisseur de la tour, est mort dans son lit, après avoir également conçu les deux tours de la cathédrale Saints-Michel-et-Gudule.L'asymétrie de l'édifice tient du fait qu'il fut construit en trois étapes. L'aile gauche, plus longue, date de 1402, l'aile droite de

1445, et la tour terminée en flèche, de 1450. Au pied de celle-ci, le portail n'est pas réellement centré sur l'axe vertical, mais est solidaire de la base d'un beffroi antérieur repris dans la structure. Le portail donne accès à la cour intérieure, entourée des ailes ajoutées au début du XVIIIe siècle.

LA MAISON DES DUCS DU BRABANT

Grand-Place

Tout le côté est de la place consiste en six maisons qui s'unissent derrière leurs pilastres (les colonnes plates incrustées dans le mur) pour former une façade de palais doré. Pour se convaincre qu'il s'agit bien de maisons différentes, comptez les portes. L'ensemble s'appelle « les Ducs de Brabant », dont les portraits sont sculptés à mi-hauteur de la façade. Chaque maison est aussi nommée individuellement, comme la dernière à droite, la Renommée, dont la porte est surmontée d'une statue de cette divinité grecque allégorique soufflant dans sa trompe. Suivent vers la droite, l'Ermitage, la Fortune, le Moulin à vent, le Pot d'étain, la Colline et la Bourse. A gauche des Ducs de Brabant, déjà dans la rue de la Colline, se dresse la Balance.

MANNEKEN-PIS ★★★

Rue de l'Etuve 46

Cette célèbre statuette est de la main de Jérôme Duquesnoy, sculpteur renommé du 17e siècle. Du moins, l'original, car on l'a tellement volé que les copies ne se comptent plus. Représente-t-il le rejeton du sculpteur, la progéniture d'un duc

Le Manneken-Pis.

de Brabant ? Plus vraisemblablement s'inscrit-il dans la tradition des fontaines gaillardes, tradition malheureusement perdue de nos jours. Toujours est-il que l'artiste donna une interprétation baroque du motif de l'enfant urinant, un thème remontant à l'antiquité gréco-romaine. Considéré comme un Bruxellois à part entière, il est associé aux festivités de la ville à l'occasion desquelles on prend l'habitude de l'habiller. De temps en temps, l'eau qui coule est remplacée par de la bière.

Manneken-Pis a aussi une petite sœur moins médiatique mais tout aussi gaillarde, Jeanneke-Pis, accroupie Impasse de la Fidélité, une rue perpendiculaire à la rue des Bouchers.

Bel RTL

Information, divertissement, musique et humour sont les ingrédients phares de la radio généraliste la plus écoutée en Wallonie et à Bruxelles !
Avec une bonne humeur communicative, les animateurs de Bel RTL abordent tout ce qui fait le quotidien des auditeurs, les sujets qui les interpellent, les événements qu'ils vivent.
Chaque matin, dans « La Matinale Bel RTL », Thomas de Bergeyck évoque l'essentiel de l'information avec l'aide de toute sa bande, au sein de laquelle trônent fièrement les rois de l'humour radiophonique, André Lamy et Olivier Leborgne et leur séquence mythique « Votez pour moi ».
L'émission emblématique et incontournable de Bel RTL « Les Grosses Têtes » assure chaque jour une fin d'après-midi placée sous le signe de l'humour et de la détente. En début de soirée, « On refait le monde » avec Patrick Weber et ses chroniqueurs : on passe en revue les sujets chauds du moment sans langue de bois pour, au final, se faire sa propre opinion de ce qui fait l'actualité.
Bel RTL, ce sont des personnalités fortes et des émissions utiles qui, avec le sourire, accompagnent notre quotidien tout au long de la journée.

BEL RTL
Avenue Jacques Georgin, 2 – BRUXELLES
✆ +32 2 337 69 11 – Fax : +32 2 337 69 12
messages@belrtl.be – http://www.rtl.be/belrtl/index-bel-rtl.htm

MUSÉE DES BRASSEURS BELGES
Grand-Place 10
✆ +32 2 511 49 87
www.belgianbrewers.be
Ouvert tous les jours de 10h à 17h. Entrée : 5 €, avec une boisson offerte. Tarif groupe (10 personnes) : 4 €.
C'est dans une superbe maison de la Grand-Place, l'Arbre d'Or, que la corporation des brasseurs s'est installée au XIVe siècle, lors de sa fondation. Plus tard, les guerres de Louis XIV dévastèrent les Flandres, et la corporation la reconstruisit après qu'elle fut bombardée en 1695. On découvre les techniques du brassage de la bière : les ustensiles, les cuves de brassage et de fermentation, ainsi qu'un nouveau centre de la haute technologie en brasserie. Bien entendu, un bar conclut la visite et vous offre une dégustation, dans un espace qui évoque les souvenirs des temps lointains : anciennes chopes, porcelaine antique, objets brassicoles typiques. Et, chaque semaine, c'est une nouvelle bière, dont l'identité ne vous sera pas révélée, qui est proposée.

MUSÉE DES EGOUTS
Pavillon de l'Octroi
Porte d'Anderlecht
✆ + 32 2 513 09 64
www.sewersmuseum.brussels
Ouvert du mercredi au samedi et du vendredi au samedi (congés scolaires), de 10h à 17h. Visite guidée gratuite et sans réservation les samedis à 15h (et à 13h30 (NL)). Tarif : 8 € (adultes). Gratuit pour les jeunes de moins de 18 ans, les habitants de la Ville de Bruxelles et les travailleurs de la Ville. Autres tarifs voir site internet. Étudiant : 4 €. Senior et groupe : 6 €.

Accès au pertuis de la Senne interdit en cas de fortes pluies.
Sans faire jeu de mots douteux, on peut parler de réouverture en grande pompe... Car le musée, entièrement rénové, a repris ses visites fin 2015 après une grosse année de fermeture. Nouveaux horaires élargis, nouvelle scénographie et... nouveau patron : c'est le service Culture via l'ensemble muséal de la ville qui gère ces lieux, plus que surprenants. Les pavillons d'octroi de la Porte d'Anderlecht servent d'accès à la partie des entrailles que l'on visite, une découverte d'un bout de la Senne souterraine et du collecteur de la chaussée de Mons. Un bref aperçu, au regard des 350 km d'égouts que compte la capitale ! L'histoire de la rivière, le travail des hommes et le cycle de l'eau en ville sont mis en scène, sortant de l'anonymat cette partie méconnue de la ville.

THÉÂTRE ROYAL DE LA MONNAIE

Place de la Monnaie
✆ +32 70 23 39 39
www.lamonnaie.be
Métro : De Brouckère
Scène prestigieuse du XIXe siècle à la Première Guerre mondiale, où elle sombre dans les difficultés, la Monnaie retrouve tout son faste depuis notamment les années 1980. Aujourd'hui, elle compte parmi les grandes scènes d'Europe, particulièrement pour la danse contemporaine et l'opéra. On raconte aussi que c'est suite à un opéra en 1830 que les Belges ont fait « leur révolution » pour l'indépendance de la Belgique.

SE RESTAURER

Quartiers touristiques par excellence, les alentours de la Grand-Place renferment pourtant de bonnes tables, généreuses et conviviales. Un conseil, tout de même, n'allez pas manger dans la rue des Bouchers, sauf exception, car c'est un véritable piège à touristes.

» Sur le pouce

C'EST BON C'EST BELGE – LE CELLIER

Rue de Bon-Secours 14-16
✆ +32 2 512 19 99
www.cestboncestbelge.com
info@cestboncestbelge.com
Ouvert le dimanche et le lundi de 10h30 à 18h ; du jeudi au samedi de 10h30 à 21h. Carte : 30 € environ. Plat du jour. Terrasse. Boutique.
Six tables (6 tables seulement !) pour se délecter de ces bons petits plats : voici une épicerie-traiteur exclusivement avec des produits belgo-belges ! Oh, pas seulement les plus emblématiques comme la bière et le chocolat mais bien une belle diversité issue de petits producteurs installés du nord au sud du pays : fruits, légumes, fromages, vins, viandes et volaille, escargots, foie gras, condiments... Voilà enfin une idée belge qui rassemble et qui cartonne ! Dégustation possible sur place et deuxième adresse entre Sablon et Marolles. Sluurp !

▶ **Autre adresse :** La Terrasse – rue de Rollebeek 3-5 à 1000 Bruxelles ✆ +32 2 512 19 99.

LA CIGALE
Rue Saint Jean 35
✆ +32 479 95 73 76
www.lacigale.be
galluppi@skynet.be
Métro : Centrale ou Anneessens.
Ouvert le lundi, le mardi et du jeudi au samedi le midi et le soir ; le mercredi midi.
La mère derrière les fourneaux, la fille à l'accueil en salle... La Cigale est affaire de famille. Dans une ambiance très « vacances du sud », on se délecte des petits en-cas et sandwichs préparés maison. Le pain de viande est particulièrement courtisé. Il vaut mieux s'y rendre tôt pour le goûter.

FRITLAND
Rue Henri Maus 49
✆ +32 2 514 06 27
Métro : Bourse.
Au pays de la frite ! Les connaisseurs regretteront peut-être la vieille caravane posée sur le trottoir avec ses quelques tables laissées sur le côté. Aujourd'hui, le charme de l'échoppe tend à se dissiper, heureusement que le goût des frites persiste. L'avantage néanmoins est que, lorsqu'il pleut, on n'est plus obligé de manger son cornet sous un abribus : chez Fritland, une salle avec une quinzaine de places est disponible. Enfin, on apprécie l'heure relativement tardive de fermeture : une petite frite après une soirée où la bière a coulé à flots, ça fait toujours plaisir, et c'est vivre l'expérience belge à 100 % !

RUE DES PITAS
Rue du Marché-aux-Fromages
www.ruedespitas.be
Métro : Centrale.
Cette rue n'existe pas en soi, mais son nom est connu de tous. La forte concentration de restos grecs, turcs ou libanais y est sans doute pour quelque chose. Bien loin du rébarbatif jambon-beurre, on se régale ici de spécialités à emporter ou sur place. Les lieux sont vite pris d'assaut en soirée.

AU SUISSE
Boulevard Anspach 73-75
✆ +32 2 512 95 89
www.ausuisse.be
contact@ausuisse.be
Métro : Bourse.
Ouvert du lundi au samedi de 10h à 18h ; le dimanche de 10h à 19h. Pains surprises. Livraisons en entreprises et chez les particuliers. Terrasse avec vue intéressante sur le boulevard et la Bourse.
En 1873, Monsieur Scheggia et Mme Togni tenaient leurs propres maisons de spécialités alimentaires (suisses et autres) dans la petite rue des Bouchers. Elles sont devenues une sandwicherie, installée à cette adresse depuis les années 30 avec un côté épicerie et un côté sandwicherie. En 2007, Christophe Gustin (5ème génération) reprenait cette vénérable institution du centre-ville. Preuve de l'ambiance familiale, leur chef, Joseph a fêté ses 50 ans de maison en 2013 ! Il a reçu d'ailleurs les Palmes d'Or (distinction royale) pour couronner sa carrière. On choisit parmi les plats (y compris chauds comme les terribles chicons au gratin) et sandwiches (on vient de loin pour leur sandwich aux crevettes grises ou à l'américain !). Le pain est cuit sur place et on a le choix entre 8 variétés !

■ **TAVERNE MOKAFÉ**
Galerie du Roi 9 ✆ +32 2 511 78 70
Ouvert tous les jours de 8h à 23h. Carte : 25 € environ. Terrasse.
La Taverne Mokafé est une référence gourmande des plus anciennes du centre-ville. Située dans les Galeries Royales Saint-Hubert où se plante leur très belle terrasse, on compte déjà quatre générations aux commandes. Fin des années 1930, on y torréfiait du café uniquement. Ce n'est qu'à la reprise par la famille Charlier dans les années 1970 que les gourmandises firent leur entrée. Aujourd'hui, il y en a pour tous les âges et tous les goûts : gaufres, gâteaux, glaces, milkshakes, sorbets, petite restauration salée, spécialités belges, salades, croquettes aux crevettes maison et une jolie carte d'une trentaine de bières. Formules petit déjeuner et sandwichs ou gaufres à emporter. C'est beau, c'est chic et c'est bon !

■ **LE WOLF**
Rue de la Violette 20
✆ +32 2 512 12 30
www.lewolf.be – info@lewolf.be
Métro : Gare centrale ou Bourse
Ouvert du mardi au dimanche de 10h à 18h.
Lieu de culture insolite pour grands et surtout petits, le Wolf propose également la Cantine du Chaperon pour passer des moments gourmands en famille ou entre amis. On y déguste des spécialités issues de l'agriculture biologique à la sauce des contes de fées durant toute la journée (petits déjeuners, lunchs, desserts et goûters) : la soupe de Boucle d'Or, l'assiette de Papa Ours, le Panier du Petit Chaperon Rouge, le goûter gourmand d'Hansel et Gretel. Brunch du Loup samedi et dimanche. On est tous des enfants, pari réussi.

© LE WOLF
Le Wolf.

» Pause gourmande

■ **LA BROUETTE**
Grand Place 2-3
✆ +32 2 511 54 94
www.taverne-brouette.be
info@brouette.be
Ouvert du dimanche au vendredi de 8h à 23h ; le samedi de 8h à 24h.
Cette jolie taverne d'un décor typiquement bruxellois a conservé son aspect datant de l'époque ou les corporations existaient, de quoi faire vivre un beau voyage dans le temps. Les plats et boissons qui y sont servis sont tout aussi bruxellois que le cadre. On se laisse facilement tenter par une place à l'étage côté fenêtre, avec vue splendide sur la Grand-Place !

CORNÉ 1932

Galerie du Roi 24-26
✆ +32 2 512 49 84
www.corne1932.be
order@corne1932.be
Cela dure depuis 1932... Pralines, truffes, manons, chocolats à tartiner et autres brisures : toute la tradition du chocolat belge dans un cadre chargé d'histoire, somptueuses galeries royales, les plus anciennes galeries commerçantes d'Europe. Ici, le travail est essentiellement manuel et la fierté de la maison, la truffe aux amandes, est encore travaillée à l'ancienne. Aux dires de l'équipe seul leur moulin archaïque donne une telle saveur d'amande grillée. Délicieusement bruxellois !

Autre adresse : Magasin d'usine : Brusselstraat, 400 - 1702 Groot-Bijgaarden ✆ +32 2 463 08 60.

ELISABETH

Rue au Beurre 43
✆ +32 2 344 33 03
www.elisabethbrussels.be
info@elisabethbrussels.be
Ouvert tous les jours de 10h à 22h.
Les produits sont typiquement belges et proviennent d'artisans locaux, sauf exception. Une quarantaine de pralines (chocolat pur cacao), une dizaine de truffes, du nougat (de Provence), des cuberdons, du pain d'épices, des pâtes de fruits, des biscuits, massepains, confiseries... et on en oublie volontairement, par manque de place ! Certaines boutiques mettent un produit davantage en avant : au numéro 49 plus de meringues, au numéro 43 (maison mère) plus de chocolat, rue aux Herbes plus de nougat... Elisabeth est composée de quatre boutiques et ne cesse de faire évoluer sa technique de cuisson et de préparation mais tout en restant fidèle aux traditions !

Autres adresses : Rue au Beurre 49 à 1000 Bruxelles. • Rue de l'Etuve à 1000 Bruxelles. • Rue du Marché-aux-Herbes 55 à 1000 Bruxelles.

PLANÈTE CHOCOLAT

Rue du Lombard 24
✆ +32 2 511 07 55
www.planetechocolat.be
Démonstration pour les particuliers samedi à 16h et dimanche à 15h. Vente en ligne. Visite avec dégustation de chocolat chaud et de pralines : 7 €.
Spécialités : chocolats personnalisés, traditionnels dans la fabrication du chocolat et avant-gardistes dans le design. Ne pas manquer les visites guidées de l'atelier organisées à 16h tous les samedis ; le tour complet comprenant une foule d'explications, de démonstrations et d'une dégustation de pralines et chocolats chauds. Durée : 45 minutes.

THE CAFÉ-TASSE STORE

Rue Marché-aux-Herbes 15
✆ +32 2 502 49 07
www.cafe-tasse.com
Ouvert du lundi au vendredi de 10h30 à 18h30 ; le samedi de 11h à 19h ; le dimanche de 12h à 18h30.
Café-Tasse présente le chocolat belge sous un autre aspect associant café et chocolat. Ses collections sont nombreuses et variées et il n'est pas une occasion festive où Café-Tasse n'a pas son coffret, son emballage ou sa création spécifique. L'un des packagings les plus originaux reste le plumier d'écolier en bois (Dolce Vita).

Tout aussi attrayant, le grain de café enrobé de chocolat ou le cœur de Saint-Valentin. Côté associations singulières, de jolies tablettes de chocolat au thé (Matcha, Earl Grey) et café du Kenya ou d'Éthiopie. Les petits carrés de Café-Tasse sont présents sur de nombreuses tables de restaurants, de cafés huppés et dans quantité d'épiceries fines.

» Bien et pas cher

BIA MARA

Rue du Marché aux Poulets 41
✆ +32 2 502 00 61
www.biamara.com
info@biamara.com
Ouvert du lundi au samedi de 12h à 22h30. Carte : 25 € environ.

Les jeunes créateurs du concept abattent les derniers complexes qu'on pourrait avoir à déguster une *street food* de qualité ! L'enseigne fait la part belle au poisson mais les allergiques aux arêtes trouveront aussi des plumes et des légumes, traités eux aussi en chapelure *panko*. Les frites sont faites maison, le sel aromatisé. Très prisé dans les pays anglo-saxons, le fast food façon *fish and chips* n'est pas encore totalement *hype* chez nous. Mais nul doute qu'avec des adresses comme Bia Mara, ça pourrait changer !

BIER CIRCUS

Rue de l'Enseignement 57
✆ +32 2 218 00 34
www.bier-circus.be
Ouvert du mardi au samedi le midi et de 18h à 24h. Carte : 35 € environ.

Établissement réputé pour son impressionnante carte brassicole (200 références à peu de choses près, beaucoup issues de brasseries artisanales), le Bier Circus propose une bière du mois et aussi une cuisine du terroir à la bière. Il y a les classiques et quelques bizarreries : spaghettis à la bolognaise à la Chimay, carbonnades flamandes à la Westmalle ou encore *waterzooï* au lambic bruxellois. On trouve quatre bières au fût qui changent toutes les deux à trois semaines. On apprécie aussi les fromages affinés à la bière de la brasserie Dupont que Patrick Dhane accompagne de la *pils* Redor, au fût également et de la même brasserie. Pour trouver son chemin, rien de plus facile, c'est juste à côté du Cirque Royal.

HOUTSIPLOU

Place Rouppe 9
✆ +32 2 511 38 16
www.houtsiplou.be
info@houtsiplou.be
Ouvert du lundi au vendredi le midi ; le week-end le midi et le soir. Carte : 20 € environ. Plat du jour : 10 €. Lunch : 13 € (entrée + plat ou plat + dessert). Terrasse.

Pour l'anecdote, le nom désigne un « trou perdu », un patelin éloigné des sentiers battus. On est désormais loin du compte vu la notoriété de l'établissement pour ses burgers cuisinés à toutes les sauces. L'une des références en la matière et l'un des pionniers bruxellois (depuis 2005). On se régale en admirant les fresques pittoresques qui présentent des scènes mythiques de la vie locale. Les frites sont fraîches et sont servies dans un pot de fleur... ambiance *brusseleir* très décontractée et colorée ! Petit déjeuner et plats pour les kids. Bon ap !

LE LOTUS BLEU

Rue du Midi 70
✆ +32 2 502 62 99
www.lotusbleu.biz
info@lotus-bleu.be
Métro : Bourse.
Ouvert du lundi au vendredi de 12h à 15h ; tous les jours de 18h à 22h45. Plat du jour 6 € (+1 € avec entrée). Carte entre 7 € et 15 €. Cuisine asiatique.
On n'y va certainement pas pour la déco, qui fait plus salle de réfectoire que restaurant, mais bien pour son rapport qualité-prix. Situé près de la Grand-Place, Le Lotus Bleu affiche des prix fort raisonnables pour une bonne cuisine asiatique copieuse. Le midi est particulièrement avantageux !

RACHEL

Rue du Marché au Charbon 100
✆ +32 496 13 44 52
racheldebruxelles@gmail.com
Ouvert du lundi au jeudi de 12h à 22h ; du vendredi au dimanche de 12h à 23h.
Rachel vient à la rescousse des amateurs de bagels avec une sélection de sandwiches mettant bien en scène le pastrami, le poulet, le thon, le guacamole ou le saumon fumé. A l'heure du thé, la carte des infusions permet de trouver l'accord parfait qui convienne à ces véritables scones crème-confiture. Au fait, il y a aussi des burgers et des salades... faut pas être sectaire ! Et Rachel était la grand-mère de Frédéric, le fondateur. Ambiance musicale eighties, brunch-time le dimanche et page Facebook déjantée que l'on vous invite à visiter. Depuis octobre dernier, un menu de saison complète l'offre à la carte.

'T KELDERKE

Grand-Place 15
✆ +32 2 513 73 44
www.restaurant-het-kelderke.be
info@kelderke.be
Ouvert du dimanche au jeudi de 12h à 23h ; le vendredi et le samedi de 12h à 24h. Carte : 35 € environ.
Adresse incontournable pour tous les amateurs de vraie cuisine belge que cette cave ancienne voûtée, au service efficace et de tradition ! Cuisine classique rondement menée et surtout situation idéale sur la Grand–Place sont les atouts de ce restaurant typique de Bruxelles. L'ambiance est conviviale et presque folklorique : les *stoemps*, les moules, les croquettes ou les pavés de viande y sont des plus appréciés ! Le lapin à la gueuze aussi. On ajoute une *pils* et tout est là pour enchanter les papilles des touristes et des autres qui profitent d'une cuisine ouverte et d'un service quasi non-stop jusqu'à minuit.

» Bonnes tables

ABRUSSEL

Rue des Chapeliers 34
✆ +32 2 649 01 19 /
+32 283 169 60
www.abrussel.be
info@abrussel.be
Ouvert tous les jours, midi et soir. Menus de 20 € à 33 € (2 ou 3 services). Carte : 37 € environ. Terrasse agréable donnant sur la rue piétonne.
Abrussel est situé à vingt mètres à peine de la Grand–Place. A sa tête, Marc Lejeune, le concepteur des enseignes Tartisan. On compte huit

© ABRUSSEL

Abrussel.

ou neuf tables et une cuisine ouverte faisant partie des meubles. En salle, la déco dévoile des tons colorés, en harmonie avec l'esprit des lieux. Côté carte, tout est fait maison, comme si on venait manger un bout chez Marc. Le menu qui change tous les mois permet un choix parmi quatre entrées, six plats et quatre desserts. Les différentes suggestions donnent la possibilité de se composer un menu belge, végétarien ou orienté *worldfood*. La courte carte permet de se familiariser avec les principales spécialités belges. Vins au verre ou à la bouteille (notamment des belges !) de chez Mig's World Wines, c'est dire !

ANTARTIQUE

Avenue de Stalingrad 67
✆ +32 478 273 186 /
+32 487 25 32 32
www.antartique.be
Ouvert du mardi au dimanche de 12h à 0h30. Non stop. Carte : 28 € environ (à partir de 17 € le kg).

La poissonnerie du rez-de-chaussée fait office de carte puisque l'on choisit son repas à vue dans l'étalage, superbe et très fourni. La fraîcheur est garantie par une livraison quotidienne de poissons, coquillages et crustacés venant de Rungis. Ensuite on monte à l'étage dans une grande salle aux briques apparentes qui fait partie de l'ancien Palais du Midi. Bien sûr, le chef est un expert en matière de cuissons des produits de la mer. Frites et salades les accompagnent, de même que l'eau, les *softs* et le thé à la menthe qui occupent toute la place côté boissons... n'en déplaise aux non Musulmans. La formule, unique à Bruxelles, est parfaitement rodée et plaît à tous les publics. Service et accueil bon enfant.

BELGA QUEEN

Rue du Fossé-aux-Loups 32
✆ +32 2 217 21 87
www.belgaqueen.be
info.brussels@belgaqueen.be
Métro : De Brouckère.
Ouvert du lundi au vendredi le midi et le soir ; le samedi soir. Ouvert jusque minuit le vendredi et le samedi. Carte : 55 € environ. Lunch : à partir de 20 €.

Branchitude exacerbée, toilettes uniques (les portes sont transparentes !), ancienne poste et ancienne banque, rénovation haute en couleur par le maître Antoine Pinto : on a déjà tout écrit sur le Belga Queen ! Et pourtant, il doit encore rester quelques dizaines de convives sur cette Terre qui n'ont jamais franchi le seuil de ce fameux Belga Queen... On y mange une cuisine intéressante, à défaut d'être innovante ! Tous les ingrédients sont rigoureusement sélectionnés auprès d'artisans belges de qualité et même les vins sont de chez nous ou de propriétaires belges à l'étranger. Les plats passent de la mer à la terre et certains sont réservés en priorité aux végétariens. L'ancienne salle des coffres sert aujourd'hui de bar à cigares, à agrémenter d'alcools nobles. A découvrir, si ce n'est déjà fait !

BRASSERIE DE L'OMMEGANG
Grand Place 9
✆ +32 2 511 82 44
www.brasseriedelommegang.be
info@brasseriedelommegang.be
Ouvert tous les jours de 11h à 22h30. Carte : 50 € environ. Vin au verre. Plat du jour : 15 €. Terrasse.

L'adresse, mythique s'il en est, en a vu passer du monde et du beau ! Version brasserie de la Maison du Cygne, située à l'étage. Au rez, on a peut-être moins une vue d'ensemble sur la Grand-Place, mais on a au moins la certitude d'une addition plus raisonnable ! A la carte, spécialités franco-belges, du classique et du terroir comme on l'aime : du chicon au gratin à la côte de porc *Blackwell* en passant par la saucisse de Morteau aux lentilles et de belles pièces de viande rouge. Les plats sont terminés en salle, à l'ancienne ! Comme la Maison du Cygne, une nouvelle direction tient la barre depuis quelques années maintenant. La déco a aussi bénéficié d'un *lifting*, le mobilier contemporain s'intégrant parfaitement dans ce cadre classique.

Brasserie de l'Ommegang.

© BRASSERIE DE L'OMMEGANG

BRASSERIE HORTA
Rue des Sables 20
✆ +32 2 217 72 71
www.brasseriehorta.be
Ouvert du mardi au dimanche de 12h à 15h. Bar ouvert de 10h à 18h. Menus de 22 € à 33 €. Carte : 35 € environ. Lunch : 14 €. Wi-fi gratuit.

Le Centre Belge de la BD abrite une brasserie rendant hommage au... plus célèbre architecte belge d'Art nouveau. L'explication vient en s'approchant du bâtiment : il est l'œuvre de Victor Horta (anciens grands magasins de tissus Waucquez). L'atmosphère y est typiquement bruxelloise et ravit tant les amoureux du 9ème art que les férus d'Art nouveau. A la fois resto (petite et « grande » restauration) et bar, on y trouve une quinzaine de bières, une bière du mois et la bière « Néron » (en hommage à la

Fondation Marc Sleen et à son personnage). Sur la carte, 3 menus : Express, Gaston Lagaffe (un peu... décalé) et Ric Hochet (beaucoup plus classique). Le vin, bordelais, provient du Château de Jabastas, dirigé par un viticulteur belge.

LA BROUETTE
Grand Place 2-3
✆ +32 2 511 54 94
www.taverne-brouette.be
Ouvert tous les jours de 8h à 23h. Carte : 35 € environ. Plat du jour.
Au moment de configurer le GPS, attention de ne pas confondre avec « La Brouette » d'Anderlecht ! Très agréable ambiance et terrasse avec vue sur la « plus belle place du monde », mais pas seulement pour les touristes. Comme pour les autres tavernes de la Grand–Place, la déco s'affiche : anciens événements bruxellois, marionnettes de chez Toone, luminaires en cristal et un feu ouvert. On est ici au cœur de Bruxelles et l'adresse est l'ancienne maison de la corporation des Graissiers. On mange copieusement (un moules-frites, un plat de terroir, une lasagne italienne ou une *flammekueche*). On peut aussi prendre juste un en-cas, un petit–déjeuner... ou encore un cocktail ou l'une des nombreuses bières de la carte.

COMPTOIR DES GALERIES
Galerie du Roi 6
✆ +32 2 213 74 74
www.comptoirdesgaleries.be
Ouvert du mardi au samedi le midi et le soir. Carte : 50 € environ. Vin au verre.
Prolongement de l'Hôtel des Galeries, le Comptoir est la réunion de plusieurs talents : Julien Burlat (le Dôme, Anvers) qui signe la carte « canaille » de ce nouvel établissement ; Benjamin Lagarde (ex-Chalet de la Forêt, Bozar Brasserie, Bowery) qui assure la direction des cuisines au quotidien et Camille Flammarion (de la famille des éditeurs) à qui l'on doit la déco très tendance. Le résultat se divise en deux espaces : le restaurant où la cuisine est issue de produits de saison un poil chicos (gnocchis maison jus d'herbes et burrata, bœuf Holstein maturé fumé, féra du lac Léman,...), le «petit comptoir» où l'on mange sur le pouce (buns, croquettes,...) et où l'on boit un coup entre potes. Et regarder passer les gens sur la terrasse pour savourer une gaufre chantilly-chocolat chaud...

EL METTEKO
boulevard Anspach 88
✆ +32 2 512 46 48
Ouvert du lundi au vendredi de 12h à 14h30 et de 18h à 22h30 ; le samedi de 12h à 22h30 ; le dimanche de 18h à 22h30. Carte : 30 € environ.
Sous l'œil bienveillant de Philippe Witticant, *exit* l'ancien établissement très latino pour faire place à un bistrot où l'âme bruxelloise prime. On y retrouve l'esprit de brasserie des années 1930, ornée de vitraux d'époque. La maison se partage entre bar et resto. Côté cuisine, la carte présente des spécialités de brasserie en portions normales ou en version tapas, un choix de pâtes, de salades, des plats de chez nous et quelques suggestions. Bières belges et vins du monde pour arroser tout ça. wi-fi gratuit, presse locale et internationale à disposition.

L'ESTAMINET DU KELDERKE
Grand-Place 15
✆ +32 2 511 09 56
www.restaurant-estaminet-kelderke.be
info@estaminet-kelderke.be
Ouvert tous les jours de 12h à 23h. Carte : 32,50 € environ. Terrasse.
La carte opte pour une petite restauration de qualité basée essentiellement sur des produits naturels : tartines, salades, omelettes, soupes, tartes sucrées ou salées. Miam !! Mais les plus gros mangeurs seront heureux : on y trouve aussi l'essentiel de la carte du fameux 't Kelderke... évidemment sans la cave ! Moules, *stoemps*, boudins, *waterzooi*, et autres croquettes aux crevettes : des plats bien de chez nous préparés en cuisine jusque 23h ! Différence de taille, le cadre plus contemporain, avec un décor et du mobilier sobre et des couleurs franches. Une fraîcheur qui prouve qu'on peut proposer du classique dans un cadre actuel.

HÉMISPHÈRES
Rue Léopold 29
✆ +32 2 513 93 70
www.hemispheres-resto.be
info@hemispheres-resto.be
Métro : Gare centrale ou De Brouckère.
Référence incontournable de la jeunesse voyageuse et culturellement ouverte, ce petit resto cosmopolite transporte le visiteur un peu partout dans le monde, mais surtout en Orient. Les chefs sont certifiés du cru et la patronne bourlingueuse rapporte régulièrement du mobilier d'un peu partout. On s'y sent bien, en compagnie de gens issus de la seule espèce humaine, dans une ambiance conviviale.

MADOU'S FOLIE
rue de la Presse 21-23
✆ +32 2 217 38 31
www.madousprovence.be
info@madous-folie.be
Ouvert le lundi midi ; du mardi au vendredi le midi et le soir. Ouvert le week-end pour les groupes sur réservation. Menus de 45 € à 54 €. Carte : 58 € environ. Lunch : 29 € et 39 €. Lunch box (viande, poisson ou veggie) à emporter ou se faire livrer.
Inscrite sur le tableau noir, voilà une cuisine contemporaine qui met du soleil dans les assiettes à deux pas de la place Madou ! La déco subtilement provençale donne le ton : le chef excelle dans une cuisine créative méditerranéenne qu'on peut aussi qualifier de bistronomique. La carte du marché change chaque semaine tandis que les plats à tendance slow-food et bio impliquent une véritable réflexion sur les produits. Ici, le «fait maison» prend tout son sens et est proposé à des tarifs tout doux au regard de la qualité. Les vins sont français, à tendance «bio» ou «nature» également. Réservation plus que conseillée le midi.

NUËTNIGENOUGH
Rue du Lombard 25
✆ +32 2 513 78 84
www.nuetnigenough.be
info@nuetnigenough.be
Ouvert du lundi au vendredi à partir de 17h ; le week-end à partir de 12h. Carte : 30 € environ. Terrasse.

© NUËTNIGENOUGH

Nuëtnigenough.

Etablissement 100 % local, il fut lancé lors d'un bon repas par trois associés, bien décidés à créer un lieu convivial où le bien manger serait de rigueur. Pari réussi avec cette ambiance *jazzy* où l'on s'offre quelques tapas avant de plancher sur le terroir (boudin noir de Florenville, cabillaud à l'ostendaise, *stoemp* saucisses...) et les nombreuses recettes à base de bière (lapin à la Cantillon, parmentier à la *Stouterik*, carbonnades à la Rochefort...). Le tout dans un style Art nouveau baroque, mélange de décoration des années 20 et 30. Les 90 bières à la carte font du gringue aux étiquettes moins commerciales. Au fait, un *nuet nigenough* est une personne qui n'en a jamais assez *(never enough...)*. En langage du cru, on parle aussi d'un « coureur de gueuzes »... à double sens, bien sûr !

■ OGENBLIK

Galerie des Princes 1
✆ +32 2 511 61 51
www.ogenblik.be
info@ogenblik.be
Ouvert du lundi au samedi le midi et le soir. Carte : 45 € environ. Suggestions et plat du jour.

On l'aime cet Ogenblik ! Avec ses airs décontractés, ce bistrot dégage un charme fou. Chaque jour une sélection rigoureuse des meilleurs produits ; ça c'est l'indiscutable dont les patrons ont fait leur devise quotidienne. Côté cuisine, le chef qui compte plus de 35 ans de maison n'est jamais blasé. Il connait parfaitement les grands classiques de la tradition française, avec cette capacité d'intégrer de nouvelles tendances et dynamiser les harmonies gustatives des plats. Quelques habitués de la carte : la petite marmite de poissons frais en bouillabaisse, le pigeonneau de Bresse rôti au jus de truffes, le loup grillé sur sa peau, les ris de veau grillés façon « café de Paris »... Rien que des belles choses difficilement faisables chez soi, et en salle un service qui roule.

■ RICOTTA & PARMESAN

Rue de l'Ecuyer 31
✆ +32 2 502 80 82
www.ricottaparmesan.com
ricottaparmesan@gmail.com
Ouvert tous les jours le midi et le soir ; du jeudi au samedi le soir jusqu'à 23h30 ; le midi jusqu'à 15h. Carte : 45 € environ. Menus pour les groupes.

Dans cette ancienne armurerie dont les murs datent de 1892, on s'amuse avec les pictos sur la carte indiquant « spécialité du chef », « coup de cœur » ou encore « prêt en 15 minutes ». Depuis 1999, l'adresse créée par Renaud Waterloos fait sensation pour son concept de variations à l'envi. En pratique, cela donne aujourd'hui 264 associations sauce-pâtes parmi lesquelles certaines avec des formes inhabituelles (fiocchi, casarecce, panzerotti,...) et les plus classiques tagliatelle, penne ou linguine. Des pâtes sans gluten aussi, pour les allergiques. En déco, les accessoires de cuisine donnent le ton. Menu offert pour les enfants jusque 8 ans.

SCHELTEMA

Rue des Dominicains 7
✆ +32 2 512 20 84
www.scheltema.be
Ouvert du lundi au samedi le midi et le soir. Menu unique à 33 €. Carte : 38 € environ.

Brasserie « à la parisienne », distinguée et bien ancrée dans son environnement très prisé des touristes, le Scheltema fête en 2017 ses quarante-cinq ans… gage de réussite et de qualité ! De qualité et de fraîcheur, aussi, accompagnées d'un service agile en salle et d'une assiette des plus avenantes… autant de points forts dans un quartier qui ne compte pas que des premiers de classe. La carte est tournée vers les poissons et fruits de mers, le banc d'écailler étant d'ailleurs là où il devrait être : à l'intérieur, bien au frais, contrairement à celui des voisins. Les plats sont plutôt traditionnels : soupe de poisson, croquettes de crevettes, sole grillée, pavé de saumon, cabillaud poché et, bien sûr, les casseroles de moules. Quelques propositions de viande permettent aux carnivores d'accompagner aussi.

TAVERNE DU PASSAGE

Galerie de la Reine 30
✆ +32 2 512 37 31
www.taverne-du-passage.be
Ouvert tous les jours de 12h à 24h. Carte : 35 € environ. Lunch : de 19 € à 26 €.

Sans doute la plus belle et la plus complète de nos brasseries dans un style Art déco qui n'a pas pris une ride ! Dans les réputées galeries Saint-Hubert, ce lieu gourmand remarquable dispose de toutes les options que sous-entend ce genre d'endroit : personnel pro, affable et en livrée ; carte nettement franco-belge avec les croquettes-crevettes, la tête de veau en tortue ou naturelle, l'anguille au vert, les moules, la choucroute garnie, l'andouillette grillée, l'américain préparé et plein d'autres classiques et spécialités de tradition. Et puis une carte de vins cohérente pour toutes les bourses, une cuisine ouverte, un cadre Art déco toujours intact. Vous l'aurez compris, on aime la Taverne...

VINCENT

Rue des Dominicains 8-10
✆ +32 2 511 26 07
www.restaurantvincent.com
Fermé 15 jours en été. Ouvert tous les jours de 12h à 15h et de 18h30 à 23h. Fermé le mardi. Menus de 44 € à 50 €. Carte : 45 € environ. Salle pour banquet.

L'une des plus anciennes et authentiques brasseries bruxelloises ! Cela fait plus de cent ans que des générations de familles, d'artistes, d'hommes politiques et de businessmen sont entrés par la fameuse cuisine ouverte et ses batteries de cuivre. Si les spécialités de la mer sont à l'honneur sur la carte, que les amateurs de viande rouge et grillades ne s'inquiètent pas, le bœuf et l'agneau de terroir sont élevés de façon traditionnelle. Et au-delà de la qualité des préparations, notez que les deux fresques murales en faïence sont à elles seules un prétexte à s'inviter chez Vincent. Et puis, à deux pas de la rue des Bouchers, une enseigne qui ne prend pas les clients pour des pigeons… on y va plutôt deux fois qu'une !

» Luxe

CÉCILA

Rue des Chapeliers 16
✆ +32 2 503 44 74
www.restaurantcecila.com
Ouvert du mardi au samedi le soir ; le jeudi et le vendredi le midi. Réservation recommandée. Menus de 59 € à 89 € (menus surprise : de 4 à 7 services). Lunch : 49 € (3 services).
Après plusieurs expériences professionnelles à Bruxelles, Londres et en Polynésie, Mélanie Englebin a installé son petit resto voici quatre ans déjà. Amatrice de plongée, elle est passionnée de la mer et puise ainsi très largement ses créations dans le *seafood*. Sa cuisine propose une belle alliance de créativité et de classique. On observe ses différentes préparations (à la minute) grâce à la cuisine ouverte au fond de la petite salle. Mélanie accorde de l'importance à la présentation dans l'assiette et, autre originalité, tous les plats sont des créations « surprise » : il n'y a pas de carte ! On décide simplement du nombre de plats qu'on veut manger... jusqu'à 7 ! Vins majoritairement français (gamme de prix assez large), également disponibles au verre.

COMME CHEZ SOI

Place Rouppe 23
✆ +32 2 512 29 21
www.commechezsoi.be
info@commechezsoi.be
Ouvert le mardi et le mercredi le soir ; du jeudi au samedi le midi et le soir. Menus de 64 € à 152 €. Carte : 147,50 € environ. Lunch : 55 €.
Depuis toujours, le Comme chez Soi fait courir la planète ! Ou en tout cas depuis 90 ans, fêtés avec fastes, humour, décontraction, vieilles bagnoles et « classiques » de la cuisine ! Pour l'occasion, Pierre Wynants donnait presque l'impression de redevenir seul maître à bord avec toute la bonhomie qu'on lui connaît ! Son gendre, Lionel Rigolet, assume aujourd'hui une cuisine actuelle et ô combien créative… Chef à la fois discret et médiatique, il reste infiniment accessible, sans la prétention de certains de ses semblables ! Dans ce superbe lieu Art Nouveau, son épouse Laurence Wynants assure un accueil charmant en salle et veille à son tour à la continuité d'un service d'excellence. Il s'agit bien «DU» restaurant gastronomique bruxellois, pardon, belge par excellence. Pour les branchés, la carte des vins (le livre de cave...) est disponible sur iPad. Chapeau bas… et bon anniversaire encore !

LA MAISON DU CYGNE
Rue Charles Buls 2
✆ +32 2 511 82 44
www.lamaisonducygne.be
Ouvert du lundi au vendredi le midi et le soir ; le samedi soir. Menus de 65 € à 120 €. Carte : 82,50 € environ. Lunch : 25 ou 35 €.
Assez impensable vu le standing du lieu : les murs de cette institution gastronomique auraient connu la fondation du Parti Ouvrier Belge (ancêtre du PS) à la fin du XIXe siècle. Et si Marx et Engels s'y sont assis, les élites de la finance et de l'industrie fréquentent aujourd'hui cet édifice historique de la Grand–Place, ancien siège de la corporation des bouchers. La Maison a changé de main voici quelques années et les nouveaux proprios ont confié la mise à jour de la déco à la pétillante Sandrine de Saint-Hilaire. En deux mots : classique et chaleureux ! A table, Dimitri Strasser prend les choses en main et réactualise les codes du « bien manger » : homard, ris de veau, truffes, foie d'oie, saumon... dans des habits d'aujourd'hui ! La Brasserie de l'Ommegang, au rez, est plus accessible au quidam.

SHOPPING

Autour de la Grand-Place, de vieilles maisons perpétuent un savoir-faire centenaire. C'est ici que l'on vient chercher l'esprit bruxellois, et les souvenirs les plus typiques.

L'ARLEQUIN
Rue du Chêne 7 ✆ +32 2 514 54 28
www.arlequin.net
Métro : Annessens.
Ouvert du mardi au samedi de 11h à 19h ; le dimanche de 11h à 14h.
Antiquaire de la musique depuis les années 1980, on n'y trouve que des produits de seconde main et de qualité. Eclectique, le genre musical s'étend de la soul, funk, pop à la chanson française, en passant par le reggae. Les vendeurs sont compétents et aimables : n'hésitez surtout pas à leur demander conseil ! Repère pour fétichistes du vinyle, les inconditionnels du CD sont aussi les bienvenus.

DE BIERTEMPEL
Rue du Marché-aux-Herbes 56
✆ +32 2 502 19 06
www.biertempel.eu
info@biertempel.be
Métro : Bourse ou De Brouckère.
Ouvert tous les jours de 10h à 19h. Fermé le 25/12.
Populaire auprès des touristes et des nombreux passants qui traversent le quartier de la Grand-Place. Sept centaines de bières belges, y compris les plus rares, et une large gamme d'accessoires sont disponibles. Les collectionneurs seront particulièrement intéressés par le stock de vieux verres de bière (et parfois introuvables !).

BRÜSEL
Boulevard Anspach 100
✆ +32 2 511 08 09
www.brusel.com
info@brusel.com
Métro : Bourse.
Ouvert du lundi au samedi de 10h30 à 18h30 ; le dimanche de 12h à 18h30.
On ne peut pas se rendre à Bruxelles sans buller un moment dans un maga-

sin de BD. Brüsel ouvre ses portes tous les jours et accueille ses visiteurs avec bonne humeur et passion. Les vendeurs sont de vrais mordus de BD. L'enseigne présente quelques tirages originaux et figurines. Le stock est assez conséquent et s'étend au-delà des frontières belges et européennes.

Autre adresse : 29, place Flagey – 1050 Ixelles. ✆ +32 2 649 02 11. Fermé le lundi.

CATHERINE

Rue du Midi 23
✆ +32 2 512 75 64
www.fromageriecatherine.be
info@fromageriecatherine.be
Ouvert le lundi jusqu'à 17h ; du mardi au samedi de 8h30 à 19h30. En décembre, ouvert tous les dimanches de 11h30 à 18h.
Echte bruxelloise, Catherine aime prendre le temps et le sourire avec les nombreux clients. La boutique vit le jour en 1951 rue de la Violette. Pâtes dures ou fleuries, chèvres, brebis, chèvre-brebis, fromage blanc et fromages bios complètent une offre bien alléchante. Catherine travaille en direct avec des petits producteurs, distribue ses conseils spontanément, coupe les tranches devant vous. Autres produits à mentionner : épicerie fine, produits de saison, vins, charcuterie (pata negra, viande des grisons, salami aux truffes...), pains (pain aux olives, pain noix, pain noisettes, pain gourmand, pain poilâne...). Une expérience à vivre, assurément ! Car un tel commerce à l'ancienne et aux mille et une saveurs, on en redemande !

Coutellerie du Roi.

COUTELLERIE DU ROI

Passage du Nord 27
✆ +32 2 217 54 94
www.coutellerieduroi.be
info@coutellerieduroi.be
Ouvert du lundi au samedi de 9h30 à 18h30.
Curieux et amateurs d'acier font escale dans ce lieu chargé d'histoire et d'âme bruxelloise. Couteaux, ciseaux et aussi sécateurs, lames de rasoir, coupes ongles... sans oublier les tire-bouchons, moulins à poivre, couteaux à steak et originaux sabres à champagne ! Bien entendu, les conseils d'entretien et d'aiguisage accompagnent toujours l'achat : y a pas à dire, ici authenticité rime avec qualité ! Impossible de passer à côté de cette boutique à la façade classée, nichée au cœur de la galerie du passage du Nord. Boiseries du XIXe siècle, escalier en colimaçon, tout est intact, même l'accueil !

DÉLICES ET CAPRICES

Rue des Bouchers 68
✆ +32 2 512 14 51
www.the-belgian-beer-tasting-shop.be
thebelgianbeershop@gmail.com
Ouvert du jeudi au lundi de 14h à 20h. Fermé le mardi et le mercredi.
Grande collection de bières belges, des canettes de Maes aux crus les plus rares. Avec une étagère entière de verres, pour ne pas gâcher le plaisir en sifflant le divin nectar au goulot ou dans un pot de moutarde recyclé. Des dégustations sont régulièrement organisées, avec du fromage d'abbaye pour tapisser l'estomac. Actuellement, Pierre Züber se concentre de plus en plus sur les séances « cours » de dégustation commentées (fr & en), soit à dates fixes (voir le site web ou la page Facebook) ou sur demande pour minimum 4 personnes.

ÉPISODE

Rue de la Violette 28
✆ +32 2 513 36 53
www.episode.eu
info@episode.eu
Métro : Centrale ou Bourse.
Ouvert le dimanche et le lundi de 12h à 18h ; du mardi au jeudi de 10h à 18h ; le vendredi et le samedi de 10h à 19h. Fermé les 1 et 11 novembre.
Episode brade ses fonds de greniers et trouvailles en tous genres pour être LE magasin de vêtements *vintage* de seconde main. Peut-être trouverez-vous suspendu à un cintre ce blouson collector dont vous avez toujours rêvé ou alors un jean élimé remis au goût du jour ?

INTERNATIONAL HOME OF COOKING

Rue Léopold 3
✆ +32 2 218 81 20
www.homeofcooking.com
info@homeofcooking.com
Ouvert du lundi au vendredi de 10h à 18h ; le samedi de 10h à 19h.
L'enseigne créée par deux associés hollandais ne laisse pas planer le doute : on y trouve l'impensable et même plus sur 600 m² pour satisfaire les plaisirs de la cuisine et de la table ! Le tout dans un espace gigantesque, aéré et très bien aménagé à deux coups de fourchette de la Grand-Place. Actions promo, démonstrations en boutique et listes de mariage. L'impensable, vraiment ? En vrac : des moules en silicone en forme de nénuphars, des spatules intelligentes, des tabliers de créateurs, des livres en langue originale, des machines à café dernier cri, des réfrigérateurs roses ou vert fluo, des gratte-ail magnétiques en forme de cartes de visite, des pochoirs à gâteaux, des douilles de pâtissier, de la vaisselle et des idées cadeaux comme s'il en pleuvait... Entre autres !

Autre adresse : chaussée de Charleroi 10 à 1060 Saint-Gilles. ✆ +32 2 539 27 46.

KAM YUEN

Rue de la Vierge Noire 2-4
✆ +32 2 512 58 33
www.kamyuen.be
info@kamyuen.be
Ouvert du lundi au samedi de 9h à 19h40 ; le dimanche de 10h30 à 17h.

Le quartier asiatique de Bruxelles, aussi petit soit-il, possède son supermarché. Bien que ce ne soit pas vraiment une spécialité de Bruxelles, ce supermarché est assez impressionnant dans son choix de produits. Autour, gravitent des magasins à bibelots asiatiques en tout genre.

MAISON DELVAUX
Galerie de la Reine 31
✆ +32 2 512 71 98
www.delvaux.com
delvaux.gallery@delvaux.com
Métro : Centrale.
Ouvert du lundi au samedi de 10h à 18h30 ; le dimanche de 12h à 18h.
Cela fait plus de 180 ans que la Maison Delvaux fabrique des cuirs de luxe. Avec Hermès à Paris, cette maison de prestige est la seule à façonner des produits entièrement faits main. Le *must-have* de Delvaux est le Brillant, un modèle créé en 1958 et décliné depuis chaque année !

MANUFACTURE BELGE DE DENTELLE
Galerie de la Reine 6
✆ +32 2 511 44 77 – info@mbd.be
Métro : Centrale.
Ouvert du lundi au samedi de 10h à 18h ; le dimanche de 11h à 16h.
Nichée dans la plus belle galerie de Bruxelles, la Manufacture fournit depuis 1810 les grandes familles en voiles de mariées et en robes de baptême. Un artisanat de luxe qui tend à disparaître face aux techniques industrielles. Même si votre bourse ne vous permet pas l'achat d'une dentelle, pour le plaisir des yeux demandez à regarder les pièces de collections.

PLAIZIER
Place de la Vieille Halle aux Blés 30
✆ +32 2 513 47 30
www.plaizier.be
info@plaizier.be
Métro : Centrale.
Bus : Parlement Bruxellois
Ouvert du lundi au samedi de 11h à 18h.
Vous recherchez des cartes postales de Bruxelles originales, des affiches anciennes, des livres de photos sur les grands noms belges, des petits carnets, des gadgets rigolos ? Alors cette drôle de boutique Plaizier est faite pour vous. L'équipe collabore depuis les années 80 avec des dessinateurs, photographes et institutions d'archives pour progressivement constituer leur propre fond de publications et obtenir à ce jour une collection impressionnante de tirage sous forme de cartes postales, cartes de voeux, affiches et objets dérivés. Une bien belle manière de voyager à travers Bruxelles avec un tout autre regard.

© AUTHOR'S IMAGE

Sacs de la Maison Delvaux située dans les Galeries royales Saint-Hubert.

■ **TROPISMES**
Galerie des Princes 11
✆ +32 2 512 88 52
www.tropismes.com
info@tropismes.com
Métro : Centrale.
Ouvert le lundi de 11h à 18h30 ; du mardi au jeudi de 10h à 18h30 ; le vendredi de 10h à 19h30 ; le samedi de 10h30 à 19h ; le dimanche de 13h30 à 18h30.
C'est dans l'ancien Blue Note, haut lieu du jazz belge et international, logé dans le cadre magnifique des galeries Saint-Hubert, que Tropismes a fixé ses étagères remplies de livres. Véritable institution à Bruxelles, Tropismes est spécialisé en littérature et en sciences humaines.

SORTIR

Le quartier St-Jacques, délimité par la rue du Midi, la rue Marché-au-Charbon et la rue Plattesteen, est un village dans la ville ! Malgré cela, le centre demeure animé toute la nuit.

» Cafés - Bars

■ **À LA BECASSE**
Rue de Tabora 11
✆ +32 2 511 00 06
www.alabecasse.com
Ouvert du dimanche au jeudi de 11h à 24h ; le vendredi et le samedi de 11h à 1h.
Attention, adresse à ajouter sur n'importe quelle « to do list » si ça n'est déjà fait ! Ce troquet, un des plus vieux de la capitale, incarne l'esprit populaire et rustique bruxellois. Ses spécialités sont le lambic, la gueuze et la kriek sans oublier les délicieuses tartines sur planche et salades généreuses. L'histoire de l'estaminet remonte à 1877, quand la famille Steppé investit l'ancien relais de poste accueillant jadis les voyageurs venus de Hal, Louvain ou Tirlemont. A cette époque, la façade donnait directement sur la place de l'église de St-Nicolas (à côté de la Bourse). Ce n'est qu'après le rétrécissement de la place que la rue Tabora fut créée ainsi que l'impasse du café, reconnaissable à l'oiseau incrusté dans le trottoir à l'entrée.

■ **À LA MORT SUBITE**
Rue Montagne-aux-Herbes-Potagères 7
Derrière les galeries Saint-Hubert
✆ +32 2 513 13 18
www.alamortsubite.com
info@alamortsubite.com

Café À la Mort Subite.

Tu prendras bien la petite sœur ?

Si vous êtes assis confortablement dans un bar et que vous entendez résonner cette question, ne vous demandez plus ce que cela veut dire ! Il s'agit d'une question communément posée par les Bruxellois et les Wallons afin de savoir si vous désirez recommander la même boisson. C'était donc ça ! Maintenant que vous le savez, n'hésitez pas à poser la question si vous désirez vous fondre dans la masse.

Ouvert tous les jours de 11h à 1h. Ouvert dès midi le dimanche. Terrasse. Restauration.

Incontournable ! Le bistrot doit son nom à un jeu de dés : tous les clients le savent. L'adresse existe depuis 1928, est gérée par la 4e génération et est classée aux monuments historiques. On y propose désormais quatre bières Mort Subite (gueuze sur lie, kriek, faro, lambic blanche), 12 bières au fût (dont la Chimay blonde et la Westmalle brune), bières d'abbaye, trappistes et quelques étrangères sans oublier la « bière du mois ». On déguste aussi quelques spécialités solides (*kip kap*, tête pressée, salami d'Ardenne...) et des en-cas du même tonneau (tartines, croques, omelettes...). Café populaire, les autochtones et les touristes y viennent aussi pour l'atmosphère unique créée par le décor de vitraux d'art et les grands miroirs. Cette fois, on a pris la gueuze, une portion de vieux fromage Chimay et une omelette avec une grande tartine. Et tout ça sans *stoef, fieu* !

© AUTHOR'S IMAGE

■ **BOOZE 'N BLUES**

Rue des Riches-Claires 20

✆ +32 2 513 93 33

Métro : Bourse (Beurs)

Ouvert le lundi et le mardi de 11h à minuit ; le mercredi et le jeudi de 11h à 2h ; le vendredi de 11h à 3h ; le samedi de 17h à 3h ; le dimanche de 17h à minuit.

Bar festif par excellence, on se rassemble, on vide quelques verres et surtout on se rapproche de l'excellent juke-box qui lâche sa musique rock pur jus et du blues de derrière les fagots. Pensez à arriver tôt le week-end si vous voulez trouver une chaise libre.

© BARNILL BROTHERS

Barnill Brothers.

Au cœur de Bruxelles : folk américain, country blues et dérivés

Les Barnill Brothers, c'est avant tout du folk américain à la sauce belge (autrement dit à la sauce Dallas, pour les connaisseurs). A la manière de Simon & Garfunkel, les voix de Barnabé et Ruben s'harmonisent, s'entremêlent à l'harmonica et aux deux guitares. On ne se lasse pas d'écouter « Childhood Dreams » qui nous questionne sur nos rêves d'enfants et ce qu'on en a fait depuis... La sortie de leur premier 5 titres prévue pour 2017 promet donc des petites merveilles ! En attendant, Barnabé nous livre quelques secrets sur ses endroits préférés de Bruxelles.

Où peut-on écouter de la bonne musique tout en prenant un verre ?

Si vous voulez avoir l'impression de vous retrouver dans les années 1960 et que vous voulez profiter de bonne musique blues et rock, je vous conseille sans hésiter le Booze'n'Blues. C'est un endroit authentique, et la musique sort tout droit d'un jukebox ! Sinon, à Trinité (non loin de l'avenue Louise), le Chat Pitre organise des jam sessions les jeudis soirs. Le bar ne paie pas de mine, mais les jams de jazz sont très bonnes. A Flagey, le Pantin est une bonne solution pour prendre un verre. Ils passent de la bonne musique indie-rock là-bas, à écouter autour d'un jeu de société fourni sur place. Enfin côté blues et rock, le Délirium et le Corbeau (dans le centre) organisent aussi des jams une fois par semaine !
Bien sûr, je vous invite également à venir nous voir lors de notre tournée d'été 2017, nous donnerons un concert par jour dans les plus beaux villages belges munis d'un vieux tracteur pour nous déplacer, et d'une remorque agricole en guise de scène !

Où se trouvent les meilleurs burgers de la ville ?

« The best burgers in town » sont sans aucun doute les burgers de Green Mango ! Leur burger « Avocado » est un incontournable !

▸ **Barnill Brothers :** www.barnillbrothers.be (dates de tournée, vidéos et informations générales)

CAFÉ CENTRAL

Rue Borgval 14
✆ +32 2 513 73 08
✆ +32 486 72 26 24
www.lecafecentral.com
isabel@lecafecentral.com
Terrasse.

Deux lieux assez distincts pour ce Café Central : un espace dégustation et discussion (calme en semaine) et un espace arrière dévolu aux concerts, à la danse, bref à l'ambiance musicale. Tout y passe : jazz, folk, rock, punk… Aussi, le cinéma a sa petite place puisque l'on organise des ciné-concerts, des soirées avec films muets et bande-son jouée en live. On vous laisse le choix entre la carte des cocktails et celle des bières. Le bar se transforme en piste de danse et la soirée mouvementée est assurée !

LE CERCLE DES VOYAGEURS

Rue des Grands Carmes 18
✆ +32 2 514 39 49
www.lecercledesvoyageurs.com
Métro : Centrale, Anneessens
Ouvert tous les jours de 11h à 24h. Cuisine ouverte de 12h à 14h30 et 18h30 à 22h30 (lundi-jeudi) ou 23h (vendredi et samedi). 10h30 à 16h et 18h à 23h le dimanche.

Joli mélange de genres entre l'agence de voyages et le salon de thé. On s'y échange les bons plans de la ville et du bout du monde dans une atmosphère sympa. Ici, tout est mis en œuvre pour décupler l'affaire : cadre cosy et raffiné, divans et clubs en cuir, bibliothèques où l'on trifouille allègrement à la recherche de paysages déjà vus. Et, avec ça, une petite restauration exotique et une série de thés et de vins du monde.

LE CIRIO

Rue de la Bourse 18
✆ +32 2 512 13 95
Métro : Bours (Beurs)
Ouvert tous les jours de 10h à minuit. Terrasse.

Un très bel endroit tout à fait emblématique du centre–ville et de son caractère bien trempé de café à l'ancienne. Le Cirio est une véritable institution à l'instar du Falstaff, son vis-à-vis situé de l'autre côté de la Bourse. Café à l'ancienne créé ici-même en 1886, l'établissement historique n'a rien perdu de sa superbe architecturale, de son atmosphère désuète, ni même de son ambiance *bruxello-bruxelleer* chère aux plus vieux habitants de la ville comme aux plus jeunes touristes et autres amateurs d'authenticité bonne enfant, d'ambiance d'antan et, bien sûr, d'originaux *half en half*, ces petites flûtes remplies à moitié de mousseux et à moitié de vin blanc. Souvent bondé aux périodes d'affluence !

LE CORBEAU

Rue Saint-Michel 18
✆ +32 2 219 52 46
www.lecorbeau.be
le.corbeau@skynet.be
Métro : De Brouckère.
Ouvert du lundi au jeudi de 10h à 1h ; le vendredi et le samedi de 10h à 4h. Cuisine ouverte de 11h30 à 15h et de 18h à 22h.

Le Corbeau est l'institution de la fête bon enfant et estudiantine. Ouvert depuis 1874 (!), le Corbeau a une spécialité, le Chevalier, un grand verre qui contient un litre de bière (35 cl pour le mini-chevalier).

La carte accueille une soixantaine de bières et quelques plats, à la bière aussi : lapin à la gueuze, magret de canard à la kriek, carbonnades à la brune, poulet à la blanche... Soirées (dansantes et sur les tables) les vendredis, samedis et veilles de jours fériés. *Djams sessions* le jeudi soir, ouvertes à tous les musiciens. Toujours plein de monde, toujours très joyeux !

DELIRIUM

Impasse de la Fidèlité 4a
✆ +32 2 514 44 34
www.deliriumvillage.com
info@deliriumcafe.be
Ouvert tous les jours de 10h à 4h ; le dimanche jusqu'à 2h.

Premier bar du célèbre Village Delirium, son catalogue se compose au dernier recensement de **3162 bières du monde**, un record dûment consigné par le Guinness Book ! Elles sont dégustées (service au comptoir) dans un décor d'anciennes plaques émaillées, enseignes lumineuses et vénérables fûts de bois. Le Village possède sept autres lieux de dégustation : le Taphouse – 27 bières du monde au fût, le Monasterium – centaines de bières d'abbaye, les huit bières Trappistes et plus de 4 vodkas, le Hoppy Loft – bières plus houblonnées de micro-brasseries, le Little Delirium – 30 bières au fût, 200 spiritueux, cocktails maison, le Floris Bar – 400 absinthes, 300 whiskies, pastis, cocktails, le Floris Garden – 800 rhums, cachacas, piscos, et le Floris Tequila – 500 tequilas, mezquals. Un must !

LA FLEUR EN PAPIER DORÉ

Rue des Alexiens 55
✆ +32 2 511 16 59
Voir page 19.

FLORIS BAR

Impasse de la Fidélité 12
✆ +32 2 511 36 01
www.florisbar.be
info@deliriumvillage.com
Ouvert tous les jours de minuit à 6h.

Le Delirium Café n'est pas inconnu de l'amateur de bières. Sa carte recensant pas moins de 25 bières du monde a de quoi laisser songeur. Mais voilà, il y avait un petit problème à tout ça : plus moyen de stocker toute la marchandise. L'établissement a donc ouvert un nouvel espace, en face, à côté de la version féminine du Manneken Pis, Janneke Pis. Le

© FLORIS BAR

Delirium reste maître dans le domaine des bières, le Floris Bar se spécialise dans les alcools du monde, notamment de très nombreux genièvres et une centaine d'absinthes. Sortez vos cuillères, la fée verte est à nouveau en vogue. Pour ceux qui ne conçoivent pas l'alcool en vert, il y a aussi un beau choix de rhums, de tequilas et de whiskies.

MOEDER LAMBIC FONTAINAS
Place Fontainas 8
✆ +32 2 503 60 68
www.moederlambic.eu
info@moederlambic.com
Métro : Anneessens ou Bourse (Beurs)
Ouvert du dimanche au jeudi de 11h à 1h ; le vendredi et le samedi de 11h à 2h. Terrasse.
Sa renommée n'est presque plus à faire si ce n'est pour le distinguer de sa grande sœur à Saint-Gilles. Le bistrot propose une sélection soigneuse de bières artisanales belges et des promotions mensuelles en provenance d'autres pays européens. On peut même y trouver des bières américaines ! Une quarantaine de bières à la pression dont les bruxelloises faro, lambic et kriek qu'on tire avec une pompe à main. En accompagnement, on se laisse tenter par l'un des *snacks* bio et des repas légers, dans un cadre chic et relativement contemporain.

POECHENELLEKELDER
Rue du Chêne 5
✆ +32 2 511 92 62
www.poechenellekelder.be
info@poechenellekelder.be
Métro : Bourse ou Anneessens.
Ouvert du mardi au vendredi de 11h à 1h ; le week-end de 11h à 2h.
Le fameux *Poech* de Michel De Triest a fêté ses 25 ans en septembre 2016. Et il n'est pas prêt de raccrocher. QG de l'amateur de bières, voilà un paradis visuel et gustatif pour une clientèle de régionaux de l'étape au coude à coude avec les nombreux touristes et les étudiants de l'Ihecs tout esbaudis de se retrouver dans un tel endroit. Dans une ambiance intime – bougie, vieilles photos et gravures au mur – ce ne sont pas moins de 180 breuvages différents que l'on peut déguster. Ce haut lieu de la culture et du houblon accueille l'ordre de Manneken–Pis, dont on peut retrouver la liste des différents costumes dans le fond du bar. Immanquable !

LA PORTE NOIRE
Rue des Alexiens 67
✆ +32 2 511 78 37
www.laportenoire.be
info@laportenoire.be
Ouvert du lundi au samedi de 17h à 3h.
Les caves voûtées médiévales de la Porte Noire étaient utilisées pour la cuisine d'un couvent du XVIe siècle. Maintenant, c'est l'un des tout bons refuges pour les amateurs de bière et de whisky. On en trouve un large choix dont une douzaine au fût. L'accent est mis sur les bières artisanales produites à petite échelle plutôt que sur leurs homologues commerciales de grande diffusion. Musique live tous les jeudis soirs à partir de 22h (sauf l'été) et jam-sessions à d'autres moments. Le bar célèbre également la Saint-Patrick (17 Mars) chère aux Irlandais et à ceux qui aiment leurs breuvages.

» Clubs et discothèques

Dans cette rubrique, vous ne trouverez que deux adresses pour la simple et bonne raison que la rubrique précédente en recense déjà quelques-unes.

En effet, dans la plupart des cafés et bars cités précédemment, il est tout à fait possible de profiter de l'ambiance « boîte de nuit » ainsi que du *dance floor* et ce, jusqu'aux petites heures du matin, car ces établissements se transforment souvent en cafés dansants.

DALI'S BAR

Petite Rue des Bouchers 35
✆ +32 2 511 54 67
Métro : Bourse ou De Brouckère.
Ouvert du jeudi au samedi de 22h à 4h. Sauf soirées spéciales.

Bien caché au fond d'une impasse en plein centre de Bruxelles, le Dali's Bar vibre au rythme des DJ internationaux. Des fauteuils rouges en forme de lèvres pulpeuses et autres reproductions rappellent l'univers du surréaliste espagnol. Les cocktails explosifs donneront un coup de fouet à vos débuts de soirées ou à vos fins de nuit, au choix.

YOU

Rue Duquesnoy 18
✆ +32 477 75 07 50
Métro : Centrale.
Ouvert le vendredi et le samedi de 23h30 à 6h ; le dimanche de 22h30 à 5h.

DJ (house, funk, R'n'B, électro...) pour cette boîte à l'atmosphère psychédélique où une clientèle jeune se trémousse. Des soirées gays sont parfois programmées le dimanche.

» Spectacles

ACTOR'S STUDIO

Petite rue des Bouchers 16
✆ +32 2 512 16 96
actorsstudio.cinenews.be
Métro : Centrale ou Bourse (Beurs)

Du nom de la célèbre école new-yorkaise qui a vu naître les plus grandes stars du cinéma, l'Actor's Studio peut quelques fois décontenancer les spectateurs que nous sommes. Petite salle d'art et d'essai, un peu cachée, Actor's Studio se vante de défendre le film européen au sens large mais sans faire dans la production pointue et expérimentale. Les films sont toujours projetés dans leurs langues originales mais le studio offre quand même aux non polyglottes la possibilité de sous-titres.

L'ANCIENNE BELGIQUE OU AB

Boulevard Anspach 110
✆ +32 2 548 24 84
www.abconcerts.be
info@abconcerts.be
Métro : Bourse.

Jadis, on a pu voir Brel dans ce temple pop-rock de la musique. Aujourd'hui, on écoute des Américains qui souhaitent encore se produire dans un endroit à dimensions humaines (dont Lenny Kravitz) ou de jeunes talents belges, de la chanson française ou de la *world music*. D'une capacité de 2 000 personnes debout, la salle est modulable et s'adapte aux styles de musique. Lors des concerts plus tranquilles, on pourra s'asseoir sur les gradins. Montez à l'étage, vous découvrirez l'AB Box à l'ambiance intimiste. Visant surtout un public jeune, l'AB s'arrange pour terminer les concerts à 22h30 et garantir d'avoir un train pour rentrer à la maison. Sans oublier le café resto où l'on peut manger tous les jours entre 12h et 14h30.

CINÉMA AVENTURE

Galerie du Centre 57
Rue des Fripiers 15-17
✆ +32 2 219 92 02
www.cinema-aventure.be
info@cinema-aventure.be
Métro : Centrale ou Bourse.
Tram : Bourse.

On va au cinéma Aventure pour des 2e visions, des films d'auteur, des découvertes ou tout simplement des projections plus qualitatives que dans les usines à manger du *pop-corn* en seau. Trois salles diffusent cinq séances par jour, tous les jours de l'année. Le cinéma se distingue aussi pour le confort de ses sièges, l'espace pour les jambes et ses salles aux couleurs affirmées (la Rouge avec 6 *love seats*, la Bleue avec 5 *love seats* - des sièges pour deux, et la Pourpre à la destination VIP avec ses sièges prestige).

On peut louer une salle pour diffuser des films privés (souvenirs de vacances, exploits en tout genre ou films au choix,...) et réserver sa séance en ligne.

THÉÂTRE DE TOONE

Impasse Ste-Pétronille
Rue du Marché-aux-Herbes 66
✆ +32 2 511 71 37 /
+32 2 513 54 86 - www.toone.be
Métro : Bourse.

Voir infos sur le site internet. Réservation conseillée. Entrée : 12 €. Etudiants et seniors (le jeudi soir et samedi après-midi) : 9€.

Le Théâtre de Toone s'attache à faire vivre l'esprit des théâtres de marionnettes d'autrefois, populaires dans les anciens Pays-Bas. La tradition des spectacles de marionnettes date de l'interdiction, au XVIIe siècle, des théâtres en langue néerlandaise, dont les pièces déplaisaient au pouvoir espagnol. Le spectacle, réduit à ses acteurs miniatures, dérisoires et sarcastiques, se donnait alors dans les caves. Dans l'après-guerre, la dernière scène populaire de marionnettes pour adultes subsiste dans le quartier des Marolles. Les pièces sont désormais dites dans un français émaillé d'expressions bruxelloises, le tout restant compréhensible pour les francophones.

THÉÂTRE NATIONAL

Boulevard Emile-Jacqmain 111-115
✆ +32 2 203 53 03
www.theatrenational.be
Métro : De Broukère

Dans son entier, son nom est le Théâtre national de la Communauté française de Wallonie-Bruxelles. Créations, adaptations, performances sont donc en français. Une programmation de premier choix, brillante et résolument contemporaine.

THÉÂTRE ROYAL DE LA MONNAIE
Place de la Monnaie
✆ +32 70 23 39 39
www.lamonnaie.be
info@lamonnaie.be
Métro : De Brouckère
Fleuron culturel, l'Opéra de La Monnaie est l'un des opéras les plus appréciés d'Europe. On y vient expressément de loin pour assister à de prestigieuses représentations mettant en scène les plus grands artistes internationaux. En parfaite concordance avec le prestige de son bâtiment principal et à l'arrière de celui-ci, on retrouve le théâtre avec une programmation pointue et contemporaine. Elle est destinée aux ados qui profitent de séances d'informations spécifiques, visites d'ateliers et représentations particulières adaptées. Trois choeurs d'enfants (3 tranches d'âges différents de 7 à 18 ans) y ont été fondés en collaboration avec l'Académie d'Auderghem. Des visites des lieux sont organisées les samedis midi.

THÉÂTRE ROYAL DES GALERIES
Galerie du Roi 32
(partie nord des galeries Saint-Hubert)
✆ +32 2 512 04 07
www.trg.be
infos@theatredesgaleries.be
Métro : Gare centrale.
Voir informations sur le site internet.
Situé au cœur des galeries Saint-Hubert, il fut complètement détruit et reconstruit en 1951 dans le style classique velours et or qu'il arbore encore aujourd'hui. La seule différence est la magnifique fresque nuageuse réalisée par Magritte dans la grande salle. Au-delà de sa majestueuse architecture, le théâtre se veut fidèle à son image culturelle en mettant en scène, aussi bien des classiques que des œuvres contemporaines destinées au grand public.

» Activités entre amis

CASINO VIAGE
Boulevard Anspach 30
Entrée par le boulevard Anspach ou place de la Monnaie.
✆ +32 2 300 01 00
www.viage.be
info@viage.be
Métro : De Brouckère ou Bourse.
Tram, bus : De Brouckère.
Ouvert du dimanche au jeudi de 12h à 4h ; le vendredi et le samedi de 12h à 5h. Le restaurant est ouvert de 18h à 2h30 (3h30 le vendredi et le samedi).
L'Adresse en matière de casino, un complexe immense dédié aux jeux, aux loisirs et aux spectacles. En plus des machines à sous et autres roulettes, l'un des attraits du lieu se situe sur le toit où le restaurant est situé... la vue panoramique y est imprenable !

GRAND CASINO BRUSSELS
Rue Duquesnoy 14
✆ +32 2 289 68 68
Métro : Centrale
Ouvert du dimanche au jeudi de 12h à 4h ; le vendredi et le samedi de 12h à 5h. Age minimum : 21 ans.
Il a fêté ses trente ans d'existence en 2016.

Marolles, Sablon et Mont des Arts

ANDERLECHT
MAROLLES
vers Rue Gheude
vers Parc Astrid
Vers St-Josse
vers Gare du Midi
Vers Saint-Gilles
Bourse
Aneessens
Place Aneessesn
Lemonnier
Porte de Hal
Hôtel des Monnaies
Louise
Manneken Pis
Les édition J. Brel
Place de la Vieille
Tour de Villers
Tour Ameessens
Brigittines
Pt. Rue des Brig.
N-D de la Chapelle
Place du Grand Sablon
Musée de Breughel
Cité Hellemans
Palais de Justice
Porte de Hal
Parc d'Egmont
Boulevard Barthélémy
Boulevard Poincaré
Boulevard de l'Abattoir
Boulevard M. Lemonnier
Boulevard Anspach
Boulevard du Midi
Boulevard de Waterloo
Blvd Jamar
Chaussée de Mons
Rue Van Artevelde
Rue d'Anderlecht
Rue de Cureghem
Rue du Vautour
Rue Bodeghem
Rue d'Artois
Rue de la Caserne
Rue Brogniez
Rue Plantin
Rue de la Senne
Rue Camusel
Rue de la Buanderie
Rue de Soignies
Rue des Vierges
Rue du Dam
Rue de la Verdure
Rue des Foulons
Rue des Riches Claires
Rue des Six Jetons
Rue de la Grande Ile
Rue du Marché au Charbon
R. d'Olives
Rue du Midi
Rue de l'Etuve
Rue du Lombard
Rue des Pierres
Rue Philippe de Champagne
Rue Van Helmont
Rue Van der Weyden
Avenue de Stalingrad
Rue de la Fontaine
Rue Terre-Neuve
Rue du Poinçon
R. d'Accolay
R. de Chêne
Rue d'Villers
Rue de l'Escalier
Rue des Ursulines
Blvd. de
Rue de la Chapelle
Rue J. Stevens
Rue de Rollebeek
Rue des Brigittines
Rue du Miroir
Rue des Visitandines
Notre-Seig.
Rue Haute
Chandeliers
Rue Blaes
Rue des Tanneurs
Rue Saint-Ghislain
Rue de l'Epée
Rue du temple
Rue des Minimes
Av. Fonsny
Rue des Fleuristes
Rue de l'Hectolitre
Rue du chevreuil
Rue des Capucins
Rue des Renards
Rue Ernest Allard
Rue Coppens
Rue de la Régence
Rue aux Laines
R. d. Grand Cerf
Avenue de la Porte de Hal
R. des Ménages
Rue Pieremans
Rue d. l. Rasière
Philanthropie
Rue du Remblai
R. Abricotier
Rue de Montserrat
Rue de la Prévoyance
Rue de Wynants
Avenue Henri Jaspar
Avenue de la Toison d'Or
Ave. Dejoncker
Avenue Louise
Av. Volders

MAROLLES, SABLON
ET QUARTIER ROYAL
Musée
Curiosité
Edifice religieux
Station de métro
Parking
vers St-Josse
Rue Grétry
Rue des Fripiers
Rue du Marché aux Herbes
Rue de l'Ecuyer
Rue des Bouchers
R. Mont. aux Herbes potagère
Rue des Comédiens
Rue Meiboom
Boulevard Pachéco
R. Mont. aux Herbes potagère
R.d'Assaut
Rue d'Arenberg
Boulevard de Berlaimont
Information touristique
Rue de la Montagne
Boulevard de l'Impératrice
Rue du B. sauvage
Place Ste-Gudule
Cathédrale Saints-Michel et Gudule
Rue de la Banque
Rue Mont. de l'Oratoire
Rue de Ligne
Rue Royale
Rue de l'Enseignement
Cirque Royal
Rue du Congrès
Rue de la Presse
Rue de la Croix de Fer
Rue des Eperonniers
R. de la Madeleine
Rue de l'Infante
Rue Mercier
Rue de Loxum
Rue Putterie
Rue des Colonies
R. Duquesnoy
Gare centrale
Centrale
Rue de la Chancellerie
Rue de Louvain
Rue de Louvain
Rue St-Jean
Boulevard de l'Empereur
Rue des Sols
Mont. du Parc
Parc
Rue de la Loi
Palais de la Nation
Empereur
Palais des Congrès
Mont des Arts
Bibliothèque Royale
vers Chaussée de Louvain
Rue Ravenstein
Rue B. Horta
Théâtre Royal
BOZAR
Rue de la Loi
PARC DE BRUXELLES
Arts-Loi
Rue Ducale
a Paille
Musée des Inst. de Musique
Musée Magritte
Rue de Ruysbroeck
BIP EXPO
Rue du Musée
Belvue
Place Royale
Site archéologique de Coudenberg
Musée royaux des Beaux-Arts
Boulevard du Régent
Rue Guimard
Place des Palais
R. Lambermont
Eglise N.-D. des Victoires
Eglise St-Jacques-sur-Coudenberg
Rue de Namur
Rue du Commerce
Palais Royal
Rue Belliard
uare du tit Sablon
vers Parc du Cinquantenaire
Rue des Petits Carmes
Rue Brederode
Avenue des Arts
Rue Montoyer
Rue Ducale
Palais d'Egmont
Rue de la Pépinière
Trône
Rue de l'Industrie
Rue Montoyer
Boulevard du Régent
Porte de Namur
Rue du Trône
Rue du Luxembourg
Square de Meeus
Boulevard de Waterloo
Avenue Marnix
Rue du Champs de Mars
Sq. du Bastion
Rue de Paris
Rue des Chevaliers
Chaussée d'Ixelles
Rue d'Edimbourg
Rue de Stassart
Chaussée de Wavre
Rue de Naples
Rue d'Alsace-Lor.
IXELLES
Rue du Luxembourg
Rue Caroly
Rue des Drapiers
Rue du Trône
0
200 m
Rue de Dublin
vers Musée Communal
vers Ixelles

Marolles, Sablon et Mont des Arts

Les Marolles, c'est ce quartier populaire qui s'étale au pied du palais de justice, entre l'église de la Chapelle au nord et la porte de Hal au sud. La rue Haute, dont le tracé correspond à celui d'une ancienne voie romaine, en était l'artère principale, menant de la Steenpoort, porte de la première enceinte, à la porte de Hal, de la deuxième enceinte. Le quartier est connu pour son marché aux puces, particulièrement animé le dimanche matin.

Le grand peintre Pierre Bruegel l'Ancien a résidé dans le quartier au XVIe siècle. Au XVIIe, devant l'importance de la pauvreté, de nombreuses congrégations religieuses viennent s'installer dans les environs. Parmi elles, les sœurs apostolines, surnommées « sœurs Maricolles », ce qui donnera l'appellation « Marolles ». Au XIXe siècle, lors de la révolution de 1830, de nombreux Marolliens montent sur les barricades et combattent pour l'indépendance. Par ailleurs, les travaux du palais de justice entraînent des expropriations dans le quartier, tandis que les travaux du voûtement de la Senne chassent du centre-ville le traditionnel Vieux Marché, le marché aux puces. Celui-ci et les miséreux qui vivaient de son activité remontent vers les Marolles, au moment où les artisans déménagent vers les premiers faubourgs.

Les Marolles sont aussi un lieu où échouent de nombreux immigrants venus dans la capitale à la recherche d'un sort meilleur : Wallons, Espagnols, Polonais, Italiens et tant d'autres s'y sont succédé, jusqu'aux Africains aujourd'hui. Après les deux guerres mondiales, le quartier reprend sa vie traditionnelle, avec, pour principale activité économique, la récupération de vieux métaux et chiffons. Pour faire face à l'insalubrité et à la pauvreté, des logements sociaux sont construits. Aujourd'hui encore, le quartier des Marolles est un lieu populaire. Il subit cependant l'influence du Sablon tout proche et développe un côté alternatif, presque branché. Entre le marché aux puces sur la place du Jeu de Balle, les brocantes et les artistes, la mutation des Marolles est bien visible.

Le Grand-Sablon est situé en contrebas de l'église Notre-Dame-des-Victoires : la place du Grand-Sablon constitue un bel ensemble architectural qui rassemble des maisons du XVIe au XIXe siècle. En fin de semaine, la place vibre d'une intense activité due à la présence de son fameux marché aux antiquités qui attire une foule de curieux. Inauguré en 1890, le square du Petit-Sablon est l'œuvre de l'architecte Henri Beyaert et l'un des petits bijoux architecturaux du centre de Bruxelles. Jardin de style néo-Renaissance, il est entouré d'une balustrade en fer forgé aux motifs variés : les grilles incluent quarante-huit colonnes portant des statues qui figurent les corporations de la société médiévale. Au fond du jardin, derrière la pièce d'eau, d'autres statues célèbrent les grands hommes du XVIe siècle belge.
De jour, l'atmosphère reposante du Petit-Sablon, ou de nuit, le Grand-Sablon illuminé par les vitraux de Notre-Dame, attirent les Bruxellois. Outre les nombreuses boutiques d'antiquités et les galeries d'art, vous trouverez, dans ce quartier chic assidûment fréquenté, des magasins de chocolats et des restaurants où les fils de bonne famille viennent déjeuner où bruncher le week-end : c'est l'un des lieux les plus en vue de la capitale dès l'arrivée des beaux jours. En fin de semaine, la place vibre d'une intense activité due à la présence de son fameux marché aux antiquités qui attire une foule de curieux.

Le quartier Royal. A l'endroit de la place Royale se tenait autrefois le palais de Bruxelles, édifié entre la seconde moitié du XIe siècle et le début du XIIe siècle sur la colline du Coudenberg.
Hélas, sous le règne de Marguerite de Parme, en 1731, un mitron oublia probablement de surveiller les confitures en préparation dans les cuisines. Débordant, elles prirent feu et le palais de Bruxelles, l'un des plus beaux ensembles bâtis d'Europe, disparut en une nuit. Quarante ans après l'incendie, les ruines cèderont la place à un quartier nouveau. Le gouverneur des Pays-Bas autrichiens, Charles de Lorraine, voulait faire de Bruxelles une capitale moderne. Il confia aux architectes Guimard et Zinner la réalisation de l'ensemble néoclassique formé par la place Royale, la place du Musée, le parc et la rue Royale.

VISITER

Les Marolles et le Sablon se situent juste à côté du quartier des Musées. Autant dire donc qu'il y a de quoi visiter dans les alentours ! Il ne faut pas hésiter à se balader dans ce coin populaire de Bruxelles où plane l'âme de Bruegel l'Ancien.

BELVUE

Place des Palais 7
✆ +32 2 500 45 54
belvue.be – info@belvue.be
Métro : Trône. Tram : Palais.
Ouvert du mardi au vendredi de 9h30 à 17h ; le week-end de 10h à 18h. Le lundi uniquement pour les groupes avec réservation. Gratuit jusqu'à 17 ans. Adulte : 7 €. Enfant (de 18 à 25 ans) : 5 €. Groupe (15 personnes) : 6 €. Senior : 6 €. Gratuit le 1er dimanche du mois. Accueil enfants. Visite guidée. Restauration. Animations.

Neuf salles, neuf époques. Entièrement consacré à l'histoire de la Belgique, de la révolution de 1830 à l'État fédéral, avec, en filigrane, le règne de ses souverains, ce musée est installé dans un ancien hôtel de prestige du XVIIIe siècle qui servit de résidence à plusieurs membres de la famille royale. Il présente les grandes périodes de l'histoire du pays, de l'indépendance à la fédéralisation en passant par la Belle Epoque, les deux guerres mondiales et les golden sixties. Des documents historiques, des archives filmées, des photos et des objets, une visite très intéressante et incontournable.

© BIP EXPO

Vous pensez tout connaître sur le statut international de Bruxelles ? Venez tester vos connaissances.

BIP EXPO ⭐

Rue Royale 2-4
✆ +32 2 563 63 99
www.biponline.be
info@bip.irisnet.be
Métro : Parc. Tram : Palais
Ouvert tous les jours de 10h à 18h (sauf le 25 décembre et le 1er janvier). Gratuit.

Une expositon très didactique, ludique et interactive sur la région de Bruxelles-Capitale, à l'initiative de l'office du tourisme de la place Royale. BIP Expo aborde l'histoire de la région, ses spécificités, et pose un regard sur sa place au sein de l'Union européenne. La scénographie imaginée permet aux visiteurs d'avoir un premier aperçu de la vie bruxelloise.

BOZAR ⭐

Palais des Beaux-Arts
Rue Ravenstein 23
✆ +32 2 507 82 00
www.bozar.be
tickets@bozar.be
Métro : Centrale ou Parc.
Tram : Palais. Bus : Bozar.
Ouvert le mardi, le mercredi et du vendredi au dimanche de 10h à 18h ; le jeudi de 10h à 21h. Consultez le site internet pour plus d'informations sur les concerts.

En mettant à l'honneur l'originalité et la création, le palais des Beaux-Arts, communément appelé Bozar, est l'endroit idéal pour découvrir les nouveautés culturelles. Expositions, concerts, théâtres, cinéma ou projets littéraires, il y en a pour tous les goûts.

Entre haut et bas - l'ascenseur vitré

Le quartier des Marolles est doté d'un ascenseur qui le relie gratuitement tous les jours (de 6h à 23h) à la place Poelaert, sur laquelle se trouve le Palais de justice. Le dénivelé de 20 m est franchi en 30 secondes. Une très bonne manière de rapprocher le haut et le bas de la ville, plus populaire.

CONTRETYPE

Cité Fontainas 4A
En bordure de Saint-Gilles
✆ +32 2 538 42 20
www.contretype.org
contretype@skynet.be
Métro, tram, bus : Porte de Hal.
Ouvert du mercredi au vendredi de 12h à 18h, le samedi et le dimanche de 13h à 18h. Entrée libre.
Centre culturel de la photographie contemporaine où des grands artistes de notre époque expose leurs œuvres. Un lieu agréable pour une visite un peu décalée, voilà ce que promet l'endroit !

ÉDITIONS JACQUES-BREL

Place de la Vieille-Halle-aux-Blés 11
✆ +32 2 511 10 20 / +32 403 030 347
www.jacquesbrel.be
editions@jacquesbrel.be
Métro : Centrale.
Bus : Parlement bruxellois
Ouvert du mardi au samedi de 12h à 18h. Dernière entrée à 17h30. En juillet et août, du mardi au dimanche inclus (jours fériés aussi).
Ce n'est pas un musée classique et statique, mais un centre humaniste qui rassemble une infinité d'archives : interviews, témoignages divers, biographies, commentaires écrits et audiovisuels, chansons, etc. Vous vivrez, à travers un parcours spécifique, une succession de moments privilégiés pour comprendre les choses, les endroits que Jacques Brel aimait, ainsi que la manière dont il les vivait. Les Editions Jacques Brel ont aussi concocté une balade originale dans le cœur de la ville : avec et autour de Jacques Brel par le biais d'audioguides. Les plus grands fans seront d'accord pour dire qu'il n'a jamais disparu et cela se ressent encore d'avantage lors de ce moment très intense. Durant deux heures quarante, commentaires exclusifs de Jacques et de proches (France Brel, Miche Brel,...), chansons d'ambiance selon les endroits visités, évoquent la vie bruxelloise de Jacques Brel. Futés comme vous êtes, vous choisirez sans aucun doute le combiné Balade-exposition, idéalement vous réserverez votre audioguide.

Éditions Jacques-Brel.

© AUTHOR'S IMAGE

Eglise Saint-Jacques-sur-Coudenberg et statue de Godefroi de Bouillon.

ÉGLISE SAINT-JACQUES-SUR-COUDENBERG

Place Royale
✆ +32 2 511 78 36 / +32 2 502 18 25
Métro : Parc. Tram : Palais.
Voir infos sur le site internet.

La façade, de style néoclassique comme la place sur laquelle elle se trouve, évoque un temple gréco-romain. Elle fut convertie en temple de la Raison et ensuite en temple de la Loi, sous la Révolution française, avant d'être rendue au culte catholique en 1802. Le fronton a été coiffé du clocher à coupole au XIXe siècle. Le 21 juillet 1831, Léopold Ier, premier roi des Belges, prêta le serment constitutionnel sur une estrade dressée devant l'église.

© AUTHOR'S IMAGE

Musée des instruments de musique abrité dans les anciens magasins Old England.

MIM – MUSÉE DES INSTRUMENTS DE MUSIQUE ★★

Rue Montagne de la Cour 2
✆ +32 2 545 01 30
www.mim.be
reservations@mim.be
Ouvert du mardi au vendredi de 9h30 à 17h (dernière visite à 16h15) ; le week-end de 10h à 17h (dernière visite à 16h15). Gratuit jusqu'à 3 ans. Adulte : 8 € (seniors : 6 €). Enfant (de 4 à 18 ans) : 2 €. Groupe : 6 € (à partir de 15 personnes). Restauration (ouvert aux heures d'ouverture du musée).

Sa collection de 1 200 instruments et sa localisation privilégiée dans un bâtiment Art nouveau – les anciens magasins Old England – restauré à l'identique font sa renommée mondiale. Un parcours se déroulant sur trois étages et retraçant son histoire – qui remonte à l'an 1877 – vous emmène dans un tour du monde musical portant sur les instruments traditionnels, le statut de certains au cours des époques, les tentatives de reconstitution de musiques anciennes et les collections mécaniques, électriques et électroniques. Une salle de concert au 8e étage permet l'enregistrement des morceaux vendus au *museum shop* et divers types d'ouvrages et de documents audio peuvent être consultés dans une riche bibliothèque destinée aux étudiants. Au sommet du bâtiment, la terrasse du restaurant offre une vue imprenable sur la ville. Des concerts y sont donnés à des dates bien précises mentionnées sur le site internet du musée.

MONT DES ARTS

Rue Ravenstein
Métro : Centrale ou Parc.
Tram : Palais.
Ouvert tous les jours de 9h à 18h. Fermé le 25/12 et le 01/01.

« Tremplin visuel » conçu par René Pechère, le jardin du Mont-des-Arts est aménagé sur une dalle couvrant un parking. Devant l'entrée du Palais des congrès, une fontaine à neuf stèles forme le point d'orgue du jardin. Les volées d'escaliers qui y conduisent sont ornées de reliefs d'Oscar Jespers, de Charles Leplae et de Rik Poot. Sur la droite, des jeux d'eau et un petit terrain pour enfants. Le jardin est un trait d'union : tout autour, à portée de main, se trouvent la vieille ville, la bibliothèque royale Albert I, les musées royaux des Beaux-Arts de Belgique... Le Mont des Arts accueille également le centre de Conférences de Bruxelles et son carré de verre ultra-moderne. L'arche à l'extrémité du Mont–des–Arts porte une horloge à carillon présentant des figures marquantes de l'histoire belge. Le carillon joue alternativement deux airs, l'un issu du folklore wallon, l'autre flamand. Dans ce quartier culturel, le bien nommé Mont-des-Arts propose aussi diverses boutiques, bars et restaurants.

Autre adresse : Rue Royale 2-4.

MUSÉE MAGRITTE

Rue de la Régence 3
✆ +32 2 508 32 11

Ce musée est entièrement consacré à René Magritte ! C'est la collection la plus importante d'œuvres du peintre emblématique du surréalisme belge : 200 tableaux, mais aussi beaucoup d'archives de gouaches, dessins, photographies, présentées selon un parcours chronologique.

MUSÉE D'ART MODERNE

Rue de la Régence 3
✆ +32 2 508 32 11
www.fine-arts-museum.eu
info@fine-arts-museum.be
Métro : Centrale ou Parc.
Tram : Palais.
Ouvert du mardi au vendredi de 10h à 17h ; le week-end de 11h à 18h. Fermé le lundi. Gratuit jusqu'à 5 ans. Adulte : 8 €. Enfant (de 6 à 25 ans) : 2 €. Groupe : 6 € (et senior).

© AUTHOR'S IMAGE

Mont des Arts, L'Oreille Tourbillonnante (Whirling Ear) devant le Palais des Congrès.

Ce département conserve des œuvres de la fin du XVIIIe siècle jusqu'à la période contemporaine : peintures, sculptures et dessins. Il se situe dans la continuation logique de l'évolution artistique qui débute dans le musée d'Art ancien. Les salles s'articulent autour d'un puits de lumière ; elles exposent les œuvres chronologiquement sur plusieurs niveaux. Les niveaux -5 et -6 retracent le XIXe (les paysagistes, le néoclassicisme, l'impressionnisme, etc.) et le -8 vous amène au XXe (cubistes, expressionisme flamand, mouvement CoBrA, etc.). A voir absolument : la salle dédiée aux œuvres uniques de James Ensor, celles consacrées au mouvement CoBrA et celles contenant les peintures de Delvaux. A côté des artistes belges, les plus grands artistes étrangers sont bien entendu présents.

PALAIS DE JUSTICE

Place Poelaert 1
Métro : Louise. Tram : Poelart.
Plus vaste encore que Saint-Pierre-de-Rome, le Palais de justice domine Bruxelles de sa masse austère. Ses travaux ont débuté en 1866, sous le règne de Léopold Ier.
Plus de vingt ans s'écoulèrent avant que le monument ne fut terminé et son créateur, Joseph Poelaert, n'en vit jamais l'achèvement, car il mourut au cours des travaux le 3 novembre 1879. Le Palais fut inauguré le 15 octobre 1883. Il a, dès sa construction, été surnommé « le Mammouth » pour des raisons évidentes. Il était à l'époque le plus grand bâtiment du monde historique et reste, aujourd'hui encore, l'un des plus grands édifices de pierres de taille de la planète : sa superficie totale est de 52 464 m² pour une surface bâtie de 26 006 m².

Palais de Justice.

PALAIS ROYAL ★★

Rue Brederode 16
Métro : Trone ou Porte de Namur.
Tram : Palais.
Ouvert de 10h30 à 16h30 (dernière visite à 15h45). Possibilité de visite entre juillet et septembre.
Dominant la place des Palais, le Palais royal est un bâtiment construit dans un style assez classique. Son actuelle façade date de 1905. Imaginez que le corps principal était, au XVIIIe siècle, composé de deux bâtiments indépendants, séparés par une rue. Les pavillons des ailes gauche et droite n'étaient pas encore raccordés par les galeries courbes au corps central. Ces pavillons servaient tout bonnement d'hôtels de voyageurs, terminus des lignes de diligence. Le roi n'y réside pas, c'est en quelque sorte son adresse professionnelle, où ont lieu les audiences et le travail.

© SKYFISH _ SHUTTERSTOCK.COM

Le Palais Royal de Bruxelles.

PARLAMENTARIUM

Rue Wiertz 60
Esplanade Solidarnosc
✆ +32 2 283 22 22
www.europarl.europa.eu/parlamentarium
Ouvert le lundi de 13h à 18h ; du mardi au vendredi de 9h à 18h ; le week-end de 10h à 18h. Gratuit. Restauration (cafétéria). Boutique.

Centre des visiteurs du Parlement européen, le Parlamentarium a déjà beaucoup fait parler de lui depuis son ouverture en octobre 2011. Accessible en 24 langues, cet espace d'exposition se veut moderne, ludique et surprenant. Tout est mis en œuvre pour vous apprendre le fonctionnement des institutions européennes et vous éclairer sur les prises de décision. Parmi les expériences uniques : carte de l'Europe en 3D, chambre parlementaire projetée sur un écran de 360°, interactivité avec des citoyens et des députés européens. Trois à quatre expositions temporaires en plus (renseignez-vous sur leur site) et un jeu de piste pour les enfants, une sorte de chasse au trésor pour les 6-10 ans et les 10-14 ans. A l'occasion de la museum night fever, le parlement a aménagé son espace « Unis dans la diversité » à fin de pouvoir y organiser un éventail d'activités récréatives. Chose à ne pas rater !

PARC DE BRUXELLES ★

Parc de Bruxelles
Métro : Parc.
Tram et bus : Parc ou Palais.

C'est une tradition, lorsque la famille royale part en vacances, le palais ouvre au public. Une foule nombreuse et attentive peut ainsi pénétrer dans cet imposant édifice, commandé par Léopold II à l'architecte Alphonse Balat et achevé en 1865. Contempler les collections inestimables d'œuvres d'art, venues de tous les continents et de tout temps. Un des *must* est le fameux plafond « Heaven of delight » en carapaces de scarabées imaginé par Jan Fabre : subjuguant !

© AUTHOR'S IMAGE

Palais de la Nation, siège du Parlement fédéral belge.

© M-VANHULST

Dimanche sans voiture - Porte de Hal.

PLACE DU GRAND SABLON ⭐

Grote Zavel
Métro : Centrale.
Bus : César de Paepe.

Située en contrebas de l'église Notre-Dame-des-Victoires, la place du Grand Sablon constitue un bel ensemble architectural qui rassemble des maisons du XVIe au XIXe siècle. Le célèbre chocolatier Pierre Marcolini, les nombreux antiquaires ou encore la pâtisserie Wittamer y ont élu domicile. En fin de semaine, la place vibre d'une intense activité due à la présence de son fameux marché aux antiquités qui attire une foule de curieux.

PORTE DE HAL

Boulevard du Midi, 150
Porte de Hal
✆ +32 2 534 15 18
www.kmkg-mrah.be
Métro, tram et bus : Porte de Hal.

Le 1er janvier, le 1er mai, le 1er novembre, le 11 novembre et le 25 décembre. Ouvert du mardi au vendredi de 9h30 à 17h (dernière visite à 16h15) ; le week-end de 10h à 17h (dernière visite à 16h15). Fermé les lundis et les jours fériés. Gratuit jusqu'à 3 ans. Adulte : 5 €. Enfant (de 4 à 18 ans) : 1,50 €. Groupe (15 personnes) : 4 €. Seniors et étudiants (19-25 ans) : 4 €. Entrée gratuite le 1er mercredi du mois à 13h. Accueil enfants. Visite guidée. Animations.

PLACE ROYALE

Place Royale
Métro : Parc. Tram : Palais.

La place Royale est un excellent point de départ pour débuter les visites des institutions culturelles du Mont-des-Arts : les musées royaux des Beaux-Arts, le musée des Instruments de musique, le musée Belvue... C'est sur cette place que se tenait autrefois le palais de Bruxelles. Edifié entre la seconde moitié du XIe siècle et le début du XIIe siècle sur la colline du Coudenberg (« la Montagne froide »), il fut reconstruit, agrandi et embelli au fil des siècles. En 1731, un mitron oublia probablement de surveiller les confitures en préparation dans les cuisines. Débordant, elles prirent feu et le palais de Bruxelles, l'un des plus beaux ensembles bâtis d'Europe, disparut en une nuit. Quarante ans après l'incendie, les ruines cèderont la place à un quartier nouveau. Le gouverneur des Pays-Bas autrichiens, Charles de Lorraine, qui voulait faire de Bruxelles une capitale moderne (déjà), confia aux architectes Guimard et Zinner la réalisation de l'ensemble néoclassique formé par la place Royale, la place du Musée, le parc et la rue Royale.

SQUARE DU PETIT SABLON
Square du Petit Sablon
Métro : Louise ou porte de Namur.
C'est le square juste au-dessus du Grand Sablon. Il est l'œuvre de l'architecte Henri Beyaert (1823-1894) et l'un des petits bijoux architecturaux du centre de Bruxelles. De style néo-Renaissance, il est entouré de superbes statues en bronze montées sur des colonnes qui rendent hommage à toutes les corporations du XVIe siècle. Au fond du jardin, derrière la pièce d'eau, d'autres statues célèbrent une pléiade d'hommes qui, par leur action politique et leur génie, ont illustré le XVIe siècle belge, notamment les comtes d'Egmont et de Hornes. Les marches derrière le monument vous mènent au palais d'Egmont (XVIIIe siècle), aujourd'hui transformé en centre de conférences de l'Etat belge. La rue aux Laines (côté droit) vous présente de très belles demeures des XVIIe et XVIIIe siècles.

SE RESTAURER

Le quartier populaire des Marolles accueille de nombreux petits restos typiques, concentrés principalement autour de la place du Jeu-de-Balle, des rues Haute, Rollebeek ou du Renard. Plus chic et sélect, le Sablon est très prisé à l'arrivée des beaux jours. Idéal pour ceux qui aiment *bruncher* le dimanche.

›› Sur le pouce

AL JANNAH
Rue Blaes 59
✆ +32 2 514 08 44
http://aljannah.be
Métro : Anneessens,
Porte de Hal ou Louise.
Ouvert du jeudi au mardi de 12h à 23h30. Un délicieux mezze libanais. Brochettes, taboulé, falafels, salades, etc. On se croirait au pays. Gens charmants !

CIABATTAMANIA
Coudenberg 70
✆ +32 2 502 06 03
simetlou@gmail.com
Ouvert tous les jours de 9h à 19h. Terrasse. Vente à emporter.
La Ciabatta (savate, en italien), sorte de pain à sandwich contenant de l'huile d'olive. Ciabattamania se situe à dix mètres de la place Royale et offre une jolie terrasse orientée plein sud. La commande se fait au comptoir et le service à table, assis tranquillement dans des fauteuils en cuir. Formule petit-déjeuner et choix parmi une douzaine de ciabatta. Pas de beurre et pas de sauce, que de bonnes choses ! Egalement, soupes et pain, jus de fruits, cafés et thés. L'intérieur est très lumineux et la cuisine est ouverte. Très sympa pour manger sur le pouce !

Autre adresse : avenue Louise 178 à 1000 Bruxelles ✆ +32 2 644 10 15

■ **FRITERIE DE LA CHAPELLE**

Place de la Chapelle

Ouvert tous les jours de 11h30 à 23h.

Sainte-Anne, patronne des orfèvres et des artistes, veille sur le *fritkot* voisin de sa chapelle... Peut-être est-ce pour cela que les frites y sont absolument délicieuses ? Goûtez aussi les pitas, de prime abord plus destinées aux mécréants mais tout aussi savoureuses !

■ **MY BE POP**

Rue de Rollebeek 35

✆ +32 2 540 24 20

www.mybepop.be

info@mybepop.be

Tram : Royale.

Bus : Grand Sablon.

Ouvert le jeudi et le vendredi de 11h à 18h ; le week-end de 11h à 19h. Horaires d'hiver – voir site Internet pour plus d'informations.

Du pop-corn comme vous n'en avez jamais goûté ! Qu'il soit aux olives et au parmesan, au caramel beurre salé, au citron, à la pistache,... il vous promet des expériences gustatives hors du commun. Une adresse belge qui réinvente le concept du pop-corn classique au cinéma en un véritable petit bijou de l'apéro entre amis.

My Be Pop.

■ **LE PAIN QUOTIDIEN**

Rue des Sablons 11

✆ +32 2 513 51 54

www.lepainquotidien.com

belgium@lepainquotidien.be

Métro : Louise ou Porte de Namur.

Ouvert du lundi au samedi de 7h30 à 19h ; le dimanche de 7h30 à 18h.

Boulangerie conceptuelle mais, surtout, lieu communautaire où l'on partage son pot de confiture avec son voisin de table, c'est l'esprit du Pain quotidien. Le chef Alain Coumont a longtemps sillonné les rues de Bruxelles, à la recherche du pain que sa grand-mère pétrissait devant lui. Faute de l'avoir trouvé, il l'a créé lui-même et lui a donné ce nom évocateur. Le succès est tel que le principe s'est expatrié dans le monde entier.

► **Autre adresse :** rue Antoine Dansaert 16 à 1000 Bruxelles ✆ +32 2 502 23 61.

■ **PIN PON**

Place du Jeu de Balle 62

✆ +32 2 540 89 99

Métro : Porte de Hal ou Louise.

Ouvert tous les jours de 8h à 23h30.

Installés dans l'ancienne caserne des pompiers des Marolles depuis octobre 2013, les cuisines et le bar du Pin Pon redonnent à la place du Jeu-de-Balle un peu de style. Avec une déco sobre mais originale aux

Pistolet-Original.

tendances pop-up, une vue sur le spectacle du marché ou de la brocante en journée, on se régale de préparations joliment présentées. C'est simple mais efficace !

■ **PISTOLET-ORIGINAL**
Rue Joseph Stevens 26
✆ +32 2 880 80 98
www.pistolet-original.be
Ouvert du lundi au vendredi de 9h à 16h ; le week-end de 9h à 18h. Nocturne certains jeudis. Carte spécifique le dimanche. Carte : 5 € environ. Terrasse. Boutique.

Le pistolet... petit pain rond et croquant, symbole du « manger sur le pouce » bruxellois s'il en est ! On peut le fourrer avec (presque) tout : jambon, fromage, les deux, américain, crevettes grises, salade de thon mayonnaise,... Trop souvent galvaudé et remplacé par un molasse quart de baguette, le pistolet devait retrouver ses lettres de noblesse. C'est chose faite chez Pistolet-Original, ouvert au Sablon voici 3 ans déjà. Valérie Lepla *booste* son enseigne en invitant régulièrement des *people* de la restauration à partager la confection des pistolets. Un des derniers concepts en date : une collaboration entre la Brasserie Cantillon et Dirk Miny du resto Les Brigittines pour une expérience 100 % *brusseleir* ! Sur place aussi : petite restauration, desserts ou encore vins et bières belges.

» Pause gourmande

■ **COCO DONUTS STORE**
Rue Sainte-Anne 36
✆ +32 498 57 43 16
www.cocodonutsbrussels.com
cocodonutsbrussels@gmail.com
Métro : Centrale ou Parc.
Tram : Petit Sablon.
Bus : Grand Sablon.
Ouvert du mercredi au dimanche de 10h30 à 19h. 3,50 € le donut. Boite découverte de 6 ou 9 donuts : 20 ou 30 €.

Ils sont tout simplement divins ces « Gourmets Donuts » ! Ils se parent de spéculoos, de sirop d'érable et de bacon, de Nutella, de citron,... et dans tous les cas, ils sont faits maison et « locaux » ! En effet, les ingrédients sont issus de l'agriculture biologique belge et on les remercie. Durant les beaux jours, on profite de la petite terrasse toute mignonne et pour le reste, l'intérieur rose et cosy offre toute la douceur et la convivialité nécessaires. Attention, à 17h, il ne reste plus rien ! Précommandes sur le site ou par téléphone possibles.

LES CUPCAKES D'EMILIE
Rue des Tanneurs 58-62
✆ +32 477 29 20 32
www.lescupcakesdemilie.be
emilie@lcde.be
Ouvert du mercredi au samedi à partir de 11h30.
L'atelier d'Emilie c'est l'aboutissement d'un rêve d'enfant. Elle raffole depuis toujours de desserts, sucreries et autres petits gâteaux. Elle s'est lancée dans la confection artisanale de cupcakes, ces délicieux petits gâteaux colorés et décorés. Sluuurpsss ! Petit plus non négligeable, Emilie peut aussi personnaliser ses cupcakes pour n'importe quel event ou société qui veut allier visuel et gustatif.

FRÉDÉRIC BLONDEEL PAILLE
Rue de la Paille 32
✆ +32 2 511 75 00
www.frederic-blondeel.be
info@frederic-blondeel.be
Ouvert du mardi au dimanche de 11h à 19h ; le week-end à partir de 10h.
Avec cette boutique au Sablon, Frédéric Blondeel repousse les limites chocolatières du quartier et crée une brèche dans une rue encore vierge de cacao. Etant lui-même torréfacteur, il veille à avoir une qualité de cacao hors pair grâce à notamment, la machine héritée de son grand-père. L'ancienneté de celle-ci ne l'empêche en rien de révolutionner d'un point de vue technique le monde du chocolat. Côté boutique, on trouve bien sûr les chocolats du maître, mais aussi les champagnes de petits producteurs. Côté tea-room : des pralines, des brownies maison, des tartelettes, des petits flans,... Deux autres boutiques à Bruxelles (Quai aux Briques n° 24 et 36) et une à Hong Kong.

LAURENT GERBAUD
Rue Ravenstein 2D
✆ +32 2 511 16 02
www.chocolatsgerbaud.be
info@chocolatsgerbaud.be
Métro : Centrale.
Ouvert tous les jours de 10h30 à 19h30. Atelier ouvert du lundi au vendredi de 9h à 18h.
La boutique, attrayante, a été conçue pour accueillir les vrais fondus de chocolat. Laurent Gerbaud puise son inspiration dans ses voyages lointains et on découvre donc des recettes insolites dans un magnifique tea-room. La petite terrasse donnent l'envie d'un chocolat chaud et les work-shops « chocolat » du samedi (sur réservation) sont à essayer sans hésitation.

MARCOLINI
Rue des Minimes 1
✆ +32 2 514 12 06
be.marcolini.com
Métro : Centrale ou Porte de Namur. Bus : Grand Sablon.
Ouvert du dimanche au jeudi de 10h à 19h ; le vendredi et le samedi de 10h à 20h.
Pierre Marcolini figure depuis au moins 3 lustres parmi les chocolatiers belges les plus connus et les plus médiatiques. Son créneau : les cacaos de grande origine et les créations artistiques en chocolat. Champion du monde 1995, il a parfois donné l'impression de faire plus de communication que de chocolat... Il a vendu son enseigne à Nestlé voici quelques années avant de la reprendre en 2012. La boutique du Sablon est un véritable

Bruxelles Gourmand

Chloé et Candice sont les heureuses créatrices du COCO Donuts Store, situé au Sablon. Ces deux entrepreneures passionnées de voyages attachent une importance toute particulière à la qualité des produits et à leur belgitude. Elles ont plusieurs bonnes adresses à conseiller dans leur quartier.

Pourquoi avoir choisi de développer ce concept de « Gourmets Donuts » ?

On a toutes les deux de l'expérience dans l'Horeca (le secteur de la restauration) et on voulait réaliser un projet qui répondait à un vrai manque dans ce domaine à Bruxelles. Au Sablon, il y a des très bonnes pralines chez Frédéric Blondeel, des popcorns insolites chez My Be Pop... Mais pas de donuts. Alors, nous voilà ! On propose des « Gourmets Donuts » frais du matin et réalisés avec des produits belges.

Pour le salé, où aimez-vous aller ?

Au Sablon, chez Genco ou au Beli ! Le premier est un excellent restaurant italien et à prix abordables alors que le second est un libanais tout aussi délicieux. On y va tout le temps ! Dans le centre, Le Suisse est aussi une bonne adresse (ils ont d'ailleurs ouvert récemment un autre établissement près d'ici).

A part le Sablon, quel endroit de Bruxelles recommandez-vous pour se restaurer ?

Difficile à dire... Peut-être à la place Saint-Job, à Uccle. On y trouve la friterie Chez Clémentine qui est une véritable institution et les Darling's Cupcakes qui sont des petits bijoux. En plus, on peut faire un tour à la boutique de vêtements et accessoires Bellerose qu'on adore.

Et pour finir, quelle est la spécialité belge que vous conseillez ?
Les carbonnades flamandes... et les FRITES !

écrin qui met en valeur chocolats et gâteaux. La visite de cette boutique mère vaut le détour. Mais sachez que tout joyau a un prix ! Celui-ci n'empêche pas toutefois que l'on s'arrache les créations saisonnières de la maison : délicieux sapin de Noël aux éclats de fruits secs et splendide Chef d'œuf à Pâques ! Également des boutiques à Anvers et à Liège.

Autre adresse : Rue du Bassin-Collecteur, 4, Haren ✆ +32 2 247 99 81 Chaussée de Waterloo, 1302, 1180 Uccle ✆ +32 2 372 15 11Avenue Louise 75, 1050 Ixelles ✆ +32 2 538 42 24.

■ **WITTAMER**
Place du Grand-Sablon 6 - 12 - 13
✆ +32 2 512 37 42
www.wittamer.com
wittamer@wittamer.com
Ouvert le lundi de 9h à 18h ; du mardi au samedi de 7h à 19h ; le dimanche de 7h à 18h30.
Tous les prétextes sont bons pour admirer la vue sur le Sablon et y apprécier le savoir-faire Wittamer. Le maître chocolatier-pâtissier est devenu, l'espace d'un siècle, une des valeurs sûres de Bruxelles. Aujourd'hui défendue par Myriam et son frère, Paul, l'enseigne est fournisseur officiel de la Cour de Belgique et membre de la prestigieuse association Relais Desserts. Outre les excellents chocolats maison, on bave sur les pâtisseries, les glaces et un rayon traiteur. Le tout dans le haut de gamme, s'entend ! L'idéal est de prendre le temps d'une dégustation au salon de thé. On y retrouve encore son âme, même si ses enfants ont coloré les salons de rose et de marron, leurs nouvelles couleurs. Petits déjeuners, lunch, goûter, pralines et macarons se disputent les faveurs des gourmands.

© AUTHOR'S IMAGE
Pralines Wittamer.

» Bien et pas cher

■ **BELI**
Rue Joseph Stevens 11
✆ +32 2 538 88 88
www.beli.be - info@beli.be
Métro : Centrale ou Louise.
Tram : Royale.
Bus : Grand Sablon ou Chapelle.
Ouvert le mardi, le mercredi et le dimanche de 11h à 15h ; du jeudi au samedi de 11h à 15h et de 19h à 22h30.
Dans un cadre moderne et cosy, les plats libanais s'enchaînent et se succèdent pour notre plus grand plaisir. Un vraie restaurant avec des petits prix mais loin du snack de quartier. On conseille !

■ **NEW AFRICANA**
Boulevard du Midi 110
✆ +32 2 511 90 90
Ouvert du mardi au dimanche le midi et le soir. Carte : 25 € environ.
Avec son cadre d'une banalité émouvante, son éclairage peu inspiré, son mobilier des années 70, le New Africana est pourtant bigrement attrayant. La clientèle est principalement congolaise (donc bruyante…), mais attire également quelques vrais amoureux du Congo qui aiment retrouver l'ambiance de Kin avec une bonne cuisine roborative. Les prix sont corrects et les portions pour appétits aiguisés. A la carte, l'incontournable moambe, accompagne brochettes, cabri, capitaine, tilapia, porc-épic, antilope et autre liboke. A l'accueil, Maman Indinge pilote cette petite entreprise depuis une vingtaine d'années. Attention, certains soirs, c'est le délire jusqu'à 4 heures du matin…

LA VERSION NUMÉRIQUE DE CE GUIDE OFFERTE

© MAMA-MIA

276QAC6PL5TP

Le code ne peut être utilisé qu'une seule fois.
Il faut respecter les caractères en majuscule du code.

1. Rendez-vous sur la boutique en ligne Petit Futé : http://boutique.petitfute.com/
2. Saisissez votre code de promotion à droite dans le carré **« La version numérique de votre guide offerte »** dans l'onglet Code de promotion et cliquez sur le bouton **OK**.
3. Cliquez sur **« Continuer le paiement »** avec un montant global à 0 €.
4. Si vous avez déjà un compte : connectez-vous avec le bouton **« S'identifier »** puis choisissez une adresse de facturation et cliquez sur **« Continuer »**.
5. Si vous n'avez pas de compte : cliquez sur le bouton **« S'inscrire »**, remplissez le formulaire d'inscription puis cliquez sur **« S'inscrire »** ensuite complétez votre adresse de facturation et cliquez sur **« Continuer »**.
6. Vérifier l'adresse de facturation.
7. Ensuite, cliquez sur « Continuer » puis **« Pas d'information de paiement nécessaire »** puis **« Passer la commande »**.
8. Cliquez directement sur le lien **« Mes produits téléchargeables »** ou cliquez tout en haut sur le lien **« Mon compte »** et cliquez plus bas sur le lien **« Mes produits téléchargeables »** dans la colonne gauche **« Mon compte »**, puis sélectionnez à droite votre format sous le titre.

Offre valable jusqu'au 31/12/2016 sous réserve de l'arrêt de commercialisation de certains titres en France métropolitaine et dans le monde et sous réserve que le nombre de téléchargements soit inférieur ou égal au nombre d'exemplaires de guides papier imprimés. Formats disponibles pour smartphones, tablettes, liseuses et ordinateurs PC ou MAC.

» Bonnes tables

ARS VINORUM

Rue de la Reinette 6
✆ +32 2 503 39 33
www.ars-vinorum.com
Ouvert du lundi au vendredi le midi et le soir ; le samedi soir. Carte : 40 € environ.

A découvrir ou à redécouvrir Porte de Namur, Ars Vinorum est difficile à classer tant elle touche à tous les domaines du palais. A la fois bar à vins, oenothèque, épicerie, resto, cette adresse discrète est entièrement dédiée à l'art de vivre à l'italienne ! Alessandra et Marco peuvent pourtant afficher un quart de siècle d'expérience ! Grands crus, pâtes, risottos, charcuteries italiennes, conserves artisanales, épices, truffe... tout y passe ou presque. Pour emballer, un cadre *cosy* et *design* où se mêlent flacons et produits transalpins sur fond de murs en briques.

BIG MAMA

Place de la Vieille Halle aux Blés 41
✆ +32 2 513 36 59
www.bigmama.be
Ouvert du mercredi au dimanche. Menus de 25 € à 35 €. Carte : 35 € environ. Menu enfant : 10 €. Lunch. Terrasse.

Lorsque l'on recherche un restaurant, la simplicité est un atout parfois difficile à trouver. Ici, c'est gagné et d'autant plus que les plats sont goûteux à souhait. Pas question ici de se prendre la tête : on revendique haut et fort son attachement à la cuisine de brasserie (vol-au-vent, boulets à la liégeoise, américain, *spare ribs* – leur spécialité ! – ou saumon à l'aneth, par exemple). Et le patron en salle sait recevoir le client comme tout bon vivant qui se respecte. De quoi foncer les yeux fermés ! (attention toutefois aux petits potelets qui bordent le trottoir...)

LE BISTRO – PORTE DE HAL

Boulevard de Waterloo 138
✆ +32 2 539 44 54
www.le-bistro.be
info@le-bistro.be
Ouvert tous les jours de 10h à 23h. Carte : 25 € environ.

A la lisière des Marolles et face à la splendide porte de Hal (une visite s'impose si vous n'y avez jamais pensé !), Le Bistro est l'endroit idéal pour prendre un verre ou un bon repas aux accents authentiques. La brasserie dévoile une décoration stylée faite de briques et de bois, rehaussée de nombreuses plaques émaillées à l'intérieur comme à l'extérieur sous la marquise. Tous ces éléments font de ce lieu un endroit chaleureux proposant une cuisine simple, gourmande et 100 % belge (lapin à la kriek, boulettes sauce tomate, mousse au chocolat et des moules en saison). On s'installe en terrasse pour profiter de la vue.

BRASSERIE BREUGHEL

Boulevard du Midi 145-146
✆ +32 2 534 59 76
www.brasseriebreughel.be
info@brasseriebreughel.be
Ouvert du lundi au vendredi de 12h à 14h45 et de 18h à 21h45. Bar ouvert de 10h à 21h30. Menu unique à 20 € (menu 3 services, différent chaque mois). Carte : 25 € environ. Plat du jour : 9,95 €. Terrasse.

En face de la splendide Porte de Hal et bien loin du sombre tunnel du même nom, voilà l'une des plus vieilles brasseries bruxelloises. La maison date de 1870 et l'établissement existe depuis les années 1960. Ici, on sait parler aux clients : le *stoemp*-saucisses semble alléchant, l'américain-frites l'est tout autant (les frites sont fraîches, pas surgelées) ! On y trouve aussi quelques salades, les classiques bolo et carbonara et puis surtout des grillades sur pierre de lave à tester d'urgence. Les plats sont livrés gratuitement en service traiteur : un bon point pour ceux qui travaillent dans le quartier.

BRASSERIE PLOEGMANS
Rue Haute 148
✆ +32 2 503 21 24
www.ploegmans.be
brasserie.ploegmans@gmail.com
Métro : Louise.
Ouvert du mardi au samedi le midi et le soir ; le dimanche midi. Menus de 20 € à 25 €. Carte : 30 € environ. Menus pour les groupes uniquement.
L'ancien estaminet marollien Ploegmans a laissé place à une brasserie rénovée mais qui conserve ses boiseries d'origine. La tradition perdure néanmoins. Dès l'entrée, quelques tables sont toujours réservées pour boire une Pils. Derrière, les tables nappées sont occupées par de nouveaux habitués et quelques costumes-cravates, venus tester les carbonnades à la Faro ou l'onglet à l'échalote. Service accorte et mention « parfait » pour les excellentes frites cuites à la graisse de bœuf ou le duo de boudin et compote !

© BRASSERIE PLOEGMANS

La Brasserie Ploegmans.

BRASSERIE POELAERT
Rue des Quatre-Bras 2
✆ +32 2 511 15 60
www.brasserie-poelaert.eu
brasserie.poelaert@skynet.be
Ouvert tous les jours le midi et le soir. Carte : 45 € environ. Lunch.
Face à l'imposant palais de justice, la brasserie rend hommage à l'architecte célèbre et devenu fou en fin de vie. Plutôt discrète, l'impression d'espace y est bien présente avec son plancher de bois clair et l'habillage uniforme des tables et lambris en placage de bois foncé type zébrano. Moderne et sobre donc en opposition avec la création de son mentor. Dans une brasserie, on mange toujours des classiques tels que le magret de canard, le bœuf limousin, les rognons de veau à la liégoise ou le vol-au-vent façon grand-mère. L'entrecôte est bien présentée, bien grillée et goûteuse, servie avec des frites maison présentées en cornet.
On peut aussi simplement s'attabler en terrasse et prendre un verre en regardant le va-et-vient sur la place Poelaert.

■ **LES BRIGITTINES**
Place de la Chapelle 5
✆ +32 2 512 68 91
www.lesbrigittines.com
info@lesbrigittines.com
Ouvert du lundi au vendredi le midi et le soir ; le samedi soir. Menu unique à 55 €. Carte : 50 € environ. Lunch : 35 €. Voiturier.
Langue de veau, pieds de porc, ris de veau, bœuf argentin, aile de raie sont autant de produits que le chef propriétaire Dirk Miny aime mettre en avant, tenant compte des arrivages journaliers du marché. Mieux encore, les fournisseurs sont affichés à la carte : gage de qualité ! Et de toutes les régions viticoles, c'est l'Alsace qu'il préfère... ça tombe bien, on est fan aussi comme des gueuzes et autres breuvages du Pajottenland chers au chef. On remonte dans le temps tout en dînant au coin du feu, ça vaut bien les quelques piécettes en plus de la moyenne ! Ce beau décor Belle Epoque correspond à merveille à la cuisine traditionnelle qu'on y sert. Dirk Miny mais une certaine idée du maximum !

© B-DUBRULLE
Zenne pot création, Les Brigittines.

■ **COMICS CAFÉ**
Place du Grand Sablon 8
✆ +32 2 513 13 23
www.comicscafe.be
Ouvert tous les jours de 11h à 23h. Carte : 35 € environ. Menu enfant : 12,90 €.
Les murs, remémorant une ancienne chapelle du XVIIe siècle, sont habillés d'œuvres originales… à vendre. Côté déco, on remarque directement la fameuse fusée de Tintin. Brasserie américaine, le Comic's fait partie du Village de la Bande Dessinée (la librairie BD World et une galerie). On vient y feuilleter les dernières nouveautés tout en déambulant au milieu de pièces de collection uniques : éditions originales, lithographies et dessins signés par des auteurs. Quelle bonne idée de donner une belle place à tous ces héros : Tintin, Lucky Luke, les Schtroumpfs, Spirou, Gaston Lagaffe... A table, on se laisse tenter par les classiques de chez nous ou les incontournables US revisités. Le Comic's Café est auréolé d'un officieux mais mérité titre de « meilleur burger de Belgique ».

■ **L'ENTRÉE DES ARTISTES**
Place du Grand Sablon 42
✆ +32 2 502 31 61
www.lentreedesartistes.be
Ouvert tous les jours le midi et le soir. Cuisine ouverte jusqu'à minuit. Carte : 35 € environ. Lunch : 17 €. Petit déjeuner le week-end à partir de 8h30.
De l'extérieur, la brasserie n'est peut-être pas la plus *hype* du quartier, mais il fait bon s'y attarder après la balade. L'enseigne est fréquentée par les touristes qui adorent son ambiance dédiée au 7e art et sa déco contemporaine. La carte offre un bel éven-

tail de spécialités belgo-bruxelloises classiques et varie selon les saisons. Elle est flanquée d'une carte des vins étonnamment riche de nombreux vins portugais. Tarifs pratiqués très raisonnables vu la situation enviable.

ET QUI VA RAMENER LE CHIEN

Rue de Rollebeek 2
✆ +32 2 503 23 04
www.etquivaramenerlechien.be
Ouvert du mardi au vendredi de 12h à 14h30 et de 18h30 à 22h30 ; le samedi de 12h à 22h30 ; le dimanche de 12h à 17h. Carte : 40 € environ. Lunch.
A deux pas du Sablon, ce resto à la déco très intimiste peut être qualifié de mignon sans aucune connotation négative. Mauricio et Yannick, ancien responsable de salle, sont gérants depuis à peu près un lustre. La cuisine est traditionnelle à fort accent belge, voire bruxellois (tomates-crevettes, croquettes de crevettes, pain de viande, *stoemp*, etc.) avec un tableau de suggestions qui change toutes les deux semaines. L'intérieur, empreint de calme, laisse un espace d'expression à différents artistes. Magnifique terrasse (chauffée si nécessaire) ouverte sur la ruelle piétonne où on promène le chien sans danger. Autre bon point, les prix pas trop *sablonisés*.

LA FABRIQUE EN VILLE

Parc d'Egmont
✆ +32 2 513 99 48
www.lafabriqueresto.be
Ouvert du mardi au vendredi de 11h à 15h ; le week-end de 10h30 à 15h30. Ouvert en semaine entre 15h et 16h pour une boisson ou une pâtisserie. Le week-end, brunch uniquement. Jardin. Terrasse. wi-fi gratuit.
L'ancienne Orangerie du parc d'Egmont, un peu surannée, a récemment fait place à La Fabrique (en Ville) déjà connue au Châtelain. Elle fait évoluer le concept du tea-room ou on « lunche » dans un lieu revisité. Le mobilier contemporain partage l'espace avec une douce atmosphère de fin XIXe siècle. Le midi, on profite d'une salade de lentilles avec *crisp* de bacon, d'un toast au brie et *tartufata*, d'un chili con carne, du *stoemp* du jour ou d'un *fish and chips*. Mais on garde surtout en mémoire que le chef aime les œufs et les poche de trois façons différentes. Au brunch du week-end, on reprend des œufs en omelette ou sur le plat parmi une multitude d'autres classiques du genre. L'après-midi, on termine en douceur sur la splendide terrasse avec quelques notes sucrées, un *carrot cake* ou un gâteau au chocolat.

GENCO

Rue Joseph Stevens 28
✆ +32 2 511 34 44
Métro : Centrale ou Louise.
Tram : Royale. Bus : Grand Sablon ou Chapelle.
Ouvert du mardi au jeudi de 12h à 14h45 et de 19h à 22h45 ; le vendredi et le samedi de 12h à 14h45 et de 19h à 23h30 ; le dimanche de 12h à 16h. Fermé le lundi.
Ce restaurant italien propose des plats copieux issus d'une cuisine simple mais qui ne lésine pas sur les bons produits et les combinaisons gagnantes. On y vient, on y revient et on y revient encore ! L'ambiance est conviviale et c'est avec bonne humeur et bien repu que l'on sort de chez Genco.

L'IDIOT DU VILLAGE
Rue Notre-Seigneur 19
✆ +32 2 502 55 82
www.lidiotduvillage.be
lidiotduvillagebxl@gmail.com
Métro : Anneessens ou Louise.
Ouvert du lundi au vendredi le midi et le soir. Carte : 35 € environ.
Une décoration feutrée, un accueil chaleureux et un service aux petits oignons… tout donne envie de s'arrêter dans ce resto au nom quelque peu atypique. La cuisine servie dans les assiettes de grand-mère nous invite à une jolie escapade culinaire.

LOFT
Rue de Namur 51
✆ +32 2 511 52 11
www.loftbrussels.be
asad-loft@outlook.com
Ouvert tous les jours le midi et le soir. Bar ouvert dès 12h. Carte : 35 € environ. Lunch burger ou plat du jour + café : 14 €.
Kahn et Pierre, gérant également la Mirabelle et le Waff à Ixelles, sont les heureux propriétaires de cette belle adresse de derrière les Palais. La carte de brasserie fait la part belle aux bonnes pièces de viande d'une grande tendreté : dizaines de burgers, viandes 100% *black angus* irlandaises,… On y prend l'apéro en *afterwork* ou on y boit un coup en *after ciné*, en échangeant deux tickets ciné contre un alcool ou un cocktail dont la liste est longue. Soirées « expats » un mercredi sur deux, *happy hours* entre 18h et 20h et formules personnalisées pour groupes. Bref, ça bouge beaucoup et les fauteuils sont très confortables.

MIM – MUSÉE DES INSTRUMENTS DE MUSIQUE
Rue Montagne de la Cour 2
✆ +32 2 545 01 30
www.mim.be
reservations@mim.be
Ouvert du mardi au dimanche de 10h à 16h30. Brunch le dimanche : 29 € (enfants : 13 €). Carte : 30 € environ. Menu enfant : 10 €. Plat du jour : 12 €. Terrasse.... et quelle terrasse !
... ou quand la cuisine atteint des sommets ! Attention, on ne parle pas de gastronomie mais de cuisine sur le toit du Musée des Instruments de Musique, dans le bâtiment Old England ! A table, une cuisine plutôt simple mais bien dans l'air du temps. La terrasse offre l'une des vues les plus « ouf » de Bruxelles : facile, on voit toute la ville ! Imaginez une petite brise, un midi d'été… ou une envie de brunch un dimanche par temps clair : c'est là qu'il faut aller ! Seul problème : d'autres risquent d'avoir la même idée. Donc, on regarde la météo puis on réserve sans tarder. L'ascenseur n'est pas des plus rapides, pensez-y au moment de retourner au boulot !

PEÏ & MEÏ
Rue de Rollebeek 15
✆ +32 2 880 53 39
www.peietmei.be
Ouvert du mardi au samedi de 12h à 14h et de 19h à 21h30 ; le dimanche de 12h à 14h. Réservation recommandée. Menus de 42 € à 60 € (de 2 à 5 services, menu surprise pour toute la table). Carte : 40 € environ. Formule du midi : 21 € (formule « starter » : dégustation de 3 préparations du marché). Terrasse.

Belle adresse dans ce quartier qui fait parfois dans l'esbroufe. Après 5 ans avec le réputé Alain Troubat, Gauthier de Baere a ouvert son propre établissement. En 2014, il s'est installé avec son épouse Mélissa dans cette rue piétonne entre Sablon et Marolles. Le cadre, très tendance, oscille entre le confort à table et l'aspect brut de certains matériaux. Le nom laisse penser qu'on navigue en belgitude dans ce que le chef appelle son bistrot gastronomique. Mais s'il travaille uniquement les produits frais et met un point d'honneur à ce que tout soit fait dans la maison, la carte est franchement orientée vers les terroirs français.

LES PETITS OIGNONS

Rue de la Régence 25
✆ +32 2 511 76 15 /
+32 2 502 86 15
www.lespetitsoignons.be
info@lespetitsoignons.be
Ouvert tous les jours le midi et le soir jusqu'à 23h ; le vendredi et le samedi jusqu'à 24h ; le dimanche jusqu'à 22h. Menu unique à 36,50 €. Carte : 45 € environ. American Express. Terrasse.
Ok, c'est vrai cette brasserie fait un peu partie de nos chouchous, comme ça c'est dit. Mais chouchou n'est pas copinage, et ce qui prévaut ici, c'est bien ce trio d'atouts qu'on aime à trouver dans pareil endroit : cadre/ambiance + service + qualité des produits et des préparations. Cette formule, c'est un peu le fond de commerce de Khaled Zouglami qui, depuis 40 ans, nourrit le Tout-Bruxelles sous l'enseigne Les Petits Oignons. Des spécialités du genre, bien sûr, comme le steak tartare, le vol-au-vent, les ris de veau en feuilleté, le foie gras de canard en terrine ou les croquettes aux crevettes grises, mais aussi des suggestions qui quelquefois n'arrivent sur la carte que si les fournisseurs amis du patron lui glissent à l'oreille un arrivage remarquable. Dans ce cas, surtout, laissez-vous tenter...

LE RABASSIER

Rue de Rollebeek 23
✆ +32 497 75 69 05
www.lerabassier.be
info@lerabassier.be
Ouvert du mardi au vendredi et le dimanche le midi et le soir ; le samedi midi. Menus de 65 € à 79 €. Carte : 75 € environ. Lunch : 29 €. Menu spécial « Truffe noire » : 135 €.
Entre Marolles et Sablon, Christophe Durieux et sa charmante épouse Eve mettent les petits plats dans les grands pour proposer du luxe à prix sympas. Truffe d'été ou truffe noire, oursins, foie gras, huîtres, gibier en saison sont véritablement magnifiés sur l'autel de la présentation impeccable dans l'assiette. Un menu où la truffe est à l'honneur vient renforcer cette mise en avant des produits nobles.

RESTOBIÈRES

Rue des Renards 9
✆ +32 2 511 55 83 /
+32 495 50 63 00
www.restobieres.be
info@restobieres.be
Ouvert du mardi au vendredi de 17h à 24h ; le week-end de 12h à 24h. Service traiteur avec livraison sur Bruxelles, le midi. Menus de 26 € à 40 €. Carte : 36 € environ. Menu enfant : 9 €. Lunch (menu express) : 20 €. Terrasse.

Au cœur des Marolles, la création d'Alain Fayt est un *must* absolu pour n'importe qui aime bières et cuisine ! Le décor reflète la fascination du patron pour les objets ayant un rapport de près ou de loin avec la bière ou la Belgique... ou les deux : bouteilles provenant de brasseries oubliées, vieilles boîtes de biscuits, ustensiles de cuisine et autres souvenirs belges de bric et de broc. La gamme de bières au fût est impressionnante, venant souvent de brasseries artisanales. Côté resto, on sert des spécialités de saison préparées à la bière et à base de produits locaux provenant des meilleurs producteurs. On a un *boentje* pour le *kip-kap* (tête pressée fabriquée à partir des joues de porc) ou le *bloempanch* maison (mélange de boudins noir et blanc).

TOSCANA 21
Rue de Rollebeek 21
✆ +32 2 502 36 21
Ouvert le mardi soir ; du mercredi au dimanche le midi et le soir. Carte : 40 € environ.
Qui a dit qu'on ne trouvait que des restos chers et m'as-tu-vu dans le quartier ? La famille Barrontini vient de Toscane et propose les produits de la région avec beaucoup de fièreté. Cuisine simple et goûteuse, elle est composée avec les ingrédients que le paternel ramène tous les mois de sa région natale. La mamma et la sorella oeuvrent aux fourneaux, le figlio et sa sposa sont en salle.

VICTOR BOZAR CAFE
Rue Ravenstein 23
✆ +32 2 213 19 19
info@victor23.be
Ouvert du mardi au dimanche à partir de 10h. Carte : 40 € environ. Vin au verre. Les soirs de spectacles, la cuisine ferme 1 heure plus tard. Accueil des groupes.
Adossée aux palais des Beaux-Arts (enfin, Bozar, selon la trouvaille d'un puissant linguiste), cette brasserie, qui a ouvert en septembre 2016, ne manque pas d'allure. Côté table, la courte carte (idem pour les vins) est de type brasserie et laisse une large place aux suggestions saisonnières du chef. Celles-ci ne manquent ni de tenue ni d'originalité. On sert toute la journée, du petit déjeuner au souper tardif, en passant par le lunch et les en-cas.

© L'ÉCAILLER DU PALAIS ROYAL

» Luxe

L'ÉCAILLER DU PALAIS ROYAL

Rue Bodenbroek 18
✆ +32 2 512 87 51
www.lecaillerdupalaisroyal.be
reservation@lecaillerdupalaisroyal.be
Métro : Anneessens.
Ouvert du lundi au dimanche le midi et le soir. 10 places au bar du lundi au dimanche inclus. Tenue de ville vivement appréciée. Carte : 65 € environ. Autres demandes : Service voiturier midi et soir du lundi au dimanche inclus.
Une maison datant de la fin du XVIIe siècle, au cadre élégant. La cuisine servie est pointue et délicate et plaît particulièrement aux amoureux des poissons, coquillages et crustacés.

SENZANOME

Place du Petit Sablon 1
✆ +32 2 223 16 17
www.senzanome.be
Ouvert du lundi au vendredi de 12h à 13h30 et de 19h à 21h. Menus de 95 € à 130 €. Carte : 77 € environ. Lunch : 50 €. Voiturier.
Après vingt ans de passionnantes créations, une étoile au Michelin et une distinction comme meilleur restaurant italien d'Europe (2012), Senzanome est devenu un des-absolument-incontournables de Bruxelles. Sa situation excentrée d'autrefois ne l'aurait certainement pas mis gagnant sans l'immense talent de Giovanni Bruno... un problème résolu depuis son installation au Sablon ! De quoi permettre à cette belle maison de s'améliorer encore et encore. Les bases, quant à elles, sont restées : tout est fait dans la maison, y compris le pain et on loue depuis des lustres les succulents risottos et pâtes et les indémodables saltimbocca. La cave vaut à elle seule le déplacement. Et dire que ce fils d'immigrés italiens raconte que sa mère arriva en Belgique avec l'autocuiseur qui lui servait à préparer le minestrone...

THE RESTAURANT

Boulevard de Waterloo 38
✆ +32 2 504 13 33
www.therestaurant.be
reservations@therestaurant.be
Ouvert le lundi soir ; du mardi au samedi le midi et le soir.
The Restaurant est niché situé au sein d'un petit bijou de l'hôtellerie de prestige Bruxellois qu'est le « The Hotel », au cœur du quartier où abondent les boutiques de luxe. Le restaurant bénéficie d'une atmosphère résolument contemporaine. Le Chef, Pierre Balthazar, suggère un voyage autour du monde dans l'univers de la gastronomie. Il a pour cela convié trois chefs internationaux qui proposent leur interprétation des neuf mêmes ingrédients de base, garantissant ainsi une carte authentique et originale avec une variété de plats qui ravira tous les gourmets autour d'une même table. L'Espagne, la Belgique et la Thaïlande sont ainsi mis à l'honneur.

SHOPPING

Sans conteste l'endroit des chineurs et des gourmands ! Le quartier des Marolles est d'ailleurs réputé pour son marché aux puces, particulièrement animé le dimanche matin.

COMPTOIR DE FAMILLE
Place du Grand Sablon 7
✆ +32 2 503 05 15
www.comptoir-de-famille.com
info@comptoir-de-famille.com
Ouvert du mardi au dimanche de 10h30 à 18h30.
Vieilles publicités, nappes à carreaux, meubles, faïence et parfums d'antan... le Comptoir de Famille s'applique à remettre le passé au goût du jour. Entrez dans la machine à remonter le temps... Destination ? L'enfance, les mercredis après-midi passés dans la maison de votre grand-mère. Ici, chaque article fait naitre une atmosphère rustique et authentique !

FLAMANT HOME INTERIORS
Place du Grand Sablon 36
✆ +32 2 514 47 07
www.flamant.com
flamant.brussel@flamant.com
Tram et Bus : Petit Sablon.
Métro : Porte de Namur ou Trône.
Ouvert du lundi au vendredi de 10h30 à 18h30 ; le samedi de 10h30 à 19h ; le dimanche de 10h30 à 18h.
Le concept store créé par les trois frangins marche bien sûrformidablement bien à l'heure où tout est conceptualisé. Il s'agit d'une sorte de galerie commerciale organisée autour d'un patio où l'on peut déjeuner (voir rubrique resto) offrant du mobilier atemporel, un fleuriste, un magasin d'articles pour enfants, des objets de déco et même de la peinture. Ce sont en tout des produits savamment présentés. La formule magique du succès des Flamant : des meubles à l'ancienne remis au goût du jour dans un esprit de luxe et de sobriété. A mesure que l'on traverse ces pièces superbement meublées où rien ne dépareille, on se dit qu'on aimerait bien vivre dans un lieu aussi beau et harmonieux, sans les piles d'assiettes sales dans l'évier, les fringues éparpillées sur le sol et les moutons sous le canapé comme c'est le cas dans bien des intérieurs.

FOXHOLE
Rue des Renards 6
✆ +32 477 20 53 36
Métro : Porte de Hal ou Hôtel des Monnaies. Bus : Jeu de balle.
Ouvert du jeudi au dimanche de 10h à 18h30. Friperie.
Des tee-shirts délavés aux jeans coupés rétro, des pins aux bottes de cowboy, voici une adresse résolument vintage. Beaucoup de choix dans les accessoires, en particulier les cuirs. Les prix sont parfois élevés, mais en cherchant bien, on peut trouver la pièce rare.

GALERIE DES MINIMES
Rue des Minimes 23
✆ +32 2 511 28 25
www.galeriedesminimes.com
info@galeriedesminimes.com
Métro : Louise. Bus : Grand Sablon.
Ouvert tous les jours de 10h à 18h. Antiquaires.
Cette galerie propose, sur plus de 600 m², un grand choix d'antiquités. De nombreux styles sont représentés : années 1930, Art déco, style 70's. On peut dénicher de très bonnes affaires !

LIBRAIRIE TASCHEN
Rue Lebeau 18
✆ +32 2 513 80 23
www.taschen.com
store-brussels@taschen.com

Marché aux puces de la place du Jeu de Balle (quartier des Marolles).

Métro : Porte de Namur ou Centrale. Bus : Grand Sablon. Tram : Sablon

Ouvert du lundi au samedi de 11h à 19h ; le dimanche de 12h à 18h.

La fameuse enseigne allemande entièrement dédiée à l'art est aussi présente à Bruxelles. Et y avait-il plus bel endroit que celui de la place du Grand-Sablon pour l'accueillir ? L'éditeur traite notamment de peinture, de décoration, d'art de vivre, d'architecture, de cinéma, de photographie, d'érotisme et de culture pop. Tout ça dans un écrin de déco conçu par Philippe Starck. Magnifique !

■ LA MANUFACTURE ROYALE

Rue Blaes 51 ✆ +32 2 548 96 95
Métro : Louise. Tram : Poelart.
Bus : Jeu de balle.

La Manufacture royale s'est reconvertie en espace où sont disposés établis, tables d'ébénistes, de tris postaux, etc. L'idée est de reprendre du mobilier industriel et de lui redonner un second souffle.

■ MARCHÉ AUX PUCES DE LA PLACE DU JEU-DE-BALLE

Place du Jeu-de-Balle
✆ +32 470 54 12 25
www.marcheauxpuces.be
avm@skynet.be
Métro : Porte de Hal.
Bus : Jeu de balle.

Ouvert du lundi au vendredi de 6h à 14h ; le week-end de 6h à 15h.

Ce marché hyper connu du Tout-Bruxelles mérite le déplacement pour ses snacks et les soupes de ses vieux cafés.

Ambiance hors du temps et bon enfant. C'est le dimanche qu'il y a le plus d'animation.

■ NEW DE WOLF

Rue Haute 91
✆ +32 2 511 10 18
www.newdewolf.be
info@newdewolf.be
Métro : Louise. Tram : Petit Sablon.
Bus : Chapelle.

Ouvert du lundi au samedi de 10h30 à 18h30 et le dimanche de 10h à 17h.

Ça fait plus de 45 ans que les jeunes couples et les autres amoureux de la déco viennent remplir leurs armoires de jolis services de vaisselle. Et font le plein d'articles de déco sympa et tout ce qu'il faut pour meubler sa maison et dresser les plus jolies tables. Mais c'est surtout pendant les fêtes que c'est impressionnant ! Des sapins chargés à la limite de l'écroulement où il n'y a pas une aiguille qui n'ait sa boule, sa p'tite lampe ou son bibelot. Ça brille, ça clignote, ça scintille de mille feux, c'est le sapin dont on a toujours rêvé étant môme.

SENSES ART NOUVEAU
Rue Lebeau 31
✆ +32 2 502 15 30
www.senses-artnouveau.com
info@senses-artnouveau.com
Métro : Centrale. Tram : Sablon.
La boutique rêvée des amoureux d'Art nouveau, bijoux, accessoires, perles, etc. Bref, une panoplie d'objets à découvrir et adaptée aux petites bourses.

STEFANTIEK
Rue Blaes 63
✆ +32 2 540 81 42
✆ +32 486 12 99 57
www.stefantiek.com
Métro : Louise ou Porte de Hal.
Tram : Poelart. Bus : Jeu de balle.
Ouvert du mardi au dimanche de 10h à 18h. Antiquités.
C'est en 1982 que l'histoire de Stefantiek débute, après l'achat d'une pelle à charbon. 28 ans plus tard, le dépôt s'étend sur 6 000 m² et présente bibelots, lampes Art déco, chaises Louis-Philippe, etc. Un second magasin, situé sur la place de la Chapelle, fait la part belle aux matériaux de construction (portes, radiateurs, cheminée, escaliers, etc.).

Autre adresse : 6, place de la Chapelle.

LA VAISSELLE AU KILO
Rue Haute 124-126
✆ +32 2 513 49 84
www.lavaisselleaukilo.be
info@lavaisselleaukilo.be
Ouvert le lundi de 12h30 à 18h ; du mardi au vendredi de 10h à 18h ; le samedi de 10h30 à 18h30 ; le dimanche de 10h30 à 18h.
On fouille, on fouine dans les étagères remplies à craquer et les cartons dissimulés un peu partout dans le magasin pour dénicher ce qui convient : carafes, couverts, verreries, porcelaines et faïences, plats, assiettes et accessoires, et plein d'objets communs ou insolites, utiles ou décoratifs... Le tout à prix fixe ou... au poids comme l'indique l'enseigne de cette véritable institution bruxelloise !
Le choix de vaisselle et d'articles pour la cuisine est énorme et régulièrement renouvelé. Un service de table complet sans exploser le budget, ici, c'est possible.

SORTIR

De jolis petits estaminets et des brasseries modernes animent les soirées des Marolles et du Sablon.

» Cafés - Bars

BRASSERIE CANTILLON
Rue Gheude 56
✆ +32 2 521 49 28
www.cantillon.be
info@cantillon.be
Métro : Clemenceau.
Tram : Lemonnier.
Ouvert le lundi, le mardi et du jeudi au samedi de 10h à 17h. Fermé le mercredi, le dimanche et les jours fériés.
Si vous êtes amateur de bières, l'endroit vous plaira sans aucun doute. Que ce soit pour une dégustation ou pour en apprendre d'avantage sur les différentes étapes du brassage, cette brasserie familiale est l'endroit idéal. Vous ne serez pas déçus !

LA BROCANTE
Rue Blaes 170
✆ +32 2 512 13 43
Ouvert tous les jours à partir de 6h. Terrasse.
On sent ici le « vrai » Bruxelles au cœur des Marolles. Mais aussi la bière, avec non loin d'une centaine d'étiquettes dont une quinzaine de gueuzes et krieks, quelques Trappistes et bières bruxelloises qui font plaisir à boire. La maison aime accueillir des gens « qui veulent partir à l'aventure des goûts ». C'est ouvert tous les jours dès le petit matin pour le café des brocanteurs du Jeu de Balle. Le week-end, on retrouve au coude à coude un public bigarré avec quelques marchands, des bobos et les derniers Marolliens qui illuminent ce délicieux endroit au son de l'orchestre *jazzy*. Petite restauration maison et bruxelloise pour bien caler ce qui a déjà été dégusté. Hyper authentique et terrasse sous les arbres parfaite pour siroter...

CHAFF
Place du Jeu de Balle 21-22
✆ +32 2 502 58 48
chaff.lafourchette.rest
Métro : Porte de Hal.
Bus : Jeu de balle.
Ouvert tous les jours. La cuisine est ouverte de 12 à 15h et de 18h à 22h30. Terrasse.
Après avoir chiné à la recherche de vieux 45 tours sur le marché aux puces, vous mériterez de manger un bout au Chaff. Pour la terrasse, armez-vous de patience, car les places y sont chères dès les premiers rayons de soleil. Rabattez-vous plutôt sur l'étage. Dans un espace calme, vous y mangerez des salades ou boirez un lait russe mousseux dans de grands bols. Le service est un peu débordé le dimanche. Dj-sets en soirées et même jeux de société.

LA KARTCHMA
Place du Grand-Sablon 17
✆ +32 2 512 43 10
Métro : Porte de Namur
ou Centrale. Tram : Royale.
Un tout petit bar avec une salle à l'étage, un service toujours souriant, des boissons à prix raisonnables et un je-ne-sais-quoi qui en fait un des lieux les plus sympas du quartier. Bien sûr, le Sablon est, et reste, très bourgeois, mais la Kartchma le fait parfois oublier. Ici, on s'éclate sans arrière-pensée.

CHEZ RICHARD
Rue des Minimes 2
✆ +324 79 61 12 56
www.chezrichard.be
info@chezrichard.be
Métro : Louise. Bus : Grand Sablon.
Tram : Palais.
Ouvert tous les jours, de 8h à minuit.
Chez Richard est de ces bistrots qui font presque le tour du cadran avec nous. Du café réveil-matin que sirotent les antiquaires à l'ambiance de folie qui va jusqu'au bout de la nuit, ce vieil estaminet campe depuis de bien longues années à cet angle de rue qui donne sur la place du Sablon. La nouvelle terrasse offre une vue imprenable sur le ballet des touristes et des passants, un spectacle qu'on savoure un pastis à la main. Les affiches de vieux films, les petites tables carrées sont le décor idéal pour un stoemp entre deux courses ou une assiette d'huîtres d'octobre à avril.

Le soir, ce lieu si tranquille au matin se transforme en piste de danse, on repousse les tables pour un rock endiablé et les plus fous iront jusqu'à grimper pour réaliser leur chorégraphie au risque de dégringoler dans un grand éclat de rire.

WINE BAR SABLON
Rue Haute 198
✆ +32 2 503 62 50 /
+32 496 82 01 05
www.winebarsablon.be
winebarsablon@hotmail.com
Métro : Louise. Tram : Poelart.
Bus : Jeu de balle.
Ouvert du mercredi au dimanche de 19h à 23h ; le week-end de 12h à 14h. Terrasse.
Les crus se dégustant ici sont aussi originaux que, parfois, exceptionnels. Ce wine bar, qui signait il y a quelques années un renouveau dans le genre à Bruxelles, a vu le jour sous la houlette de l'antiquaire propriétaire de cette cave voûtée du XVIIe siècle. On garde un chouette souvenir d'un Mâcon Solutré Nadine Ferrand, d'un Amidyves si rare en Belgique ou encore d'un agréable Domaine de Rancy Rivesaltes à tarifs tout à fait remarquables, et quel cadre !

» Clubs et discothèques

BAZAAR
Rue des Capucins 63
✆ +32 2 511 26 00
www.bazaarbrussels.com
Métro : Louise. Tram : Poelart.
Bus : Jeu de balle.
Voir site internet.
Situé en plein cœur des Marolles, ce club branché se niche dans le sous-sol de l'ancien couvent des Capucins. Nadia et Seydina mettent tout en œuvre pour vous assurer des soirées mémorables dans la cave voutée un peu underground ou dans la grande salle à l'étage avec ses hauts plafonds et son grand bar latéral. Sans aucun doute une des plus chouettes salles bruxelloises pour des soirées de plus de 4 personnes. Bar à cocktails. Musiques actuelles, musiques du monde, musique live, clubbing, défilés de mode, présentations et autres festivités.

LE FUSE
Rue Blaes 208
✆ +32 2 511 97 89
www.fuse.be – info@fuse.be
Métro et bus : Porte de Hal.
Tram : Poelart.
Ouvert le samedi à partir de 23h.
Depuis bientôt deux décennies, voici la maison de la musiquepour les aficionados de l'électro/house. On y va donc essentiellement pour selaisser emporter par celle-ci, le samedi, jusqu'à 7 h du matin. Ce club ad'ailleurs invité de nombreux DJ's internationaux dès ses débuts, il y a 17ans, et est ainsi devenu un club légendaire tant en Belgique qu'à l'étrangertout en continuant à garantir la qualité et l'innovation au niveau des tendances de lamusique électronique. Ajouter à ce cocktail déjà bien épicé, l'organisation régulière des soirées gay de « La Démence » qui draine les fans homosexuels d'electro et leurs amis sur des centaines de kilomètres. Des soirées quelques fois de plusieurs jours que les adaptes

ne délaissent que pour se remettre en bonne condition, un passage sous une douche puis chez Wakko (cf salon de coiffure) avant de réentrer dans la danse.Un esprit de continuité contemporaine renforcé par lestransformations récente du lieu devenu depuis le 6 janvier 211 « Blaes28 » (du nom de son adresse). Le nom de Fuse – notoriété oblige – nechange cependant pas le samedi soir.Reste que la ligne de conduite des soirées (Drumderground, Forma, T,Rock Me Electro) en dehors du samedi ne changera guère et proposera toujoursdes soirées estudiantines ou des événements divers produits, le plus fréquemmentpar l'équipe du Fuse.

RECYCLART

Rue des Ursulines 25
✆ +32 2 502 57 34
www.recyclart.be
Métro : Anneessens ou Centrale.
Tram : Anneessens. Bus : Chapelle.
Ouvert du lundi au vendredi de 9h à 17h30. Soirées organisées (voir site internet).

C'est avant tout un centre culturel, mais le Recyclart propose aussi des soirées *underground* décalées, qui attirent aussi bien les punks et les squatters du quartier que les artistes, les fans d'électro, de ragga ou de drum'n bass.

›› Spectacles

BOZAR

Palais des Beaux-Arts
Rue Ravenstein 23
✆ +32 2 507 82 00
www.bozar.be – tickets@bozar.be
Métro : Centrale ou Parc.
Tram : Palais. Bus : Bozar.
Ouvert le mardi, le mercredi et du vendredi au dimanche de 10h à 18h ; le jeudi de 10h à 21h. Consultez le site internet pour plus d'informations sur les concerts.

Edifié en 1928, le palais des Beaux-Arts de Bruxelles est le chef-d'œuvre de Victor Horta. Ce haut lieu de la vie artistique bruxelloise est constitué de salles de spectacle et d'exposition ouvertes à tous. Les Bozar accueillent toutes sortes de manifestations culturelles (cinéma, musique, danse, théâtre, littérature). C'est également ici que se déroule le prestigieux concours de musique classique « Reine Elisabeth ».

LES BRIGITTINES

Petite Rue des Brigittines 1
✆ +32 2 213 86 10
www.brigittines.be
Métro : Louise ou Anneessens.
Tram : Petit Sablon.
Bus : Chapelle.

Logé dans une chapelle baroque du XVIIe siècle, ce centre d'art contemporain présente une programmation éclectique où danse, théâtre et arts plastiques jouent les premiers rôles. Le lieu a une programmation irrégulière, mais il permet d'avoir une idée des nouvelles tendances.

MUSÉE DU CINÉMA – CINEMATEK

Rue Baron-Horta 9
Palais des Beaux-Arts
✆ +32 2 551 19 19
✆ +32 2 551 19 00
www.cinematek.be
Métro : Centrale ou Parc. Tram : Royale. Bus : Royale ou Bozar.

Ouvert du lundi au mercredi à partir de 17h30 ; le jeudi et le dimanche à partir de 14h ; le vendredi et le samedi à partir de 17h. Entrée : 4 €. Enfants de moins de 12 ans et personnes titulaires de la carte Cinematek : 2 €.
Reconnu dans le monde entier pour la qualité des œuvres qui y sont conservées et diffusées, c'est une importante vitrine ouverte sur le monde.Tous les jours, plusieurs films choisis autour d'une thématique sont projetés, dont certains muets, accompagnés au piano comme au bon vieux temps. On ne manquera pas non plus d'aller faire un tour dans les différentes pièces réaménagées depuis peu, comme le cabinet des curiosités, la Wunderkammer qui raconte, par le biais d'objets mécanisés, les principales étapes de la préhistoire du cinéma. La Remix Zone où des fragments de films présentant la mémoire du cinéma sous forme d'installations. Le Viewing Space composé d'images illustrant, en permanence, le programme des projections. Et encore, la Moviala où quatre consoles individuelles permettent de surfer d'un film à l'autre et de les visionner en individuel.

THÉÂTRE ROYAL DU PARC
3, Rue de la Loi
✆ +32 2 505 30 30
www.theatreduparc.be
info@theatreduparc.be
Métro : Parc ou Trône.
Tram et bus : Royale.
Horaire des spectacles à consulter sur le site internet. La billetterie est ouverte du mardi au samedi de 12h à 19h ; le dimanche entre 13h30 et 14h15 et entre 15h et 15h30. Fermé le lundi et pendant le mois de juillet.
C'est sous domination autrichienne que ce théâtre a été conçu (1782) par les Frères Bultos, afin d'avoir comme à Paris et à Londres une salle réservée à des spectacles variés. Aujourd'hui le Parc est réputé pour sa capacité à présenter des pièces à gros budgets, et donc parfois considérées comme inadaptables sur les planches. Ces spectacles haut en couleur généralement adaptés de grandes œuvres littéraires, sont accessibles à toutes les générations (*Les Misérables*, *l'Odyssée*, *les 1001 nuits*, *le Tour du monde en 80 jours*...). Les grands classiques sont donc revisités, ce qui n'empêche pas de programmer également des auteurs vivants. Par contre les spectacles « avant-gardistes » n'ont pas place sur le programme.

» Activités entre amis

ESCAPE THE ROOM IN 60 MINUTES
Rue Saint-Jean 37
✆ +32 3 880 03 70
www.60minutes.be
Métro : Centrale. Tram : Palais.
Ouvert tous les jours et les jours fériés de 9h à 21h.
Le concept est simple : vous disposez de 60 minutes pour sortir d'une pièce remplie d'énigmes et de mystérieux objets. Des indices sont révélés au fur et à mesure pour vous permettre d'avancer dans l'enquête mais certains y parviennent sans. Battrez-vous le record ?
L'endroit idéal pour passer un super moment entre amis ou en famille !

Dansaert, Saint-Géry et Sainte-Catherine

Musée
Curiosité
Edifice religieux
Station de métro
Comte de Flandres
IMAL
Quai des Charbonnages
Quai du Hainaut
Quai de l'Industrie
Canal Charient
Chaussée de Gand
Vers Chaussée de Ninove
Boulevard de l'Abattoir
Boulevard Barthélémy
Boulevard Barthélémy
Boulevard de Nieuport
Rue Notre-Dame du Sommeil
Rue du Houblon
Rue A. Dansaert
Rue de Flandre
Rue Vandenbranden
Impasse Ste-Ursule
Rue de la Clé
Rue du Char
Rue du Grand Serment
Rue de la Senne
Rue du Rempart des Moines
Rue des Fabriques
Rue Anneessens
Rue T'Kint
Rue Léon Lepage
Pl. du Nouveau Marché aux Grains
Rue de la Braie
Rue du Boulet
Nom de Jésu.
La maison Bellone
R. du Ch. Marin
Ste-Catherine
Place du Jardin aux Fleurs
Rue des Chartreux
Rue Plétinckx
Rue des Six Jetons
Rue du Vieux Marché aux Grains
Quai aux Briques
Quai au
Rue d'Anderlecht
Musée Album
La centrale électrique
Ste-Catherine
Place Ste Catherin
Tour Noire
Rue Antoine Dansaert
Rue Saint-Christophe
Rue Van Artevelde
Rue des Riches Claires
R. Ste-Catherine
Rue Melsens
Eglise des Riches-Claires
Place St-Géry
Rue J. Van Praet
Halles St-Géry
Rue de la Vierge Noire
Rue de la Grande île
Rue St-Géry
R. de l'Eclipse
Rue A. Orts
Rue P. Devaux
Rue du Marché
Rue des Halles
Rue de l'Evêque
Borgval
Vers Gare du Midi
Bourse
Boulevard M. Lemonnier
Boulevard Anspach
Boulevard Anspach
R. Teinturiers
Rue Plattesteen
Rue des Pierres
Rue Henri Maus
Bourse
Rue de la Bourse
aux Poulets
Rue Grétry
Rue de l'Evêque
Centre Monnaie
Rue du Marché au Charbon
Rue Gds. des Carmes
Rue du Lombard
Rue du Midi
Rue du Midi
Rue des Fripiers
vers Cathédrale Saints-Michel et Gudule

DANSAERT, SAINT-GÉRY ET SAINTE-CATHERINE
vers Parc Elizabeth
Quai des Matériaux
Quai des Charbonnages
Canal Charient
Bassin Beco
Boulevard du Neuvième de Ligne
Quai des Péniches
Boulevard Léopold II
Boulevard Léopold II
Rue de Witte de Haelen
Petit Château
Rue de la Forêt d'Houthulst
Rue de Passchendaele
Boulevard de Dixmude
Boulevard de Dixmude
Boulevard d'Ypres
Boulevard de Dixmude
Vers Bassin Vergote
Quai de Willebroeck
Quai de Willebroeck
Rue d'Ophem
Boulevard d'Ypres
Quai du Commerce
Quai au Bois de la Construction
Quai du Commerce
Parc Maximilien
Yser
Av. de l'Héliport
Quai à la Chaux
Quai à la Houille
Quai du Chantier
Rue du Chantier
Rue des Commerçants
Boulevard D'Anvers
Boulevard Baudoin
Quai au Foin
Quai aux Pierres de Taille
Rue du Canal
Rue du Frontispice
Rue du Magasin
Bruler
Rue Marcq
Rue de l'Angle
Rue du Rouleau
Rue du Grand Hospice
Rue du Canal
Quai au Foin
Rue Van Gaver
Rue des Commerçants
vers Gare du Nord
Porte d'Anvers
Chaussée d'Anvers
Rue du Grand Hospice
Peuplier
Rue du Cyprès
Eglise Saint-Jean-Baptiste
Rue du Marronnier
Rue St-Jean Népomucène
Place du Béguinage
Rue du Cirque
Rue du Pont Neuf
Rue de l'Epargne
Bd. Roi Albert II
Rue St-Roch
Rue Vander Elst
Rue des Hirondelles
Rue du Pélican
Rue aux Fleurs
Boulevard E. Jacqmain
Boulevard E. Jacqmain
Rue de Malines
Rue Saint-Pierre
Boulevard du Jardin botanique
Av. du Jardin botanique
Rue de la Fiancée
Rue du Pont Neuf
Boulevard Adolphe Max
Boulevard Adolphe Max
De Brouckère
Impasse du Cheval
Passage du Nord
Rue Saint-Michel
vers St-Josse
Notre-Dame du Finistère
0
180 m
Fossé aux Loups
Rue Neuve
Rue Neuve
Rue Neuve
Rogier

© HENRI CONODUL - ICONOTEC

Dansaert, Saint-Géry et Sainte-Catherine

Dansaert. Entre authenticité et créativité, Dansaert est au cœur de l'agitation bruxelloise. Quartier bigarré où se côtoient aussi bien des créateurs avant-gardistes que des Bruxellois pur sucre, il a été longtemps oublié de tous avant de s'éveiller à nouveau sous l'impulsion de jeunes artistes dans les années 1990. Bruxelles a su offrir à ses créateurs exubérants, innovants et entreprenants, grâce à ses écoles d'art reconnues mondialement, un cadre et un environnement propice à leur épanouissement. Et ces derniers le lui ont bien rendu. Depuis, la rue Dansaert est devenue le centre névralgique de la création bruxelloise ; LE quartier dédié à la mode, au *design* et à la création contemporaine avec ses cafés, ses restos cosmopolites et ses galeries d'art.

Sainte-Catherine. Autre quartier vivant, Sainte-Catherine : c'est le quartier de l'ancien port intérieur de Bruxelles, les rues en ont d'ailleurs gardé le souvenir ; quai aux Briques, quai au Bois-de-Construction, quai au Commerce, quai aux Pierres-de-Taille, etc. Au XVIe siècle, les Bruxellois creusèrent le canal de Willebroek, le plus ancien de Belgique, et transformèrent ce quartier du nord-ouest du Pentagone en une zone dynamique où les commerçants venaient décharger leurs marchandises. Des canaux secondaires permettaient alors d'accéder aux différents bassins dont celui de Sainte-Catherine. Les noms des canaux représentaient le nom du commerce qu'ils accueillaient (quai aux Pierres-de-Taille, quai au Foin,

Retrouvez l'index général en fin de guide

etc.). Fin du XIXe siècle, début du XXe siècle, la modernisation du canal de Willebroek engendra l'inutilité des bassins et de ses différents canaux qui seront dès lors comblés les uns après les autres. Le quartier fut abandonné progressivement par les Bruxellois, jusqu'à il y a une quinzaine d'années. De cette époque, le quartier a conservé une incroyable concentration de restaurants de poissons et de fruits de mer. A la différence près que ces petits restaurants perdent peu à peu leur âme d'antan au profit d'un certain embourgeoisement : on ne s'y attable plus sans prétention aujourd'hui, c'est une clientèle huppée qui se retrouve ici. La rue de Flandre, la rue du Vieux-Marché-aux-Grains, la rue Sainte-Catherine et leurs voisines expriment bien ce métissage, entre innovation et pittoresque. Un cadre charmant pour y flâner, s'y restaurer ou encore y glaner.

- **La place Saint-Géry** fut jadis le cœur historique de la ville. C'est ici, au milieu des marécages de la vallée de la Senne, qu'au Ve siècle a été bâti le premier castrum fortifié, créant ainsi le noyau de la cité, autour duquel les premières maisons en bois ont émergé. De cette époque, il ne reste qu'un filament de la Senne, emmuré en contre-bas d'un escalier dans une cour. Triste sort pour ce cours d'eau qui fit la prospérité de Bruxelles. Aujourd'hui, la place Saint-Géry est le théâtre nocturne et diurne d'un va-et-vient de jeunes (et de moins jeunes) venus s'y rafraîchir, y errer ou encore s'y montrer. Elle grouille de bars tendance : le Zebra, le Mapa Mundo, le Roi des Belges... des terrasses où il fait bon s'attarder en été jusqu'aux petites heures.

Quartiers colorés de Bruxelles, tant le jour que la nuit, mêlant avant-garde et vieilles pierres, Dansaert, Saint-Géry et Sainte-Catherine vous charmeront par leur côté branché. Puis très vite vous verrez que derrière ces grandes enseignes se cache un Bruxelles plus typique, d'un autre temps « avec des hommes, des femmes en crinoline » chantant le T'Kapiteintje, le Java, le Walvis... Vous rencontrerez alors le « *Zwanze* », cet esprit bruxellois bon enfant, toujours moqueur, avec une pointe d'ironie bien sentie.

VISITER

C'est le véritable cœur historique de Bruxelles. Un plan de la ville dans les années 1700 vous aurait indiqué une série de bassins, du temps où le port intérieur de Bruxelles était le principal centre d'attraction de la ville.

LA CENTRALE ÉLECTRIQUE

Place Sainte-Catherine 44
✆ +32 2 279 64 44 /
+32 2 279 64 35
www.centrale-art.be
culture@brucity.be
Métro : Sainte-Catherine, Bourse ou De Brouckère.
Tram et bus : De Brouckère.
Ouvert du mercredi au dimanche de 10h30 à 18h. Fermé les jours fériés. Gratuit jusqu'à 18 ans. Adulte : 5 €. Seniors et groupe : 4 €. Etudiants : 2,5 €.

Ce bâtiment semi-industriel fut la première centrale électrique de la ville, construite entre 1901 et 1903. Aujourd'hui, la Centrale électrique traduit la volonté de la ville de Bruxelles de promouvoir l'art contemporain, toutes disciplines confondues. La Centrale électrique n'a pas de collection permanente. Elle présente quatre expositions temporaires par an, rassemblant pêle-mêle artistes belges et internationaux, artistes confirmés et jeunes créateurs. Une dimension pédagogique entoure les expositions, par l'organisation de conférences, de colloques, des projections de films et des vidéos. Le meilleur moyen pour connaître la programmation est de se rendre sur place.

■ ÉGLISE DES RICHES-CLAIRES

Rue des Riches-Claires 23
✆ +32 2 213 00 65
Métro : Centrale ou De Brouckère.
Tram : Bourse
Cette église de la Renaissance flamande datant du XVIIe siècle est l'œuvre de Luc Fayd'herbe. Elle présente une architecture intéressante propre au baroque brabançon.

Église des Riches-Claires.

Non loin de là se trouve l'ancien lit de la Senne (en fait un bras secondaire), du temps où cette rivière coulait encore à ciel ouvert dans Bruxelles. On peut en voir une reconstitution (rue Saint-Géry 23) rappelant ce que furent les ruelles de ce quartier à une autre époque.

■ ÉGLISE SAINT-JEAN-BAPTISTE

Place du Béguinage
Métro : Sainte-Catherine.
Tram : De Brouckère.
Bus : Béguinage.
Cet admirable édifice baroque de la deuxième moitié du XVIIe siècle est installé sur le site d'un ancien béguinage. C'est l'une des églises majeures de Bruxelles, l'une des plus belles créations baroques des Pays-Bas, complètement atypique. Construite en 1676, sa base est gothique (plan en croix latine) mais fut revêtue d'un « habit baroque » de style italo-flamand. Sa façade à trois pignons de hauteur dégressive est flanquée d'une tour octogonale. L'intérieur est remarquable pour ces tableaux de Van Loon, ses confessionnaux surmontés d'anges et sa chaire XVIII habitée par saint Dominique. Un divin mélange de styles. A gauche de l'église, le quartier de l'hospice Pachéco (au fond), construit au début du XIXe siècle, forme autour de la rue de l'Infirmerie un petit ensemble blanc d'un néoclassicisme austère. Son dépouillement illustre l'influence des idées esthétiques de la Révolution française.

■ PLACE SAINTE-CATHERINE

Place Sainte-Catherine
L'église Sainte-Catherine, qui domine la place du même nom, prit la place

© HENRI CONODUL - ICONOTEC

Église Saint-Jean-Baptiste, place du Béguinage.

de l'un des bassins de l'ancien port de Bruxelles. Joseph Poelaert, architecte du Palais de justice, s'y est fait la main en 1854. Originale, elle tire ses influences des styles gothique, roman et Renaissance à la fois. En face, les halles du marché aux poissons furent inaugurées en 1884. De son passé maritime, la place garde aujourd'hui les célèbres restaurants de poisson et de fruits de mer. Tous les jours, un marché de fruits et légumes anime la place qui se remplit, notamment à l'heure du déjeuner. Par ailleurs, la rue Sainte-Catherine compte encore quelques maisons ayant échappé au bombardement de 1695.

Juste au sud de la place, le quartier des anciens quais reste bien identifiable : entre le quai des Briques et le quai au-Bois-à-Brûler, l'espace de l'ancien bassin a été d'abord réservé à un marché aux poissons couvert qui, à son tour, a laissé la place au bel aménagement piéton actuel. Deux petites pièces d'eau rectangulaires rappellent l'ancienne vocation des lieux et le souvenir du marché aux poissons persiste dans les nombreux restaurants du quartier.

Derrière le chevet de l'église subsiste l'un des derniers vestiges de la première enceinte de Bruxelles (XIIIe siècle), la Tour noire, désormais intégrée dans l'hôtel Novotel-Tour noire. Elle a reçu, au cours de sa restauration au siècle passé, une toiture conique peu vraisemblable dans l'architecture militaire du Brabant.

IMAL

Quai des Charbonnages 30
✆ +32 2 410 30 93 - www.imal.org
Métro : Comte de Flandre.
Tram : Porte de Flandre.

C'est une association qui a été créée en 1999 et dont l'objectif est de stimuler le processus d'appropriation créative des nouvelles technologies. C'est un véritable laboratoire d'idées à la croisée des innovations artistiques, scientifiques et industrielles, le tout dans un espace modulable de 600 m². Y sont organisés des expositions, ainsi que des rencontres et des séminaires.

Place Sainte-Catherine.

© HENRI CONODUL – ICONOTEC

SE RESTAURER

C'est sans conteste dans le quartier de la place Sainte-Catherine que l'on trouve les meilleures tables pour manger du poisson ou des fruits de mer. La plupart des adresses, rustiques ou modernes, se concentre autour de la rue de Flandre et de la rue Sainte-Catherine. Aussi minuscule soit-il, c'est également dans ses frontières que vous trouverez le quartier chinois de Bruxelles.

» Sur le pouce

■ LE BRAVO

Rue d'Alost 7-11
✆ +32 485 94 53 17
www.bravobxl.com
Ouvert du lundi au vendredi à partir de 9h ; le week-end à partir de 10h30. Carte : 10 € environ. Plat du jour : 7,50 €. Soupe du jour : 4 € – Gastro Brunchs le dimanche (18 €), de 11h à 16h. Terrasse. Animations « atelier danse » dans la cour. wi-fi gratuit.
Installé dans le Centre Dansaert (Creative Business Center), on y mange sur le pouce ou on y boit un verre en profitant de la petite cour avec terrasse aménagée. Lionel et Senem ont repris le Walvis et la Belle Equipe (rue Dansaert aussi, près du canal).
L'ambiance est *jazzy* et familiale avec un programme déjà bien rodé : *jazz & jam* le mercredi, *latino-soul & jam* le vendredi. Changement de cap le week-end avec les amusants samedis « poupoule » (poulet compote à partager à table) et les gastro-brunchs du dimanche. Grégory Knuets (jeune second de la Villa Lorraine) s'occupe des mises en place et l'équipe propose aussi les plats chauds uniques du vendredi soir (bbq s'il fait beau) et des formules petit–déjeuner. Sans oublier deux bons burgers disponibles à la carte. On dit merci et on dit « bravo ».

■ LE FOURNEAU DE BRUXELLES

Place Sainte-Catherine 8
✆ +32 2 513 10 02
www.lefourneaudebruxelles.com
joseph@lefourneaudebruxelles.com
Ouvert du mardi au vendredi de 12h à 14h30 et de 18h30 à 22h30. Menus de 21 € à 55 € (menu 3 services et Menu découverte 6 services). Carte : 40 € environ. Lunch 3 services entre 19 € et 22 €. Terrasse.
Avec un nouveau gérant et un nouveau chef, le Fourneau de Bruxelles, anciennement appelé Fourneau ibérique, propose des tapas légèrement moins ibériques, une carte des vins revisitée, quelques bières au fût, deux formules menu et une formule lunch. La cuisine se base sur des produits frais et saisonniers (festivals de homards, d'asperges, de Saint-Jacques…) et le chef vous propose quelques suggestions en prime. La formule « comptoir » est de mise, on est donc face à la cuisine ouverte, ce qui offre à la fois un certain spectacle et une belle transparence sur le savoir-faire. Cadre magnifique et terrasse d'une vingtaine de couverts sur cette belle place Sainte-Catherine.

LA MER DU NORD
Rue Sainte-Catherine 45
✆ +32 2 513 11 92
www.vishandelnoordzee.be
La Mer du Nord, qui reste toujours une poissonnerie, possède une succursale près de la gare de Luxembourg. Ça swingue entre les sandwichs, les poissons cuits à la plancha, les huîtres ou les coquilles St-Jacques, les belles croquettes crevettes, les moules parquées ou les hamburgers au thon et au crabe. Le tout, de midi jusqu'au soir, avec bien sûr le petit verre de blanc que l'on sirotera au débotté. Soirées DJ le jeudi jusqu'à 22h.

Autre adresse : Rue de Luxembourg 62 à 1000 Bruxelles.

» Pause gourmande

AM SWEET
Rue des Chartreux 4
✆ +32 2 513 51 31
Ouvert du lundi au samedi de 10h30 à 18h30. Prix modéré.
Prenez le temps de vous installer un moment au cœur du quartier hype de Bruxelles (Bourse) dans cette petite maison en bois très cosy. AM Sweet propose, dans un cadre intimiste et enchanteur, les chocolats de Laurent Gerbaud mais aussi ceux des marques Dolfin et Guillaume (Bruges). À l'honneur également, toutes sortes de gourmandises pour les petits et les grands, allant des cuberdons aux biscuits Dandoy en passant par les fleurs cristallisées de Toulouse. Son grand atout est son grand choix de thés. La maison d'Hansel et Gretel ? Presque !

CHARLI
Rue Ste-Catherine 34
✆ +32 2 513 63 32
www.charliboulangerie.com
charliboulangerie@gmail.com
Ouvert du lundi au samedi de 7h30 à 19h ; le dimanche de 8h à 13h30.
Chez Charli tout est vert, tout est bio, tout est 100 % naturel, tout est raisonné...bref un véritable ami de la nature ! Charles Reboulet, Charli pour les intimes, sort des sentiers battus ! Il faut absolument goûter son demi-gris aux figues et amandes ou sa tarte aux pommes joliment baptisée « Frou-Frou ». Inutile de préciser que tout est fait sur place, ça se voit à travers les vitres de l'atelier ! Petite info supplémentaire pour les puristes, les pains sont issus de pâtons à longue fermentation (de 24 à 4 jours !). Quelques places assises, assez difficiles à obtenir, permettent de déguster sur place.

» Bien et pas cher

AU BON BOL
Rue Paul Devaux 9
✆ +32 2 513 16 88
Métro : Bourse ou De Brouckère.
Tram et bus : Bourse.
Ouvert du lundi au vendredi de 12h à 15h et de 18h à 23h ; le week-end de 12h à 23h.
Les meilleures nouilles de Bruxelles ! Ce petit resto à deux pas de la Bourse vous propose une cuisine chinoise raffinée et authentique. On vous conseille de manger dans la salle du bas, afin d'observer avec quelle dextérité sont confectionnées vos nouilles. Un vrai spectacle et surtout un vrai délice !

LA BELLE ÉQUIPE

Rue Antoine Dansaert 202

✆ +32 2 502 11 02

Ouvert tous les jours le midi et le soir. Carte : 15 € environ. Terrasse.

La Belle Equipe n'a pas grand'chose à voir avec une pizzeria traditionnelle italienne. On sort des sentiers battus et on parle plutôt de « bar à pizzas » et même « bar à vin ». Certaines pizzas classiques sont proposées parmi la dizaine de choix. Mais on aime celles composées selon la saison avec des produits en provenance de petits producteurs (siciliens). Ces créations sont d'abord proposées aux clients présents, avant d'être mises en suggestions et d'apparaître finalement à la carte. Comme, par exemple, leur pizza chicon braisé jambon à l'os parmesan. Ambiance familiale et décontractée et possibilité de voir le pizzaiolo à l'oeuvre. Carte des vins axée sur des vins nature, majoritairement français et planches mixtes proposées comme grignotage... Jam sessions régulières et réseau Wi-fi permanent.

CHICAGO CAFÉ

Rue de Flandre 45

✆ +32 2 502 18 41

www.chicagocafe.be

Ouvert de lundi à jeudi de 9h à 17h et vendredi, samedi et dimanche de 9h à 19h. Carte : 15 € environ. Plat du jour : 11 €. Terrasse.

A deux pas de Sainte-Catherine, le nom du troquet est en lien direct avec l'appellation que l'on donnait au quartier auparavant. L'entrée du lieu fait penser à un petit ciné de quartier avec quelques affiches de films aux murs. A l'intérieur, c'est spacieux et harmonieux, style ancien magasin de meubles, au *look vintage*. Fouad et Julie, gérants du Houtsiplou, ont mis les petits plats dans les grands pour rendre l'ambiance familiale jusqu'à prévoir un petit coin jeux et WC pour les plus jeunes et quelques feuilles et marqueurs ça et là. Véritable *Eet Café* (café à manger), on y mange du petit-déjeuner jusqu'au *tea time : q*uesallidas, burgers à composer, salades, pâtisseries sucrées et jus faits maison. Pour les pop-corns, c'est à l'UGC qu'on fait la file !

COMOCOMO

Rue Antoine Dansaert 19

✆ +32 2 503 03 30

www.comocomo.com

reservations@comocomo.com

Ouvert le lundi et le mardi le soir ; du mercredi au dimanche le midi et le soir. Menus de 9,50 € à 31,50 € (de la formule « 3 pintxos » à la formule « à volonté »). Carte : 15 € environ.

« Comment je mange ? ». Avec les doigts, bien sûr ! Depuis près de trois lustres, ce temple du *pintxos* (les tapas basques) fait rouler un tapis de 80 mètres qui transporte tranquillement ces petites portions jusqu'aux assiettes des clients ébahis. Pas de triche, tout est fait « minute », la preuve par la cuisine ouverte. Et pas de risque de se tromper d'aiguillage, les codes couleurs remettent les convives dans le droit chemin : rouge pour les fruits, jaune pour le fromage...

Tout le monde y trouve son compte : viandeux, *veggies* et même les obligés d'aliments sans gluten. On mange « à volonté », on arrose de vins espagnols et basques ou de cidre espagnol servi dans la tradition.

LE CRACHIN
Rue de Flandre 12
✆ +32 2 502 13 00
www.lecrachin.net
lecrachin@gmail.com
Ouvert du lundi au vendredi le midi et le soir ; le week-end de 12h à 22h30.
Le Crachin a ceci de particulier qu'il tourne résolument le dos au décor typique d'une Bretagne pluvieuse pour quelque chose de plus design, plus branché. L'assiette aussi ne manque pas de surprises puisque le chef se permet quelques fantaisies, même si l'on trouve toujours à la carte la traditionnelle « jambon-fromage ». Les ingrédients sont qualitatifs et les plus curieux se réjouiront de voir que manger une crêpe, bretonne ou pas, peut s'avérer être une expérience gustative étonnante. Un grand merci d'avoir emmené jusqu'ici de la vraie farine de sarrasin.

ELLIS GOURMET BURGER
Place Sainte-Catherine 4
✆ +32 2 514 23 14
www.ellisgourmetburger.com
Ouvert du dimanche au mercredi de 11h30 à 23h ; le vendredi et le samedi de 12h à 24h. Carte : 20 € environ.
Véritable best-seller dans sa catégorie, Ellis Burger fait partie de ces endroits qui ne désemplissent jamais... Pari gagné pour les concepteurs de ce burger resto où la qualité est tout simplement au top. Même le pain est savoureux et croustillant ! Pour le fourrer, le concept repousse les limites : viande d'agneau, poulet sauce yaourt (Bollywood), *veggie* au fromage de chèvre (Portobello) ou trio de mini burgers pours lesquels on fond définitivement. On ajoute une salade si on a grande faim et on apprend en mangeant, sur les origines du hamburger et l'arrivée des immigrants sur le sol américain par Ellis Island (NY). Le concept s'exporte plutôt bien : on compte 3 adresses à Bruxelles, 10 en Flandre et d'autres encore en France et aux Pays-Bas.

Autre adresse : Place Jourdan – 1040 Etterbeek. ✆ 02 486 00 00.

LA PIAZZETA DEI LATINI
Place Sainte Catherine 1
✆ +32 2 502 50 30
www.ilatini.be
ilatini@ilatini.be
Ouvert du lundi au samedi de 11h à 19h.
Petite table de coin de rue (rue de Flandre-Place Ste-Catherine), cette adresse toute simple aux allures de trattoria italienne moderne offre un accueil sympa et efficace mais aussi une délicieuse cuisine italienne qui ne se la joue pas en version gastro mais préfère la version buffet d'antipasti et petites pâtes. Exquis. Nos préférées : la lasagne verte et blanche.

RESTAURANT DE LA BOURSE
Rue de Flandre 32
✆ +32 2 511 99 29
Fermeture annuelle durant le mois d'août. Ouvert du jeudi au mardi de 12h à 15h et de 18h à 22h. Menus de 14 € à 19,50 €. Carte : 25 € environ.

Lieu de pause idéal avant de continuer la découverte du centre-ville, le Restaurant de la Bourse a refait peau neuve récemment. On trouvera aux lieux une certaine intimité, avec sa dizaine de tables seulement. Tout est familial, de l'accueil au service. Adel, personnage très attachant, affiche plus de trente ans d'expérience dans la cuisine belge. Son épouse et lui montrant par ailleurs un plaisir certain à accueillir leurs hôtes. Ici, on profite de classiques belges avec un excellent rapport qualité-prix : croquettes au fromage, moules (en saison), steak-frites, carbonnades flamandes, *stoemp* saucisses,... Bref, des plats particulièrement généreux ! Que demander de plus ?

RESTAURANT JOUHARA

Boulevard Maurice Lemonnier 157
✆ +32 485 44 01 72 /
+32 2 540 27 70 - www.jouhara.be
Ouvert tous les jours de 12h à 4h. Du matin. Poisson au choix : 20 € le kilo.
Fraîcheur et bonne humeur sont les maîtres mots de ce resto original. N'y attendez pas les préparations poissonneuses classiques de la gastronomie française, les patrons sont marocains et cuisinent avec leur sensibilité. En revanche, le choix de produits de la mer est vaste (poissons, crustacés, fruits de mer) et le *deal* des plus simples. On choisit son préféré, la quantité et la cuisine s'active. Le prix est toujours le même, quel que soit le choix effectué. Ce qui signifie qu'une daurade magnifiquement grillée revient sur l'assiette à 7 ou 8 € en fonction de l'appétit. Qui veut encore aller au McDo ? Pour prolonger l'expérience fraîcheur à la maison, les mêmes patrons possèdent une poissonnerie à deux pas de là, rue des Foulons.

VIVA M'BOMA

Rue de Flandre 17
✆ +32 2 512 15 93
Métro : Sainte-Catherine.
En vitrine, c'est une boutique de spécialités belges à emporter, mais c'est dans l'arrière-boutique que ça se passe : décor épuré sur fond de carrelage blanc, cuisine façon grand-mère et ambiance familiale pour cette adresse authentique tenue par Katia et son équipe. Ici, les spécialités, ce sont les abats et les tripes : rognons, cervelle meunière, foie de veau, pis de vache, carpaccio d'oreilles de porc au maroilles, etc. On rassure les moins téméraires, *stoemp*, boulettes et autres spécialités bruxelloises sont à la carte. En prime, belle carte de vins et une jolie terrasse pour les beaux jours.

» Bonnes tables

AMADEO

Rue Sainte-Catherine 26
✆ +32 2 502 51 37 /
+32 473 89 86 35
amadeus-resto.be
Ouvert du dimanche au jeudi de 18h à 23h ; le vendredi et le samedi de 18h à 24h. Menus de 22,50 € à 24,50 €. Carte : 20 € environ. Terrasse.
La devanture affiche clairement la spécialité : *spare ribs* à volonté. La grillade est donc à l'honneur ici. Elle est essentiellement destinée aux visiteurs d'un jour de la capitale qui veulent se divertir un brin en mangeant… S'il est possible de

commander diverses brochettes et pièces de viande, on vous conseille principalement la fameuse formule à volonté, accompagnée d'une pomme de terre en robe des champs surmontée de son beurre maître d'hôtel. Le tout dans un décor très « Louisiane » avec nappes vichy, photos et bouquins un peu partout et musique des années 30 en fond sonore.

BONSOIR CLARA

Rue Antoine-Dansaert 22
✆ +32 2 502 09 90
www.bonsoirclara.com
Métro : Sainte-Catherine ou Bourse.
Ouvert du lundi au vendredi le midi et le soir ; le vendredi et le samedi le soir jusqu'à 24h ; le dimanche soir. Carte : 35 € environ. Lunch : 14 €.
Un resto branché avec des vitraux rectangulaires de différentes tailles et très colorés en guise de déco. La carte, plutôt concise mais équilibrée (viandes, poissons, plats végétariens, salades…) propose à la fois des classiques et des préparations cosmopolites, souvent des spécialités méditerranéennes. La cuisine est raffinée et la présentation des plats est remarquable.

BIJ DEN BOER

Quai aux Briques 60
✆ +32 2 512 61 22
www.bijdenboer.com
info@bijdenboer.com
Métro : Sainte-Catherine.
Ouvert du lundi au samedi le midi et le soir. Menu unique à 29,50 €. Carte : 40 € environ. Lunch : 24,50 €. Terrasse.
On trouve ici l'une des meilleures croquettes aux crevettes de la capitale parmi d'autres spécialités bruxelloises mais aussi des produits de la mer d'une grande fraîcheur tels que leurs moules et tous leurs fruits de mer, ainsi que des sauces maison. En plein cœur du Marché aux poissons, c'est le bistrot de Bruxelles par excellence, populaire et bon vivant. On y déguste une cuisine simple mais gourmande dans une atmosphère authentique, miraculeusement préservée par Geert et Marnic. Par beau temps, la terrasse offre de beaux arguments supplémentaires, dans un cadre charmant propice au bon moment !

FIN DE SIÈCLE

Rue des Chartreux 9
✆ +32 2 512 90 49
Ouvert du lundi au vendredi le soir ; le week-end le midi et le soir.
Juste à côté de la taverne Greenwich, cette Fin de Siècle n'en finit pas de séduire une clientèle en quête d'une bonne restauration, simple et copieuse, le tout dans une ambiance décontractée et conviviale. Sans y être très confortablement installés, les vieilles tables en bois ne sont pas toujours stables, les décibels grimpent très vite, mais on s'en fiche et on y revient régulièrement. Certainement pour déguster leur très bon jambonneau moutarde ou spareribs, servis certainement par un chef « glouton » et généreux. On ne finit pas son assiette une fois sur deux et on ne se lasse pas de cette grande salle à la déco brute dotée d'une jolie verrière Art nouveau. Dans la parfaite lignée des stamcafés.

■ **IN 'T SPINNEKOPKE**
Place du Jardin aux Fleurs 1
✆ +32 2 511 86 95
www.spinnekopke.be
info@spinnekopke.be
Ouvert tous les jours. Carte : 40 € environ. Formule du midi : 12,50 €.
Cet ancien estaminet bruxellois datant de 1762 fut jadis un ancien relais de diligences. On y sert des plats bien belges et certains typiquement bruxellois que l'on prendra plaisir à déguster dans un décor à l'ancienne : banquettes de bois, nappes à carreaux et vieux carrelage. Tradition oblige, on optera pour un *waterzooï*, une tête de veau (si rare sur les tables de nos restos !), un pintadeau à la framboise ou une cassolette de moules aux chicons que l'on accompagnera d'une des nombreuses bières à la carte. Un lieu rustique et authentique à souhait et une belle terrasse en été. Et pour info, *In' t Spinnekopke*, c'est du flamand et ça signifie « A la petite araignée ».

■ **LA MARÉE**
Rue de Flandre 99
✆ +32 2 511 00 40
www.lamaree-sa.com
Métro : Sainte-Catherine.
Ouvert du mardi au samedi le midi et le soir. Carte : 50 € environ.
Les bateaux ne s'arrêtent plus aux quais tout proches de cette maison du XVIIe siècle. Les poissons arrivent en camion depuis longtemps mais tout est là pour faire un port d'attache de ce bistrot de la mer. Les produits sont de première fraîcheur (2 livraisons par jour) et la simplicité des préparations met en valeur leur qualité. La carte reste inchangée et ça vaut mieux comme ça puisque les croquettes de crevettes et la sole meunière de la maison comptent parmi les meilleures de Belgique. Les talents de Teresa Alves en cuisine et l'accueil simple et souriant du patron en font une adresse qu'on se refile dans tout Bruxelles, jusque dans les hautes sphères. Les patrons n'oublient pas leurs origines lusitaniennes et proposent de la caldérade et de la paella (uniquement sur commande).

■ **RESTAURANT FRANÇOIS**
Quai aux Briques 2
✆ +32 2 511 60 89
www.restaurantfrancois.be
restaurantfrancoisbruxelles@gmail.com
Métro : Sainte-Catherine.
Ouvert du mardi au samedi le midi et le soir. Menus de 38 € à 48 €. Plateau «Gourmandise» : 59 €. Homard : de 49 à 89 €. Voiturier.
Référence dans ce quartier dédié aux produits de la mer, François offre des poissons et des crustacés de première fraîcheur. L'adresse n'est pas neuve, les arrière-grands-parents de l'actuelle patronne tenaient une friterie à cet endroit où ils proposaient également des moules.
Ensuite, c'est devenu un bistrot et enfin un restaurant dédié à la mer. Pour ne pas tourner en rond, le voiturier gare votre automobile dans le parking maison. Egalement un traiteur (livraison gratuite à partir de 60 €) situé au 12 de la place Sainte-Catherine.

LE WALVIS

Rue Antoine Dansaert 209
✆ +32 2 219 95 32
Ouvert tous les jours le midi et le soir. Bar ouvert à partir de 10h. Carte : 25 € environ. Terrasse. Réseau wi-fi disponible.

Véritable établissement d'ambiance depuis une quinzaine d'années, le Walvis est bien dans son quartier (Dansaert) avec le canal pour décor. Ouvert et décoré par Fred Nicolay, référence dans l'Horeca bruxellois, il doit son succès d'aujourd'hui à Senem et Lionel qui ont redynamisé les lieux. Brunch tous les dimanches, carte de brasserie et frites maison. Ambiance musicale au moment de l'apéro : pianiste en milieu de semaine et musique le week-end. Mention spéciale pour leur grande terrasse ensoleillée, relativement longtemps.

SHOPPING

Le Bruxelles avant-gardiste se concentre à Dansaert, quartier des créateurs et point de ralliement des *shoppeurs* pointus. Les enseignes qui valent le coup sont tellement nombreuses qu'il est impossible de toutes les citer. Le meilleur moyen est encore de vous balader sans oublier de flâner dans la très agréable rue des Chartreux.

ANNICK TAPERNOUX

Vieux Marché-aux-Grains 28
✆ +32 2 512 43 79
Métro : De Brouckère.
Tram : Bourse ou Porte de Flandre.
D'élégants bijoux intemporels qui feront le bonheur de tous.

BROCÉLIANDE

Rue des Chartreux 44
✆ +32 477 35 36 07
fhbroceliande@skynet.be
Métro : De Brouckère ou Sainte-Catherine. Tram et bus : Bourse.
Ouvert le vendredi et le samedi de 11h à 18h30.

Après avoir longtemps travaillé pour les professionnels dans le domaine du mobilier de jardin du XIXe siècle, Fabrice a ouvert sa boutique, sans restriction de genre ni d'époque. L'occasion donc de voir se côtoyer accessoires et vêtements *vintage*, meubles en bois aux patines d'origine, tables industrielles, lampes seventies, coussins brodés, photos anciennes, petites tables de nuit, tables basses multicolores... le tout à des prix démocratiques. On ne saurait trop conseiller de venir régulièrement découvrir les dernières trouvailles, au risque de les voir très vite disparaître comme par enchantement...

■ **BRUSSELS BEER PROJECT**
Rue Antoine Dansaert 188
www.beerproject.be
olivier@beerproject.be
Le projet a été initié par Olivier de Brauwere et Sébastien Morvan en 2013. Leurs bières sont distribuées depuis septembre de la même année dans plusieurs bistrots de la capitale ou dans tous les Delhaize intégrés de Bruxelles. Sébastien a suivi une formation avec des brasseurs et les premières recettes sont ainsi nées dans leur cave. Les bières, atypiques, sont produites dans une brasserie partenaire. Basé sur le crowfunding, les consommateurs votent pour choisir les recettes et le nom des bières : la Delta IPA (6 %, blonde dorée très houblonnée), la Dark Sister (noire mais même amertume) ou encore la Grosse Bertha (qui affiche une certaine rondeur comme son nom le laisse supposer). Une brasserie a physiquement pris place, comme prolongement naturel de ce *crowdfunding*. On y retrouve les quelques bières brassées « à l'année » (dont celles décrites ci-dessus) et une longue série de bières éphémères (bières « pop-up »), notamment élaborées en collaboration avec des brasseurs étrangers.

■ **CHRISTA RENIERS**
Rue Lebeau 61
✆ +32 2 514 91 54
www.christareniers.com
info@christareniers.com
Métro : Bourse ou Porte de Namur. Tram : Royale. Bus : Grand Sablon.
Ouvert du mardi au samedi de 12h à 18h30 ; le dimanche de 13h à 17h.
Joaillière autodidacte, Christa Reniers s'inspire de formes organiques et naturelles pour modeler à la main ses métaux préférés : l'argent, l'or jaune et l'or blanc. Une multitude de bijoux intemporels et faciles à porter trônent sur des présentoirs originaux. Que vous soyez bague, bracelet ou collier, vous trouverez votre bonheur parfois agrémenté de pierres semi-précieuses.

Brussels Beer Project.

© CHRISTA RENIERS

Christa Reniers.

LA CRÉMERIE DE LINKEBEEK

Rue du Vieux-Marché-aux Grains 4
✆ +32 2 512 35 10
Ouvert tous les jours.
Séquence nostalgie avec le décor de vieux carrelages et le comptoir sorti d'un autre temps. Pendant qu'on attend son tour, on se pâme de plaisir devant toutes ces croûtes blanches, jaunes, lavées, dorées ou persillées. On trouve aussi du lait frais, du vin, des charcuteries et des sandwichs... au fromage, forcément ! On mange sur place, en terrasse.

DISHES FACTORY

Quai aux Briques 58
✆ +32 2 511 90 02
www.dishesfactory.be
info@dishesfactory.be
Ouvert du mardi au dimanche de 10h à 12h et de 12h30 à 18h.
A la recherche d'assiettes asymétriques, de verres noirs, de petites verrines ou encore d'une saucière ? Dishes Factory is the place to be ! Dans un décor épuré, venez prépare votre table de Noël ou remplacez tout simplement vos verres dépareillés parmi un choix colossal de vaisselle à petits prix. Durobor et Salt'n Pepper ont trouvé la pension idéale !

DO YOU SPEAK MARTIEN ?

Place Saint-Géry 27
✆ +32 2 540 81 21
Métro : Bourse ou Sainte-Catherine. Tram et bus : Bus ou De Brouckère.
Envie de colorer votre intérieur ? Ou de faire un cadeau ? Vous êtes à la bonne adresse. Cette caverne d'Ali Baba, tenue par Jean-Christian, un Montmartrois exilé à Bruxelles, accumule les objets kitsch, extravagants et inutiles : petits robots porte-clefs, porte-monnaie en forme de toast, coussins Bisounours, bijoux Myuki, etc.

NICOLAS WOIT
Avenue Louise 60
✆ +32 475 56 05 72
boutiquenicolaswoit@yahoo.fr
Métro : Louise ou Hotel des Monnaies. Tram : Stéphanie.
Ouvert du lundi au samedi de 10h à 18h30. Mode femme.
Ce jeune créateur bruxellois pur sucre, diplômé d'Esmod, a fait ses classes dans les plus grandes enseignes parisiennes avant de se faire connaître dans sa ville comme un virtuose du rétro. Dans son boudoir, il célèbre la femme avec des collections précieuses et délicates.

OLIVIER STRELLI
Rue Antoine-Dansaert 44
✆ +32 2 512 78 53
www.strelli.com
info@strelli.com
Métro : Sainte-Catherine.
Tram : De Brouckère.
Bus : Dansaert.
Ouvert du lundi au samedi de 10h à 19h.
Couronnée par un succès international jamais démenti, la griffe d'Olivier Strelli est le porte-drapeau de la Belgique dans le domaine de la mode. Son style est subtil et rythmé par des imprimés originaux.

TOIT
Rue des Chartreux 46
✆ +32 2 503 33 38
www.toit-bruxelles.be
magasin@toit-bruxelles.be
Métro : Bourse ou Sainte-Catherine. Tram et bus : Bourse.
Ouvert du mercredi au samedi de 11h à 19h.
Frédérick Barthélemy a un goût certain pour la décoration. Il a ouvert sa boutique dans le quartier le plus tendance et il a bien fait. Toit, c'est la maison de la maison, vous y trouverez de quoi parfaire votre intérieur, mais également une belle collection d'objets ménagers à la ligne design, et même de très jolis bijoux. C'est un peu l'endroit où l'on aime rentrer juste pour regarder, et dont on ressort toujours avec quelque chose dans les mains.

SORTIR

La place Saint-Géry est LE quartier qui bouge, mais n'y restez pas non plus cantonné, car, dans les parages, des lieux plus confidentiels vous promettent également de belles soirées.

» Cafés - Bars

BISTRO DU CANAL
Rue Antoine Dansaert 208
✆ +32 2 511 03 60
www.bistroducanal.be
bistroducanal@gmail.com
Métro : Sainte-Catherine.
Tram : De Brouckère.
Bus : Dansaert.
Ouvert du mardi au vendredi de 12h à 14h et de 18h30 à 22h30 ; le samedi de 18h30 à 22h30. Terrasse.
Certains y passent en coup de vent, d'autres y posent leur laptop dès l'ouverture mais tous profitent de la belle terrasse en face du canal ou de l'atmosphère post industrielle de l'intérieur. Journaux et wi-fi à disposition.

AU DARINGMAN

Rue de Flandre 37
✆ +32 2 512 43 23
Ouvert du mardi au samedi de 12h à 2h ; le dimanche de 12h à 20h. Concerts.

Le Daringman fait presque de la résistance. La maison date de 1942 et aurait accueilli un club de boxe, le Daring Brussels, dans les années 50 et 60. Depuis l'an 2000, c'est Martine qui tient les rênes. Petit café du coin bien bruxellois, où néerlandophones et francophones trinquent ensemble. Sur le temps de midi, place au *smorrebrod*, pain d'originie danoise fait maison et servi sous forme de tartines beurrées avec les ingrédients qui vous plaisent. Sorte de *bruincafé* de nos voisins bataves, l'endroit est tout petit mais sa notoriété en a fait une véritable institution. On s'y rend comme si on allait voir de vieux potes et on s'installe sur la même banquette que d'autres frères de bières qu'on ne reverra peut-être pas. C'est ça, la convivialité du Daringman !

FLOREO

Rue des Riches Claires 19
✆ +32 2 514 39 05
Ouvert du lundi au vendredi de 12h à 1h ; le vendredi jusqu´à 3h ; le samedi de 15h à 3h.

Situé quartier Saint-Géry, ce café offre des petits plats chauds ou froids qui ont le rythme latino. Sans oublier leur *happy hour* de 19h à 21h sur tout un choix de cocktails très « caliente ». Ajoutez à cela des soirées musicales (tango, jam sessions et DJ Sets chaque samedi) et hop, on en fait une adresse place-to-be.

LE JAVA

Rue de la Grande-Ile 22
✆ +32 2 512 37 16
Métro : Bourse.
Tram : Anneessens.
Bus : Six jetons.
Ouvert du lundi au vendredi de 17h30 à 4h ; le week-end de 17h30 à 5h.

Le Java, lieu mythique souvent bondé, sert de délicieux cocktails. En été, la foule déborde souvent sur les pavés du trottoir. Mais on le préfère quand il n'y a pas trop de monde, on s'y sent alors vraiment bien et on reste des heures, accoudé au bar, à refaire le monde…

L'ARCHIDUC

Rue Antoine-Dansaert 6
✆ +32 2 512 06 52
www.archiduc.net
info@archiduc.net
Ouvert tous les jours de 16h à 5h.

Stan Benders, célèbre musicien belge de jazz, y jouait tous les soirs au piano dans les années 1950-1960. A sa mort, en 1969, c'est sa femme qui reprit le flambeau jusqu'en 1983 ; elle passa ensuite le relais à Jean-Louis et Nathalie Hennart. Ceux-ci poursuivent la route de l'Archiduc dans le même état d'esprit que Stan et sa femme et proposent les week-ends (vers 17h) des concerts de jazz. Se retrouve à l'Archiduc une clientèle active, bien dans sa trentaine et plutôt genre artistico-intello : il faut dire que les fauteuils invitent à la discussion. Attention, pour y entrer il faut sonner. Mais en compensation... ce bar Art déco bercé par un son jazzy, conduira vos nuits jusqu'à l'aube !

© MADAME MOUSTACHE

Madame Moustache.

LE GREENWICH

Rue des Chartreux 7
✆ +32 2 540 88 78
www.greenwich-cafe.be
contact@greenwich-cafe.be
Métro : Bourse. Tram : Bourse.
Ouvert tous les jours de 12h à minuit.
L'institution des joueurs d'échecs et de dames de Bruxelles. Le Greenwich est le bar dont la seule musique qu'on entend est le bruit des pions qui s'animent, la machine à café qui s'emballe et les voix des joueurs qui s'élèvent. Il nous offre un décor Belle Epoque inchangé, où un certain Magritte eut un temps ses habitudes.

MADAME MOUSTACHE

Quai au Bois à Brûler 5-7
✆ +32 489 73 99 12
www.madamemoustache.be
madamemoustachesprl@gmail.com
Métro : Sainte-Catherine ou De Brouckère. Tram : De Brouckère.
Ouvert du mardi au samedi de 20h à 4h.
C'est en plein cœur de Bruxelles, à deux pas de la Place Sainte-Catherine, que Madame Moustache a construit sa réputation entre le « branché » et le « convivial ». En uniforme de matelots, les serveurs reflètent bien l'esprit cirque ou fête foraine des lieux. Deux dynamiques s'offrent à vous : les concerts et les soirées. La programmation est très large : soirées *swing* et *ladies night* sur fond de rock 60's les mardis, 80's le mercredi, DJ's bruxellois les jeudis et « un peu de tout » durant le week–end, ambiance dansante comprise. Vestiaires, *kicker* et salon fumoir font partie des murs. Vous pouvez également déguster leurs nombreux cocktails et bières spéciales dès 14h sur leur grande terrasse, si le soleil s'invite ! Moustachus ou pas, nous on y va !

MAPA MUNDO

Rue du Pont de la Carpe 2-6
✆ +32 2 514 35 55
www.mappamundo.com
info@mappamundo.com
Métro, tram et bus : Bourse (Beurs).
Ouvert du lundi au jeudi de 12h à 2h ; le vendredi de 12h à 3h ; le samedi de 11h à 3h ; le dimanche de 11h à 2h.

Clichés et pellicule

Laurence Gondon a grandi à Arlon puis s'est installée à Bruxelles où elle développe son art : la photographie. Elle se perfectionne dans un style qui se situe entre la photo documentaire et la photo plasticienne, autrement dit, elle réalise des clichés avec une vocation sociale sans perdre de vue un certain esthétisme. Son projet le plus récent ? YUNAIKA, une représentation de la féminité.

Pour ceux qui n'en peuvent plus des selfies sur la Grand Place, connaissez-vous des endroits insolites ou secrets pour prendre de belles photos ?

Je connais surtout des lieux un peu décalés où l'on peut prendre des photos parfois surréalistes. Il faut par exemple passer la porte de La Bellone (la Maison du Spectacle) et vous trouverez une splendide façade intérieure et couverte par une verrière. Sinon, le cinéma Aventure qui est littéralement tapissé de velours rose avec ornement zébré offre un décor hors du commun assez marrant. Je pense aussi au site de Tour&Taxis dont les entrepôts inoccupés peuvent donner de très belles photos dans un style berlinois. Enfin, le *rooftop* du Parking 58 (quand il est ouvert) donne à admirer la ville dans un beau panorama.

Où peut-on profiter d'expositions de photographie contemporaine ?

Contretype est le centre pour la photographie contemporaine à Bruxelles. Il se situe la porte de Hal, à la bordure de Saint-Gilles. Le niveau est vraiment très haut ! Pour voir des jeunes artistes, le Théâtre de L'L est une belle option, car le hall est souvent orné de travaux de photographes qui débutent dans la profession.

Quels sont vos endroits préférés pour manger un bout dans un décor qui en vaut le détour ?

J'aime beaucoup L'Houtsiplou pour sa belgitude et ses fresques dans un style BD. Sinon, je conseille aussi Chez Georgette, tout simplement parce que les frites sont divines !

www.laurencegondon.be

Coqueluche parmi d'autres des bars du quartier depuis bellelurette, il n'est pas prêt à fermer boutique aux noctambules. Tout le monde serencontre et sympathise mais y aller en journée permet de profiter de laterrasse donnant directement sur les Halles St Géry. On déguste le daiquirifraise ou un autre cocktail en se prenant pour Jack Sparrow. Trinquons mesjolis, yo ho !

ZEBRA

Place Saint-Géry 33-35
✆ +32 2 511 09 01
Métro, tram et bus : Bourse.
Ouvert tous les jours de 11h à 2 ou 3h.
Le Zebra, parmi tous les cafés saint-gérois, est le plus alternatif. On y trouve une population cool, mais pas tape-à-l'œil. C'est un juste milieu entre un Mappa Mundo assez mondain (surtout la terrasse en été) et un Café Central, vraiment décalé. Sa terrasse aux couleurs de l'arc-en-ciel est également chauffée en hiver et bondée en été. Bonne sélection de bières et concerts tous les jeudis.

» Clubs et discothèques

LE COASTER

Rue des Riches-Claires 28
✆ +32 2 512 08 47 /
+32 485 59 06 65
Métro, tram et bus : Bourse.
Ouvert le mercredi de 17h30 à 1h30 ; le jeudi de 17h30 à 2h30 ; le vendredi et le samedi de 17h30 à 3h30.
La recette est simple : un grand tableau griffé de nombreux noms de cocktails, un barman qui connaît les recettes sur le bout des doigts, de la bonne musique et des gens de plus en plus déjantés au fur et à mesure de la soirée. Succès garanti, mal de tête aussi.

» Spectacles

LA BELLONE : MAISON DU SPECTACLE

Rue de Flandre 46
✆ +32 2 513 33 33
www.bellone.be - infos@bellone.be
Métro : Sainte-Catherine ou Bourse. Tram : Porte de Flandre ou Bourse. Bus : Dansaert.
Ouvert le lundi et le mardi de 9h à 17h ; du mercredi au vendredi de 9h à 19h ; le samedi de 12h à 19h. Fermé le dimanche et les jours fériés.
Depuis la rue, la maison Bellone ne se devine même pas, ce n'est qu'en empruntant le passage attenant qu'elle se donne à voir dans toute sa splendeur. Edifice construit à l'aube du XVIIIe par Jean Cosyn, architecte de la Grand-place, c'est l'une des plus belles façades de Bruxelles. La Bellone abrite aujourd'hui un centre dédié aux spectacles (danses et théâtres), mais également un centre de documentation très bien fourni.

Schaerbeek, Saint-Josse et Woluwé Saint-Lambert

Schaerbeek, Saint-Josse et Woluwé Saint-Lambert

Nous nous trouvons ici dans la partie nord, nord-est de Bruxelles-Capitale.

Schaerbeek, composée de nombreux quartiers souvent très populaires et cosmopolites, compte plusieurs sites remarquables (un hôtel communal du XIXe siècle, l'église royale Sainte-Marie, les halles ou encore la maison des Arts). C'est un site vibrant d'une énergie et une dynamique Là, comme ailleurs, Art nouveau et Art déco se déclinent, dont un des exemples remarquables est, notamment, celui de la Maison Autrique. Image de marque s'il en est de la Région Bruxelles, la commune de Schaerbeek n'a pas d'armoiries, mais un étendard très célèbre symbolisé par Jacques Brel qui y est né.

Saint-Josse. Sa voisine, juste au sud-ouest, est Saint-Josse. C'est la plus petite des communes bruxelloises, mais qui détient la plus forte densité de population (équivalente à celle de Calcutta paraît-il). Et de cette densité semble naître une diversité qui fait partie intégrante du charme du lieu. Ainsi, le carrefour des rues Josaphat et Philomène mériterait d'ailleurs le surnom de Petit Stamboul. Plus à l'est, le quartier Léopold est pris d'assaut par les eurocrates à l'ouverture des bureaux. On n'omettra évidemment pas l'attraction qui demeure et s'étend à la fois sur Schaerbeek et Saint-Josse : le parc du Heysel.

Woluwé Saint-Lambert présente quant à lui comme principal atout le complexe universitaire de l'université catholique de Louvain-la-Neuve (UCL) et de nombreux sièges d'entreprises à côté de centres administratifs. Là où le développement de la commune gagne en visiteurs, c'est par la présence du Woluwé Shopping Center, un immense complexe commercial, où des visites sont même organisées à partir de Bruxelles pour aller et revenir de son shopping !

La carte verte y est indéniablement omniprésente avec les parcs Malou, Georges-Henri, et les jardins de Tomberg ainsi que celui dédié aux plantes médicinales.

Le quartier européen. Enfin, nous trouverons également dans les renvois à ces communes du nord, nord-est de Bruxelles, toutes les références au quartier européen qui se situe beaucoup plus dans le centre de Bruxelles (côté est). Ce que beaucoup appellent le quartier européen consiste, en réalité, en un ancien quartier résidentiel. Bulldozers et bétonnières ont procédé à un long défilé, dès les années 1960, pour parachever une œuvre titanesque et parvenir au résultat actuel : un ensemble tout entier dédiés aux bureaux, tours et bâtiments réservés aux institutions européennes. Et de l'Europe des 6 à celle des 27, on se doute bien qu'il a fallu faire de la place ! Ainsi, les sœurs du couvent de Berlaymont ont été contraintes de céder leur demeure au profit de la construction d'un prestigieux nouveau complexe où les fonctionnaires de la Commission européenne ont pris place. Il est par la force des choses devenu rapidement exigu, comme de nombreux immeubles et nouvelles tours construites par la suite : cela donne l'image d'un mastodonte qui se déploie à grande vitesse dans l'urbanisme de la capitale belge et européenne.

Le tram 44

Avec un départ à la station de Montgomery et une arrivée à la Tervueren station, ce voyage de 22 minutes (aller) vous emmène à travers la forêt de Soignes pour une promenade véhiculée des plus insolites. Un moment de poésie qui relaxe et fait du bien.

N'hésitez pas à visiter le musée du Tram (situé sur le chemin) et pour espérer voyager dans un des trams historiques, surfez sur le site www.trammuseum-brussels.be

VISITER

Le Quartier européen et le Cinquantenaire, tout à proximité, sont deux zones à explorer.

LE BERLAYMONT

Le Berlaymont
Rue de la Loi 200
Métro : Maelbeek ou Schuman.
Après avoir abrité la Commission de l'Union européenne pendant plusieurs années, il était vide depuis 1991, considéré comme trop dangereux à cause de l'amiante que contenaient ses parois. Il a aujourd'hui été remis en état et est redevenu le siège de la Commission en 2004.

Face au Berlaymont, le bâtiment du Conseil européen, le Juste-Lipse et son petit frère tout aussi imposant, le Lex2000, démontrent qu'il n'y pas de raison de faire de l'architecture là où il suffit de couler quelques milliers de mètres cube de béton.

Balade au cœur de l'Europe

© AUTHOR'S IMAGE

Le Berlaymont.

Présidence tournante de l'Union européenne oblige, depuis juin 2010, vous n'avez pas l'impression d'halluciner en voyant une série d'étoiles sur les trottoirs : il s'agit d'une promenade européenne (en moyenne 2 heures à pied et 1 heure à vélo) avec ces étoiles pour vous repérer. Voyage ludique à travers des quartiers trop souvent perçus comme des mastodontes froids et inaudibles. Ce parcours « promenade européenne » démarre 2 rue Royale (Bureau Info Place, BIP) pour rejoindre la rue du Luxembourg en passant par la place des Palais. Après quelques étapes, vous voici dans le parc Léopold, encore plus loin voici le « Juste-Lipse » (Conseil de l'UE). Et pour finir, vous atteindrez le Berlaymont (Commission européenne) pour finir votre promenade au parc du Cinquantenaire... Pour plus d'informations, n'hésitez pas à vous rapprocher du BIP (www.brusselsinternational.be). Voici d'autres points de repère très utiles :

- **Le bâtiment du Berlaymont** se trouve à l'aplomb du métro Schuman. Après avoir abrité la Commission de l'Union européenne pendant plusieurs années, il était vide depuis 1991, considéré comme trop dangereux à cause de l'amiante que contenaient ses parois. Il a aujourd'hui été remis en état et est redevenu le siège de la Commission en 2004. Face au Berlaymont, le bâtiment du Conseil européen, le Juste-Lipse et son petit frère tout aussi imposant, le Lex2000, démontrent qu'il n'y pas de raison de faire de l'architecture là où il suffit de couler quelques milliers de mètres cube de béton.
- **Pour parfaire son jargon des édifices communautaires,** il faut aussi savoir que le Spaak et le Spinelli sont les bâtiments du Parlement européen (aussi appelé « Caprice des dieux » par les Bruxellois), que le Charlemagne (rue de la Loi) et le Madou Plaza (place Madou) abritent de nombreux organes de la Commission européenne, et que le Jacques Delors (au croisement des rues Belliard et Wiertz) est le siège du Comité économique et social européen et du Comité des régions. Et à part l'Europe ?
- **S'il faut voir quelque chose dans ces environs,** c'est l'enfilade des squares Marie-Louise et Ambiorix. Ensemble à vocation résidentielle, à l'instar du quartier Léopold, le quartier « Nord-Est », comme on l'appelle aussi, est une création d'un bloc, avec son plan dont les rues convergent en dessin régulier vers le square Ambiorix.
- **La rue Archimède,** faisant la liaison avec le rond-point Schuman, est désormais sertie de restaurants et de cafés européens. Le James Joyce y est un vrai pub irlandais, la Guinness a le goût de là-bas...

BASILIQUE DU SACRÉ-CŒUR – BASILIQUE DE KOEKELBERG

Parvis de la Basilique 1 -
1083 Ganshoren
✆ +32 2 421 16 67
www.basilicakoekelberg.be
Métro Belgica ou Simonis.
Tram et bus : Collège Sacré-Cœur.
Heures d'ouverture de l'église : Heure d'été : de 8h à 18h – Heure d'hiver de 8h à 17h. Heures d'ouverture du panorama : Heure d'été : de 9h à 17h (dernier ticket d'entrée à 16h30). Heure d'hiver de 10h à 16h (dernier ticket d'entrée à 15h30). Accès à la galerie et à la coupole : 5 € prix individuel ou 4 € pour groupe à partir de 10 personnes. De 9h à 17h en été et de 10h à 16h en hiver. Accès à la galerie promenoir et à la coupole : 5 € pour groupe de plus de 10 personnes.

Cinquième plus grande église du monde ! Le béton, et non la pierre de taille, sera le matériau de base, recouvert à l'intérieur de terre cuite ocre jaune, à l'extérieur de briques roses. Remarquez les dix chapelles latérales maintenues dans le projet : neuf pour les deux provinces belges (bon, maintenant, il y en a dix suite à la scission du Brabant, mais...) et une pour le Congo... Un ascenseur monte ensuite jusqu'à une terrasse extérieure panoramique, qui offre la plus belle vue sur Bruxelles. Par temps clair, on distingue même la tour de la cathédrale de Malines qui se trouve à 35 kilomètres. Six tables d'orientation aident le visiteur à repérer les monuments et lieux visibles. Pour les plus courageux, 250 marches supplémentaires permettent d'accéder au sommet de la coupole, à 89 mètres.

Basilique du Sacré-Cœur – Basilique de Koekelberg.

MAISON CAUCHIE

Rue des Francs 5
Face au parc du Cinquantenaire)
Etterbeek
✆ +32 2 733 86 84
www.cauchie.be
info@cauchie.be
Métro : Montgomery.
Tram et bus : Mérode.

Ouvert le premier week-end de chaque mois de 10h à 13h et de 14h à 17h30 (dernière visite à 16h45). « Soirées d'été » tous les mardis de mai à fin août de 18h à 21h (dernière visite à 20h30). Prix : 5 €, gratuit pour les moins de 12 ans. Visites guidées possibles sur rendez-vous.

L'une des plus belles œuvres de l'Art nouveau à Bruxelles construite en 1905 par Paul Cauchie, peintre, architecte et décorateur. L'architecture de la façade allie symétrie verticalité et géométrie. Elle se distingue en cela de la ligne végétale de l'Art nouveau. Les sgraffites qui recouvrent la quasi-totalité de la façade et ceux qui décorent la pièce avant du rez-de-chaussée sont d'une exceptionnelle beauté.

MUSÉE ROYAL DE L'ARMÉE ET DE L'HISTOIRE MILITAIRE

Parc du Cinquantenaire 3
✆ +32 2 737 78 33 /
+32 2 737 78 11
www.klm-mra.be
infocom@klm-mra.be
Métro, tram et bus : Mérode.

Fermé le 1er janvier, le 1er mai, le 1er novembre, le 25 décembre et les jours d'élections. Ouvert du mardi au dimanche de 9h à 17h. Gratuit jusqu'à 6 ans. Adulte : 5 €. Groupe (15 personnes) : 4 €. De 6 à 26 ans et seniors (65+) : 4 €. Gratuit chaque premier mercredi du mois à partir de 13h.

Ici, on fait le plein d'armes, d'uniformes, de matériel militaire, d'avions… En tout, une centaine de milliers de pièces. On commence par les armes et les armures anciennes qui donnent une vision de l'évolution de l'armement du VIIIe au XIXe siècles, dont notamment de magnifiques épées carolingiennes. Des salles spécialisées dans les guerres de 1914-1918 et de 1940-1945, dans la Résistance, dans les blindés et,

© HENRI CONODUL - ICONOTEC

Musée Royal de l'Armée au nord du parc du Cinquantenaire.

pour terminer, une superbe salle contenant des avions. Un site à la hauteur de l'histoire militaire belge : richissime. Vous aurez également l'occasion d'admirer la vue du site depuis les Arcades.

SERRES ROYALES DE LAEKEN ET DOMAINE ROYAL ★★

Avenue du Parc-Royal
Laeken
✆ +32 2 513 89 40
www.monarchie.be
Métro : Stuyvenbergh.
L'accès aux serres royales coûte 2,5 €.
Le Domaine royal de Laeken, où vivent le roi Philippe et la reine Mathilde, date du XVIIIe siècle. Du palais, vous n'aurez qu'un aperçu rapide, la police en faction n'appréciant pas les véhicules en stationnement prolongé devant les grilles. Le domaine s'étend sur plus d'un kilomètre carré. Les connaisseurs en parlent comme d'une fantastique réserve ornithologique. Forcément, les oiseaux ont ici une paix... royale !

SE RESTAURER

Le quartier est peut-être un peu plus éloigné du centre, mais ce n'est pas pour autant qu'il n'a pas d'attrait. Au contraire. Quelques bonnes tables s'y cachent et l'avantage est que vous ne croiserez pas beaucoup de touristes dans le coin.

BRASSERIE LA TERRASSE

Avenue des Celtes 1
Etterbeek ✆ +32 2 732 28 51
www.brasserielaterrasse.be
Tram et bus : Mérode.
Ouvert tous les jours à partir de 8h en semaine et à partir de 10h le week-end ; jusque minuit du lundi au mercredi ainsi que le dimanche et jusque 1h du jeudi au samedi. Plats entre 15 et 25 €.
Comme son nom l'indique, ce restaurant met l'accent sur une très agréable terrasse, entourée de verdure. Pour manger un bout (cuisine de brasserie) ou pour boire un verre, le lieu est accueillant et le service serviable. Le plus de ce restaurant bar : chaque mois, une bière est mise à l'honneur. Cela permet de faire des découvertes plus que plaisantes !

CICCIO-BELLO

Place Leopold Wiener 4
Watermael-Boitsfort
✆ +32 2 672 32 30
www.ciccio-bello.be
Ouvert tous les jours le midi et le soir ; le soir jusqu'à 24h. Réservation indispensable en fin de semaine. Menus de 15 € à 30 €. Carte : 30 € environ. Plat du jour : 9,50 €. Lunch de 11,50 € à 15 €. Terrasse.
Confortablement ancrée dans une maison des années 1920, cette belle brasserie est dénuée du moindre tralala mais offre de vrais plaisirs de table à l'italienne. On fréquente le Ciccio Bello pour les craquantes pizzas au feu de bois concoctées par un pizzaïolo doué, pour l'un des nombreux plats italiens, et surtout parce qu'on sait qu'ici on ne sera pas déçu. Qu'on s'y rende à deux, en groupe ou en famille, l'addition reste raisonnable, avec le sourire et la gouaille bien italienne des serveurs. Ambiance au beau fixe sur les deux étages de la brasserie !

COOK & BOOK
Place du Temps Libre 1
✆ +32 2 761 26 00
www.cookandbook.be
deborah@cookandbook.com
Métro, tram, bus : Roodebeek
Ouvert du lundi au mercredi de 8h à 22h ; du jeudi au samedi de 8h à 23h ; le dimanche de 9h à 21h. Le restaurant du bloc B (Italien et végétarien) est ouvert tous les midis de 12h à 15h et le vendredi soir de 18h à 21h. Brunch le dimanche de 11h30 à 15h30.
Cook and Book est l'endroit rêvé pour les amateurs de bonne nourriture et de littérature. Entre deux moments de lecture, vous aurez l'occasion de goûter un bon repas dans l'un des restaurants de l'établissement. Un vrai plaisir !

'T POTVERDOMMEKE
Avenue du Général Eisenhower 10-12
✆ +32 2 245 25 07
Tram et bus : Bienfaiteurs ou Coteaux.
Ouvert du mardi au jeudi et le dimanche de 12h à 14h30 et de 18h30 à 22h ; le vendredi de 12h à 14h30 et de 18h30 à 22h30 ; le samedi de 18h30 à 22h30. Plats entre 14 € et 22 €.
Un restaurant quelque peu discret – il faut savoir où il se trouve – mais qui vaut le détour. Dans une ambiance et un décor sympathiques, il est possible de goûter des plats typiquement belges à un prix raisonnable. Laissez-vous tenter !

SHOPPING

La principale attraction est le Woluwe Shopping Center. Mais ne ratez pas pour autant les petites boutiques qui valent également la peine.

L'ARTISANAL
Avenue Georges Henri 365
Woluwé-Saint-Lambert
✆ +32 2 230 58 00
lartisanal.be
articaf@hotmail.com

© DOCKS BRUXSEL

Docks Bruxsel.

Ouvert le mardi et le samedi de 9h30 à 18h30 ; du mercredi au vendredi de 12h à 19h.
Charmant petit commerce de quartier, c'est un paradis pour les amateurs de café et de thé. Grand choix et surtout la possibilité de goûter avant d'acheter en s'installant dans le petit tea-room.

COOK & BOOK
Place du Temps-Libre 1
Woluwé-Saint-Lambert
✆ +32 2 761 26 00
www.cookandbook.be
deborah@cookandbook.com
Métro : Roodebeek.
Ouvert tous les jours de 8h à minuit. Heures d'ouverture des différents espaces thématiques et restaurant variant selon le jour et le lieu : horaires complets sur le site web.
Ici, on entre à la fois dans une librairie, un restaurant et une boutique. Quel plaisir pour les amateurs de lecture et de nourriture de pouvoir mêler les deux ! Les ouvrages sont répartis dans neuf univers différents : bande dessinée, voyages, jeunesse, beaux-arts, musique, serre (loisirs, jardinage, déco,...), *cucina* (cuisine avec un fort accent italien), anglais et littérature.
La décoration est exceptionnelle ; chaque salle correspond à un style différent ! Une voiture italienne rétro dans la partie cuisine, une déco *so british* dans la partie fiction anglaise, la caravane US dans le coin musique…
Un très chouette brunch le dimanche matin. Vaste terrasse avec plus de 300 places.

DOCKS BRUXSEL
Boulevard Lambermont 1
✆ +32 2 218 00 00
www.docksbruxsel.be
info@docksbruxsel.be
Tram : Docks Bruxsel.
Bus : Van Praet ou Docks Bruxsel.
Horaires variables en fonction des commerces, consultez le site internet pour plus d'informations.
Nouveau centre commercial inauguré en octobre 2016, Docks Bruxsel compte de nombreux magasins : vêtements, jeux, bijoux, décoration, etc.

SORTIR

Même si ce quartier ne fait pas partie de ceux qui bougent le plus dans Bruxelles, il y a toujours moyen de trouver un petit café sympa. De plus, les activités culturelles y sont bien développées. Par exemple, c'est ici que se trouve le Botanique.

» Cafés - Bars

LE BARBOTEUR
Avenue Louis Bertrand 23
Schaerbeek
✆ +32 470 83 21 72
Tram : Eglise Saint-Servais.
Ouvert du mardi au samedi de 15h à minuit ; le dimanche de 15h à 22h. Fermé le lundi.
Nouveau venu dans le quartier, il attire la population locale. Simple, sans prétention, l'ambiance y est conviviale. Profitez d'un café, un livre à la main. En été, la terrase est très agréable.

BAR DU GASPI
Chaussée de Haecht 309
Schaerbeek
✆ +32 2 245 22 30
www.bardugaspi.com
info@bardugaspi.com
Tram : Eglise Saint-Servais.
Ouvert du lundi au vendredi de 12h à minuit ; le samedi de 18h à minuit. La cuisine est ouverte de 12h30 à 14h et de 19h à 22h.
Un bar à tapas et à bières qui vous invite à rencontrer les Schaerbeekois autour d'un verre. Bonne ambiance et concerts organisés à l'occasion. Jetez un œil à l'agenda sur le site Internet.

CHEZ FÉLIX
Avenue Félix Marchal 142
Schaerbeek
✆ +32 2 736 82 04
www.felixbar.be
Tram : Meiser ou Diamant.
Bus : Chasseurs Ardennais.
Ouvert du mardi au jeudi et le samedi de 16h à 23h ; le vendredi de 16h à minuit.
Non loin du quartier européen, ce bar à vin vaut le détour ! On vous conseille en tout simplicité dans un joli cadre et on prend soin de vos papilles. Les tapas sont également délicieuses, alors pourquoi résister ? Un coup de cœur Petit Futé !

WILD GEESE
Avenue Livingstone 2-4
✆ +32 2 588 68 03
info@thewildgeese.be
Métro : Maelbeek.
Ouvert tous les jours de 11h à 23h30.
Pub irlandais colonisé par les cols blancs du quartier européen en semaine. Le week-end, c'est plus branché autour d'une pinte, avec concerts et session de certains DJs.

» Clubs et discothèques

K-NAL
Port
Avenue du port 1
✆ +32 472 41 49 19
✆ +32 488 423 404
Métro : Ribeaucourt ou Yser.
Tram : Sainctelette.
Ouvert le mardi et le mercredi de 17h à 2h ; du jeudi au dimanche de 17h à 4h30. Fermé le lundi.
Situé sur les bords du Canal Albert, le Knal accueille chaque samedi soir la « Libertine super sport », un événement incontournable pour les clubbers de la capitale. Ici pas de dress code, l'originalité et l'excentricité sont les bienvenues. De plus, le club possède 2 salles aux ambiances bien différentes. Le rez-de-chaussée avec une scène et une puissante installation audio accueille des DJ, et autres artistes en live. Quant à l'étage, il offre une vue imprenable sur le canal de Bruxelles, un bar à alcool de luxe et une piste de danse dédiée à la musique des DJ résidents. La programmation du Knal est à la pointe du meilleur son international.

MIRANO CONTINENTAL
Chaussée de Louvain 38
Saint-Josse-ten-Node
✆ +32 488 47 78 80
www.mirano.be
info@mirano.be
Métro et bus : Madou.

Ouvert le vendredi et le samedi à partir de 23h. Ouvert également les veilles de jours fériés. 10 € avec carte de membre, 15 € sans.
La boîte mythique des années 1980, ce beau lieu brillant de tous ses feux est de retour sur les scènes nocturnes de la ville tous les vendredi et samedi soir. Programme et découverte sur le site Internet.

THE CORNER
Rue du Noyer 189
✆ +32 486 59 63 37
www.thecornerbar.be
info@thecornerbar.be
Tram : Diamant.
Bus : De Jamblinne de Meux.
Ouvert du dimanche au jeudi de 13h à 1h ; le vendredi et le samedi de 13h à 4h. Cuisine ouverte de 18h à 22h30.
Après l'apéro, le dîner, le digestif, l'apéro post-dîner du jeudi, vendredi ou samedi soir, c'est ici que l'on finit pour danser jusqu'aux petites heures de la nuit. En haut, le bar et les tables du café permettent de se rafraîchir un peu alors qu'en bas, les démons de minuit n'en finissent pas de se remuer sur de la musique commerciale. Un endroit où se retrouvent les jeunes travailleurs qui savent faire la fête. Pour ceux qui veulent arriver dans une ambiance déjà bien commencée, attendez 23h-minuit.

© LE BOTANIQUE
Le Botanique.

» Spectacles

LE BOTANIQUE
Rue Royale 236
Saint-Josse-ten-Node
✆ +32 2 218 37 32
www.botanique.be
info@botanique.be
Métro : Botanique.
Tram : Gillon ou Botanique.
« Bruxelles possède deux merveilles uniques au monde : la Grand-Place et le panorama du Jardin Botanique ». De cette citation de Victor Hugo en 1852, il ne reste plus grand chose de « Botanique »… celui-ci ayant déménagé à Meise (Brabant flamand) en 1939 pour survivre à la jonction ferroviaire Nord-Midi. Dévolu à la culture depuis les années 1990, le Botanique est un lieu insolite, où les arts plastiques et la musique se rencontrent mais aussi d'autres arts tels la danse, le théâtre et le cinéma. De petites salles offrent une ambiance intimiste où les amateurs de musique rock ou de chanson française auront des frissons assurés. Les Nuits du Botanique, au printemps, ouvrent la saison des festivals. Un jardin de l'Iris (symbole de Bruxelles) agrémente la partie haute du parc.

ESPACE SENGHOR
Chaussée de Wavre 366
✆ +32 2 230 31 40
www.senghor.be
info@senghor.be
Métro : Maelbeek ou Schuman.
Tram : Jourdan.
Consultez le site Internet pour connaître le programme. La billetterie est ouverte du lundi au samedi de 9h à 17h (avenue du Maelbeek).
Projections de films, pièces de théâtre, concerts... L'affiche du centre culturel d'Etterbeek vaut la peine d'y jeter un coup d'oeil.

HALLES DE SCHAERBEEK
Rue Royale-Sainte-Marie 22
Schaerbeek
✆ +32 2 218 21 07
www.halles.be
info@halles.be
Métro : Botanique ou Nord.
Tram : Robiano ou Sainte-Marie.
Bus : Robiano.
La billetterie est ouverte du mardi au vendredi de 12h à 13h et de 14h à 18h ; le samedi, le dimanche et les jours fériés de 14h à 18h (rue royale Sainte-Marie 22a).
Les Halles de Schaerbeek incarnent la réaffectation d'un lieu industriel en structure culturelle. L'ancien marché couvert Sainte-Marie, datant du XIXe siècle, est devenu aujourd'hui une invitation à l'interdisciplinarité des arts, un engagement vers un dialogue sur le monde contemporain, proposant un échange intergénérationnel. Implantées dans un quartier métissé, les Halles se veulent acteur et co-auteur d'une meilleure cohésion sociale, celle de leur quartier. Danse, cirque, théâtre, littérature... les arts s'y répondent, le tout en regard du monde.

L'OS À MOELLE
Avenue Emile Max 153
Schaerbeek
www.osamoelle.be
Tram : Meiser ou Diamant.
Bus : Max-Plasky.
Ouvert le mardi et du jeudi au samedi de 19h30 à 23h30.
C'est autant un lieu d'Histoire qu'un cabaret. Niché sous la maison natale de Jacques Brel, il servit de lieu de rassemblement aux résistants du coin durant la Seconde Guerre mondiale. Ancienne champignonnière, c'est Jo Dekmine, directeur actuel du Théâtre 140, qui en fit un cabaret dès 1960. Le nom fait référence à la publication humoristique et anti-hitlérienne de Pierre Dac lancée dès 1938. De cette époque, l'Os à Moelle garde la discrétion des lieux et certaines thématiques de soirées (prohibition...). Sa programmation est très variée et la cave se transforme en salle de soirées dansantes (Rock à l'Os, soirées burlesques « version cabaret parisien » chaque trimestre, tous genres, *swing*...), en salle de concerts (mention les mardis « jazz » une fois par mois et leur festival de 3 jours organisé en janvier), en salle de théâtre (humoristes renommés et inconnus, improvisation, créations théatrales...), et en salle de jeux (quizz musique et cinéma). Mentionnons également que l'Os jouit d'une toute nouvelle salle de spectacle et d'une nouvelle cuisine afin de vous concocter de bons petits plats...

Saint-Gilles, Ixelles et Uccle

Saint-Gilles, Ixelles et Uccle

Ixelles et Saint-Gilles. Situés dans la partie sud-est du Pentagone (centre-ville), Ixelles et Saint-Gilles présentent la caractéristique commune d'être fréquentés par une population jeune. L'université libre de Bruxelles, l'ULB, se situant à la limite d'Ixelles et d'Etterbeek, n'est pas étrangère à ce dynamisme. L'animation de ces quartiers en fait une sorte de deuxième centre de Bruxelles où bars, restos et magasins jalonnent les trottoirs. Ces quartiers sont aussi très cosmopolites : la communauté congolaise de Bruxelles siège notamment à Matongé, surnom emprunté à un district de Kinshasa, la place Flagey et les alentours de l'hôtel de ville de St-Gilles abritent bon nombre de Portugais, enfin la présence de la Commission européenne attire des nationaux anglophones venus des 27 Etats-membres, se retrouvant place du Luxembourg à l'heure de l'apéro ! Plus à l'est de Bruxelles, le quartier de l'Europe ressemble à un assortiment de bâtiments conçus et construits à la va-vite pour accueillir pas moins de 100 000 travailleurs. Au-delà de son architecture bâclée, ce quartier possède deux jolis parcs, le parc Léopold et celui du Cinquantenaire avec son musée Autoworld. En outre, la place Jourdan, située derrière le parc Léopold, est très vivante et agréable. Faites-y une halte pour déguster les meilleures frites de Bruxelles, à la maison Antoine.

Saint-Gilles est plus bohème qu'Ixelles. Son parvis est le lieu de prédilection des artistes et étudiants qui viennent boire une bière à la brasserie Verschueren. Ixelles peut paraître sous certains jours un peu plus branché, sans être guindé pour autant. La place Saint-Boniface, la place Flagey, la rue du Bailli et le Châtelain sont, tout en gardant un esprit bon enfant, des endroits un peu

plus chic. Le cimetière d'Ixelles, lui, incarne plus l'esprit estudiantin avec ses nombreux bars et resto sympas et pas chers.
Ixelles possède également une tradition brassicole, à l'instar de Forest (au sud-ouest du Bruxelles) où l'on peut encore admirer le bâtiment Blomme, rare témoin de l'architecture moderniste bruxelloise, et les quatre cuves restantes de l'ancienne brasserie Wielemans-Ceuppeuns qui fit la réputation des brasseries belges pendant plus de 100 ans. Aujourd'hui, le bâtiment accueille un centre d'art contemporain, le Wiels. A l'heure actuelle, il n'existe plus à proprement parler de brasseries, mais plusieurs endroits où l'on peut déguster de la bière dont Ixelles, Saint-Gilles et Forest regorgent. Pour les fans de bière, sur la chaussée de Wavre, *Beermania* propose plus de 400 variétés de bières à acheter.
C'est également à Ixelles que s'est installé le célèbre muséum des Sciences naturelles. Il est l'un des plus impressionnants musées du genre au monde, avec celui de New-York. Il passionnera les plus grands et amusera les plus petits.

Quant à Uccle, c'est un quartier résidentiel assez huppé de Bruxelles avec de très agréables parcs et une belle succession de maisons. C'est aux alentours des avenues Brugmann, Molière et de la rue Vanderkindere que l'on vous conseille de vous balader, sans oublier le quartier de la Bascule et le bois de la Cambre. Ce dernier couvre une superficie de 124 ha et a été aménagé pour les promenades dominicales au siècle dernier. C'est un mélange d'allées, de grandes pelouses et d'étangs où l'on peut faire de la barque et du pédalo. Le bois de la Cambre est une excroissance de la forêt de Soignes, véritable poumon vert de Bruxelles d'une superficie de 4 000 ha.
Pour finir, c'est dans ces quartiers que vous pourrez admirer les plus beaux chefs-d'œuvres de l'Art nouveau et de l'Art déco. Voir la rubrique « Les immanquables » pour plus de renseignements sur le type d'architecture et les différentes balades proposées sur ce thème.

VISITER

C'est à Ixelles et Saint-Gilles que vous pourrez admirer les plus belles façades Art nouveau. L'office du tourisme (situé sur la Grand-Place dans l'hôtel de ville ou place Royale dans les bureaux BIP) peut vous fournir une carte proposant un parcours annoté.

CENTRE D'ART CONTEMPORAIN WIELS

Avenue Van Volxem 354
Forest
✆ +32 2 340 00 53
www.wiels.org
Métro : Gare du Midi. Tram : Wiels.
Ouvert du mardi au dimanche de 11h à 18h. Fermé le lundi. Nocturnes chaque premier et troisième mercredis du mois jusque 21h. Gratuit jusqu'à 12 ans. Adulte : 10 €. Etudiants : 4 €. Seniors et groupes (à partir de 10 personnes) : 7 €. Gratuit tous les premiers mercredis du mois.

Ce musée, installé dans les anciennes brasseries Wielemans-Ceuppens, s'impose comme un véritable laboratoire international pour la création et la diffusion de l'art contemporain, avec une nette orientation pour les arts visuels. En prenant garde à accorder une juste place et une attention particulière aux croisements et interactions avec d'autres disciplines.
L'adresse est aussi parfaite pour prendre un verre ou bruncher le dimanche grâce à la cafétéria nichée au rez-de-chaussée.

ÉTANGS D'IXELLES

Avenue du Général-de-Gaulle
Ixelles
Les belles façades de maisons nous replongent dans l'atmosphère bruxelloise d'avant 1914. On y trouve notamment de très beaux exemples de style néo-Renaissance flamande, Art nouveau et Art déco dont le représentant le plus connu est le «paquebot» Flagey, sur la place éponyme. Ancien déversoir, les étangs d'Ixelles offrent un cadre romantique propice à la balade vers l'abbaye de La Cambre.

HÔTEL DE VILLE DE SAINT-GILLES

Place Van-Meenen 39
Saint-Gilles
www.stgillesculture.irisnet.be
culture.1060@stgilles.irisnet.be
Tram : Horta ou Parvis de St-Gilles.
Ouvert du lundi au vendredi de 8h à 12h. Possibilité de visite guidée pour groupes sur demande écrite (3 semaines à l'avance).
Très beau bâtiment de style néo-Renaissance construit au début du XXe siècle par l'architecte autodidacte Albert Dumont (1853-1920). L'hôtel de ville se présente comme un fer à cheval, avec un corps central prolongé par deux ailes latérales entourant la cour d'honneur. La décoration du bâtiment a été réfléchie selon les actions de la commune en matière sociale, économique et culturelle. Sur la façade principale, par exemple, les six statues représentent les missions communales : Solidarité, Salubrité publique, Sécurité publique, Finances, Assistance publique et Mutualité. A l'intérieur, l'hôtel de ville abrite des œuvres représentatives du symbolisme belge du début du XXe siècle.

MUSÉE CONSTANTIN MEUNIER

Rue de l'Abbaye 59
Ixelles
✆ +32 2 648 44 49
www.fine-arts-museum.be
info@fine-arts-museum.be
Tram : Abbaye. Bus : Van Eyck.
Ouvert du mardi au vendredi de 10h à 12h et de 12h45 à 17h (dernière visite à 16h30). Fermé le lundi. Week-end : uniquement groupes avec guide Educateam. Gratuit.
Cette belle maison-atelier, acquise par l'artiste Constantin Meunier (1831-1905) à la fin de sa vie, fut rachetée par l'Etat en 1936, avec la collection de plus de 700 œuvres qu'elle contenait, pour en faire un musée. Les quelque 150 peintures, sculptures et documents exposés retracent l'évolution du créateur dans la seconde moitié de sa carrière, période durant laquelle il a illustré

les aspects sociaux et industriels de la Belgique, prenant pour sujets ses contemporains dans leur travail et leur vie au quotidien.

MUSÉE DAVID ET ALICE VAN BUUREN
Avenue Léo Errera 41
Uccle
✆ +32 2 343 48 51
www.museumvanbuuren.be
info@museumvanbuuren.com
Tram : Churchill. Bus : Cavell.
Ouvert tous les jours de 14h à 17h30. Adulte : 10 €. Gratuit pour les enfants de moins de 12 ans. Senior : 8 €. Etudiant : 5 €. Les tarifs sont équivalents à la moitié du prix indiqué si vous ne souhaitez visiter que les jardins sans le musée. Restauration.
Construite en 1928, la maison rappelle, par son architecture extérieure caractéristique de l'École d'Amsterdam et sa décoration intérieure Art déco en bois nobles, les origines de ses propriétaires, le banquier hollandais David van Buuren et Alice, son épouse belge. Mécènes et amateurs d'art, ils ont réuni une collection prestigieuse de tableaux dont les dates s'étendent sur cinq siècles, allant des primitifs flamands du XVe siècle aux artistes belges du XXe, des fils Breughel à Van Gogh, Ensor et van de Woestyne, le précurseur du surréalisme et ami du couple. Cependant, la demeure à elle seule vaut le détour, avec son mobilier rare, ses tapis et ses vitraux, légués par la propriétaire. Sans oublier le magnifique jardin de plus d'un hectare, son labyrinthe et sa roseraie, qui se visitent en toutes saisons.

MUSÉE HORTA ★
Rue Américaine 25
Saint-Gilles
✆ +32 2 543 04 90
www.hortamuseum.be
info@hortamuseum.be
Tram ou bus : Trinité ou Ma Campagne.
Ouvert du mardi au dimanche de 14h à 17h30 (dernière visite à 17h15). Le matin est réservé pour les visites de groupes. Fermé le lundi et les jours fériés. Adulte : 10 €. Enfant (de 6 à 18 ans) : 3 €. Seniors : 6 €. Etudiants : 5 €. Accueil enfants. Visite guidée. Restauration. Boutique. Animations.
Construits par Horta pour son occupation personnelle alors qu'il est à l'apogée de son art, la maison et l'atelier adjacent sont pourvus de chauffage central et de climatisation naturelle, astucieusement dissimulés dans les éléments du décor. L'architecte y a vécu pendant 20 ans. La maison a conservé une partie de son mobilier dessiné par Horta et sa décoration d'origine. L'ingéniosité du maître s'y révèle dans les moindres détails, comme ce merveilleux petit urinoir pivotant, caché dans l'armoire à côté de son lit.

MUSÉE D'IXELLES
Rue Jean Van Volsem 71
✆ +32 2 515 64 21
www.museedixelles.irisnet.be
musee@ixelles.be
Tram : Germoir. Bus : Malibran.
Ouvert du mardi au dimanche de 9h30 à 17h (dernière visite à 16h45). Fermé le lundi et les jours fériés. Gratuit jusqu'à 18 ans. Adulte : 8 €. Etudiants, seniors et groupes : 5 €.

Si l'art ancien du XVIe au XVIIIe siècles y est représenté, c'est surtout la collection d'affiches qui retient l'attention (la totalité de la production lithographique de Toulouse-Lautrec mais aussi Mucha vantant les bières de la Meuse), ainsi que les œuvres belges du XIXe siècle illustrant les divers courants, du réalisme au symbolisme, qui ont éclos durant cette période de liberté créatrice. Toutes les tendances du XXe siècle sont également représentées : fauvisme, expressionnisme, mouvement CoBrA, Pop Art et, bien entendu, le surréalisme de Magritte. Enfin, des expositions temporaires mettent en avant les jeunes artistes appelés à devenir les valeurs sûres de demain. Un tour d'horizon assez complet, donc, mais à taille humaine, appuyé par des activités et programmes éducatifs très intéressants.

MUSÉUM DES SCIENCES NATURELLES ★

Rue Vautier 29
Ixelles
✆ +32 2 627 42 33

Bruxelles compte l'un des plus beaux et le plus impressionnant musée du genre au monde avec celui de New York ! Les fouilles entreprises à Bernissart (Hainaut) ont mis à jour 29 squelettes d'iguanodons qui dormaient depuis plus de cent millions d'années. Résultat : la galerie de dinosaures, la plus fournie d'Europe, est relevée par la présence de véritables squelettes ! Dans une salle annexe, les enfants peuvent s'initier à la géologie et la paléontologie, un espace de découverte entièrement consacré à la vie fossile. Le musée présente de nombreuses salles permanentes (mammifères, baleines, insectes, Préhistoire, Galerie de l'Evolution, Biodivercity – bravo pour le jeu de mots !) et des expositions temporaires dont le succès est sans équivoque. En tout, ce sont 17 000 spécimens qui sont exposés (sur les 37 millions de pièces de la collection !) dans ce musée, interactif par excellence !

ZAABÄR FACTORY SHOP

Chaussée de Charleroi 125
Saint-Gilles
✆ +32 2 533 95 80
www.zaabar.com
info@zaabar.be
Métro : Hôtel des Monnaies.
Tram : Faider.
Ouvert du lundi au vendredi de 10h à 18h ; le samedi de 11h à 19h.

Des échafaudages éternels ?

C'est bien la question que se posent de nombreuses personnes. Toute personne née dans les années 1980 (ou après) pourrait en effet témoigner n'avoir jamais vu le palais de justice sans ses échafaudages. Il paraîtrait que la célèbre structure d'acier disparaîtra en 2019… En attendant, elle fait presque partie des meubles bruxellois. Suite au prochain épisode !

Envie de réaliser vos propres truffes, mendiants et autres petites douceurs chocolatées ? Zaabär a entendu vos souhaits gourmands et vous propose tous les mercredis et samedis des ateliers chocolatés pour vos *team buildings*, anniversaires ou événements particuliers.
Attention, on pourrait vite y prendre goût… Packaging original et rafraîchissant !

SE RESTAURER

Ixelles et Saint-Gilles n'ont pas grand chose à envier au centre du point de vue animation et gastronomie. Concernant la commune d'Ixelles, on entend souvent parler de différents lieux dits comme la place du Luxembourg, la place Saint-Boniface, la place Flagey, ou encore le quartier du Châtelain (comprenant Trinité) et le cimetière d'Ixelles. Ici, seules quelques adresses sont renseignées, mais de nombreux autres établissements sont à découvrir.

» Sur le pouce

FRIT'FLAGEY
Place Flagey
Ixelles
On est loin de la qualité d'il y a quelques années pour cette friterie qui vit sur une notoriété surannée. Déjà, au niveau de l'accueil, ça coince : avec un marchand de frites qui se prend pour un chef étoilé, c'est pas gagné. Mais en plus, le bonhomme est mal embouché et sert avec la lenteur d'un escargot namurois, des frites tout simplement… ordinaires. On passe son tour et on va voir là où le sourire et le croustillant se rencontrent !

MAISON ANTOINE
Place du Jourdan 1
Etterbeek
✆ +32 2 230 54 56
www.maisonantoine.be
maisonantoine@skynet.be
Métro : Louise.
Ouvert tous les jours ; du dimanche au jeudi de 11h30 à 1h ; le vendredi et le samedi jusqu'à 2h.
Située non loin du Parlement européen, cette friterie, qui existe depuis 1948, est appréciée par tout Bruxelles. Elle s'est même vu décerner, il y a quelque temps de ça, le titre de « meilleures frites du monde » par le très sérieux *New York Times*. Il faut bien avouer que les frites, un peu plus chères que la moyenne, y sont croquantes et savoureuses, car cuites dans la graisse de bœuf. Le gros plus, c'est que l'établissement a passé un accord avec les bars de la place : vous pourrez donc déguster bière et cornet de frites à la terrasse de l'un d'eux (demandez cependant la permission auparavant). Il y a parfois un peu de file… on prend son « mâle » en patience !

L'ORIENTALIA
Chaussée de Charleroi 277
Saint-Gilles
✆ +32 2 520 75 75
www.orientalia.be
Métro : Horta.
Ouvert du mardi au samedi de 9h à 18h ; le vendredi jusqu'à 23h.

De l'extérieur, l'odeur épicée donne l'eau à la bouche. A l'intérieur, on est ébahi devant la palette de spécialités à choisir, tout a l'air si bon ! On comprend mieux l'expression « manger avec les yeux ». Ici, pas de carte, on compose son menu en choisissant les différents assortiments exposés. Indécis ? Demandez au chef une assiette découverte ! Le tout pour un prix très modeste, autant pour la qualité que la quantité servie.

SUCRÉ SALÉ
Place Fernand Cocq 10
Ixelles
✆ +32 2 502 29 19
www.sucresale.be
sucresale1050@gmail.com
Métro : Louise ou Porte de Namur.
Tram : Defacqz.
Ouvert tous les jours de 8h à 18h30.
De délicieux sandwichs au pain croustillant, des salades à tomber et des paninis à croquer. Mais aussi quiches, gâteaux et glaces savoureux... Sucré Salé sait vous parler, ou du moins à votre ventre. Les prix ne sont pas les plus bas, mais on comprend une fois qu'on y a goûté.

» Pause gourmande

LILY CUP
Rue du Page 65
✆ +32 2 538 02 68
www.lilicup.com - info@lilicup.com
Métro : Horta.
Tram : Trinité ou Ma Campagne.
Ouvert du mardi au samedi de 10h à 18h30. Cupcakes entre 3 € et 4,30 €.
Un véritable temple de la gourmandise : voilà comment résumer LilyCup et ses cupcakes gourmands. Même si vous n'êtes pas fans des pâtisseries américaines, vous ne résisterez pas à ces petits démons !

» Bien et pas cher

CAFÉ DES SPORES
Chaussée d'Alsemberg 103
Saint-Gilles
✆ +32 2 534 13 03
www.cafedesspores.be
Métro : Albert.
Ouvert du lundi au samedi soir. Formules : de 29 € à 41 €.
En voilà une idée originale : un resto spécialisé en champignons. Dans ce petit théâtre culinaire ou la trompette, l'agaric, la morille ou le lentin jouent le rôle principal, *tapas*, saucissons et autres gourmandises aux champignons sont cuisinés sous vos yeux avec des produits frais, de l'entrée au dessert. Et, qui plus est, toujours servis avec LE vin qui va avec.

MA FOLLE DE SOEUR
Chaussée de Charleroi 53
Saint-Gilles
✆ +32 2 538 22 39
www.mafolledesoeur.be
Ouvert du lundi au samedi ; du lundi au vendredi le midi. Carte : 40 € environ. Jardin. Terrasse.
Allez savoir pourquoi, il y a des noms d'enseigne qui interpellent plus que d'autres. C'est le cas de « Ma Folle de Soeur » dont le nom peut agir comme un aimant... ou au contraire, sonner l'envie de passer son chemin. On zappe l'aspect quelconque de l'intérieur pour centrer son attention sur l'assiette, la carte variée et les accents

du sud. Sandrine la fait évoluer au fil des saisons en gardant l'huile d'olive et les épices qui font du bien au corps et à l'âme. C'est bon, c'est simple et sans chichis. Les vins sont du même tonneau, avec toutefois l'une ou l'autre étiquette sortant de l'ordinaire.

GREEN MANGO

Chaussée de Vleurgat 142
✆ +32 2 649 90 13
www.greenmango.be
Tram : Vleurgat.
Ouvert du lundi au jeudi de 12h à 14h30 et de 18h30 à 22h ; le vendredi et le samedi de 12h à 14h30 et de 18h à 23h ; le dimanche de 18h30 à 21h. Burgers entre 10,90 € et 19,90 €.
Fromage coulant, viande juteuse et recettes originales… On fondra de plaisir ! Après avoir connus les burgers de Green Mango, vous ne serez plus les mêmes. Un petit plus : les végétariens ne sont pas oubliés.

NEMO 33

Rue de Stalle 333
Uccle
✆ +32 2 332 33 34
www.nemo33.com
dive@nemo33.com
Ouvert du lundi au vendredi de 12h à 14h30 et de 19h à 22h ; le samedi de 12h à 22h ; le dimanche et les jours fériés de 12h à 21h30. Carte : 30 € environ. Lunch : 16,50 €. Jardin. Terrasse.
Fabuleuse réussite que ce resto intégré à NEMO33, l'exceptionnel centre de plongée sous-marine unique au monde. Avec une déco forcément sous-marine, dont quelques instruments qui évoquent des temps héroïques, et la vue sur les fonds de cette profonde piscine à eau de source. On se pourlèchera à la lecture d'une carte annonciatrice d'harmonieuses saveurs asiatiques (Thaïlande, Vietnam, Chine).

MANO A MANO
Rue Saint-Boniface 8
✆ +32 2 502 08 01
www.manoamano.be
info@manoamano.be
Métro : Porte de Namur.
Bus : Quartier Saint-Boniface.
Ouvert du lundi au mercredi de 12h à 14h30 et de 18h30 à 23h30 ; du jeudi au samedi de 12h à 14h30 et de 18h30 à minuit ; le dimanche de 18h à 23h30. Pâtes entre 12,40 € et 17,50 €. Pizzas entre 9,50 € et 14,80 €.
Un rapport qualité-prix excellent pour un restaurant italien coup de cœur. On vous prépare ici des pizzas avec des produits frais et des pâtes raffinées dont vous vous rappellerez. On passe toujours une bonne soirée dans ce joli cadre simple et urbain à l'intérieur comme à l'extérieur (la place Saint-Boniface).

LE PATTY PÂTES
Rue Ernest Solvay 6
Ixelles
✆ +32 2 514 27 41
www.pattypates.com
Métro : Porte de Namur.
Bus : Quartier St-Boniface.
Ouvert du samedi au jeudi de 18h15 à 23h ; le vendredi de 11h45 à 14h30 et de 18h15 à 23h. Pâtes.
Au détour d'une des rues donnant sur la place de St-Boniface se cache ce petit restaurant qui ne paye pas de mine, mais qui sert des pâtes fraîches délicieuses à des prix pas chers.

O LIBAN
Bascule
Chaussée de Vleurgat 324
Ixelles
✆ +32 2 640 07 07
www.oliban.com
info@oliban.be
Tram : Abbaye. Bus : Patton.
Ouvert le dimanche et le lundi de 10h30 à 22h30 ; du mardi au samedi de 10h30 à 23h30. +/- 12 €.
A la fois snack et restaurant, ce libanais est l'un des meilleurs de Bruxelles. Ne lésinez pas sur le humus et les spécialités de la maison !

ROXI
Rue du Bailli 82
Ixelles
✆ +32 2 646 17 92
Métro : Horta. Tram : Trinité ou Bailli.
Ouvert du dimanche au mercredi de 8h à 1h ; du jeudi au samedi de 8h à 2h.
Bar-resto très tendance de la rue du Bailli, le Roxi est un lieu branché avec une déco *trendy* et *design*. On y déguste de très bon cocktails présentés de manière originale et sophistiquée. Sur deux étages, avec une petite terrasse sympa, le Roxi est tiré en longueur. Sa baie vitrée procure une ouverture très agréable sur la rue et fait respirer l'endroit. Très agréable pour manger les excellentes salades et petits plats de cuisine fusion. Le gros plus, c'est que la cuisine est ouverte non-stop de midi à minuit. Si vous avez un petit creux après votre shopping à Louise, le Roxi est l'endroit idéal.

AU VIEUX BRUXELLES
Rue Saint-Boniface 35
Ixelles
✆ +32 2 503 31 11
www.auvieuxbruxelles.com
Métro : Porte de Namur.
Ouvert du mardi au dimanche le soir jusqu´à 23h30 ; le vendredi et le samedi jusqu´à 0h ; le dimanche midi. Carte : 35 € environ.
Ouvert depuis 1882, ce petit resto affiche un décor bien *brusseleir.* L'intérieur, pourtant rafraîchi voici quelques années, semble figé depuis des lustres : les miroirs et plaques émaillés sur le mur, les couverts dressés sur des nappes à carreaux. Au menu, une cuisine familiale et d'excellentes moules-frites. On s'y sent bien. Et on ne surprend personne en disant que la carte se compose de *stoemps*, carbonnades, steaks bien saignants et autres traditionnelles spécialités. A noter pour bien rigoler, ce fabuleux tableau où l'on voit des nonnes picorant dans des cornets de frites, juste devant l'établissement. Ça, c'est vraiment un vrai *brusseleir* !

LE VOLLE GAS
Place Fernand Cocq 21
Ixelles
✆ +32 2 502 89 17
✆ +32 485 18 59 42
www.vollegas.be - info@vollegas.be
Ouvert du lundi au samedi le midi et le soir. Non-stop de 11h à minuit pour prendre un verre. Carte : 40 € environ. Lunch. Plat du jour.
Ce qu'on aime au Volle Gas, c'est son absence de chichi. Ici on mange à la bonne franquette sans être sous les feux de la rampe. Ce n'est peut-être pas l'endroit pour être vu ni pour voir, mais c'est ça qui est chouette ! Cadre Art déco où se bouscule une clientèle aussi variée que sur un quai de métro à l'heure de pointe. Une superbe adresse !

YAMATO
Rue Francart 11
Ixelles
✆ +32 2 511 02 00
Métro : Porte de Namur.
Tram : Stéphanie.
Bus : Quartier Saint-Boniface.
Ouvert du mardi au vendredi de 11h30 à 14h et de 18h à 21h30 ; le week-end de 11h30 à 21h30. Fermé le lundi. Week-end : uniquement groupes avec guide Educateam.
Illustre nippon venant juste de fêter ses quinze printemps, le Yamato n'est pas à proprement parler un restaurant, mais plutôt un snack où l'on mange au comptoir, en une demi-heure au maximum à midi, et où l'on attend son tour sur une banquette le dos à la fenêtre. On y revient pourtant, tellement leurs nouilles, soupes et gyozas (raviolis japonais) sont bons. Ici, tout s'arrose au saké ou à la Kirin.

» Bonnes tables

AL PICCOLO MONDO
Rue Jourdan 19
Saint-Gilles
✆ +32 2 538 87 94
www.alpiccolomondo.com
Métro : Louise. Tram : Stéphanie.
Fermé du 1er au 31 août. Ouvert tous les jours de 12h à 15h et de 18h à 0h.

L'Italie haut de gamme dans l'assiette. Depuis 30 ans, Al Piccolo Mondo mijote avec amour des mets raffinés dans son resto au décor très vénitien. Côté plats, de superbes préparations, comme l'escalope *valdostana*, le turbot à la livournaise, le carpaccio de saint-jacques, mais aussi fruits de mer ou scampi, ou pâtes faites maison. La clientèle habituelle est plutôt BCBG, mais tout le monde s'y sent à l'aise.

BLUE ELEPHANT

Chaussée de Waterloo 1120
Uccle
✆ +32 2 374 49 62
www.blueelephant.com
brussels@blueelephant.com
Tram : Place Saint-Job.
Bus : Uccle Avenue Hamoir.
Ouvert le lundi de 19h à 22h ; du mardi au vendredi de 12h à 14h30 et de 19h à 22h ; le samedi de 19h à 22h30 ; le dimanche de 12h à 14h30 et de 19h à 22h30. Menu Découverte à 40 €, menu du Chef à 60 €.

On y va pour découvrir le décor paré de mille fleurs et on y retourne avec plaisir pour approfondir ses connaissances des délices de la gastronomie thaï ! Pour mieux l'appréhender, cap sur le menu Dégustation : 5 entrées et 5 plats différents. On choisit la dose de « piquant » souhaitée et on retiendra que notre échelle de valeurs diffère de l'Orient sur ce point–là ! Cette mise en garde étant faite, on se délecte d'un très intéressant croco (on est entre la dinde et le poulet), d'une croquette du type « aux crevettes », en beaucoup plus relevé ou d'un savoureux potage au poulet et coco.

LES BRASSINS

Rue Keyenveld 36
Ixelles
✆ +32 2 512 69 99
www.lesbrassins.com

Perdue dans les ruelles d'Ixelles, cette petite brasserie au décor d'antan sert de savoureux plats typiquement belges : *Stoemp*, carbonnades flamandes à la bière, lapin à la kriek,... Un régal ! Egalement bar à bières, c'est du plaisir à l'état brut. Mieux vaut réserver, puisque même les Bruxellois ne peuvent s'en passer.

LE FILS DE JULES

Rue du Page 35
Ixelles
✆ +32 2 534 00 57
www.filsdejules.be
info@filsdejules.be
Métro : Horta.
Ouvert du lundi au vendredi de 18h à 23h ; le samedi jusqu´à 24h ; le dimanche de 12h à 24h. Menu unique à 33,50 € (uniquement le dimanche soir – 3 services). Carte : 45 € environ. Terrasse.

Le Fils de Jules s'impose déjà depuis 20 ans passés dans ce quartier branché du Châtelain. Originaire du Pays-Basque, Andrea aime à partager les mille et une richesses culinaires de la région. Elle propose, sur invitation une fois par semaine, un menu « foie gras maison » d'octobre à avril. Pour cette occasion, les clients dégustent, donnent leurs avis, estiment le prix du menu et le paient. Une belle manière d'être proche des produits, qu'on peut déguster également en version *pintxos* (tapas). Deux cartes annuelles. Mentionnons leur belle terrasse couverte sur le coin, les vins régionaux de qualité et la possibilité de réserver pour les groupes. En face, leur comptoir *El Vasco* vous permet d'acquérir certains des produits cuisinés et plus encore...

POIVRE & SEL
Rue du Parnasse 2
✆ +32 2 503 46 93
www.poivre-et-sel.be
info@poivre-et-sel.be
Métro : Trône. Bus : Luxembourg.
Ouvert du lundi au vendredi de 12h à 14h30 et de 18h à 22h30. Plats entre 10 € et 20 €.
A deux pas de la place du Luxembourg, ce petit restaurant italien est un secret bien gardé par ses connaisseurs. Pâtes aux perles de saumon et foie gras, tartare et carpaccio raffinés... Le tout pour un super rapport qualité-prix !
Pensez à réserver, car les places partent comme des petits pains.

» Luxe

LA CABANE DU FOU
Avenue de Fré 176
Uccle
✆ +32 2 374 33 15
www.lefouchantant.be
Bus : Hôpital Sainte-Elisabeth ou Floride.
Menu découverte à 45 €/pers. Menu gastronomique à 100 €/pers. Réservation conseillée.
Envie de retomber en enfance le temps d'une soirée ? De voir Bruxelles d'en haut ? Philippe Martin a eu l'idée de construire une cabane dans les arbres et de l'aménager en un endroit *cosy*. Elle peut accueillir jusqu'à 4 convives pour y déguster un menu composé par le traiteur Félix. Les convives sont maîtres des lieux de 19h à minuit.

SHOPPING

Les enseignes sont logées à peu près au même endroit que les restaurants, à quelques nuances près. La place du Châtelain, la rue du Bailli et ses environs sont remplies de petites boutiques *design* et de créations, assez atypiques et originales. La chaussée d'Ixelles et l'avenue de la Toison d'Or sont plus classiques et banales. Le boulevard de Waterloo concentre, quant à lui, les établissements de haute-couture.

DEMEULDRE
Chaussée de Wavre 141-143
Ixelles
✆ +32 2 511 93 73
www.demeuldre.com
demeuldre@demeuldre.com
Métro : Porte de Namur.
Ouvert du mardi au samedi de 9h30 à 18h30.
Les établissements Demeuldre ont imposé de génération en génération un savoir-faire inégalable en matière d'art de la table. Ouverts en 1831, en même temps que l'ancienne manufacture de porcelaine de Bruxelles, ils affichent une collection de plus de 40 000 références. Les plus grandes marques y sont présentes : Ercuis, Raynaud, Christofle, Cristal d'Arques, Riedel, Villeroy & Boch, Porcelaine Sologne...

DOD
Rue du Bailli
Ixelles
✆ +32 2 640 38 98
www.dod.be
info@dod.be
Métro : Louise.
Tram et bus : Trinité ou Bailli.
Ouvert du lundi au samedi de 10h à 18h30.
Leur philosophie est la suivante : vendre de la marque à petit prix. Comment ? Les vêtements sont pour la plupart des fins de stock ou présentent des erreurs de fabrication facilement réparables. Le Dod est donc une vraie caverne d'Ali Baba pour les fashionistas. Il ne faut pas avoir peur de fouiller, mais ça fait du bien au portefeuille. D'autres magasins se trouvent sur la chaussée de Louvain et l'avenue Louise.

Autre adresse : Avenue Louise à 1050 Bruxelles.

FILIGRANES
Avenue des Arts 39-42
Etterbeek
✆ +32 2 511 90 15
www.filigranes.be
info@filigranes.be
Métro : Arts-loi ou Trône.
Bus : Arts-loi.
Ouvert du lundi au vendredi de 9h à 20h ; le samedi de 10h à 19h30 ; le dimanche et les jours fériés de 10h à 19h.
Si la Foire du Livre est considérée comme la plus grande librairie de la ville, Filigranes est encore bien plus que cela ! D'abord parce qu'on y mange sucré–salé à toute heure avec un café ou un verre de vin et que c'est sympa quand le pianiste pianote. Mais surtout parce que l'équipe est efficace, connaît le métier et n'hésite pas à donner son avis.

© FILIGRANES
Le rayon international de Filigranes.

LUNE APRÈS LUNE
Rue du Bailli 102
Ixelles
✆ +32 2 538 63 26
Métro : Horta. Tram et bus : Trinité.
Ouvert du lundi au samedi de 10h30 à 18h30. Cadeaux et déco.
De l'extérieur, elle nous fait sourire, cette petite boutique qui regorge de mille et une choses. Entre les petites pierres colorées, les bracelets de fleur, les agendas... le choix est large. Il est difficile de ne pas en sortir les mains vides.

MARCHÉ DE LA PLACE VAN MEENEN
Place Van Meenen
Saint-Gilles
Métro : Horta.
Tram : Horta ou Lombardie.
Ouvert le lundi de 13h à 19h. Plus tard en été.

Comme il sont chics ces marchés de l'après-midi où l'on peut profiter des plus belles heures de la journée un verre à la main. Le marché de la place Van Meenen est de ceux-là. Il faut s'y rendre le lundi à l'heure de l'apéro pour prolonger le week-end. C'est un chouette petit marché, rarement bondé, proposant de bons produits du terroir à un prix abordable (à l'inverse du marché de la place du Châtelain).

MARCHÉ PLACE DU CHÂTELAIN
Place du Châtelain
Ixelles
Métro : Horta ou Louise.
Tram : Bailli.
Ouvert le mercredi de 12h à 20h30. Marché tous produits.
Ce marché à revendication artisanale et bio est fréquenté majoritairement par des bobos. Les prix s'en font d'ailleurs sentir, mais qu'importe ! C'est l'endroit idéal pour voir et être vu, surtout à l'heure de l'apéro. A la belle saison, on y vient pour siroter un petit blanc accoudé à la carriole dans une ambiance décontractée qui devient vite décousue au fil des heures.

LE PALAIS DES THÉS
Chaussée de Charleroi 25
Saint-Gilles
✆ +32 2 537 89 07 /
+32 475 43 09 02
www.palaisdesthes.com
service-client@palaisdesthes.com
Métro : Louise ou Hôtel des Monnaies. Tram et bus : Stéphanie.
Ouvert du lundi au samedi de 10h30 à 18h30.
Adresse représentative du petit monde du thé, on y estaccueilli d'emblée avec une tasse du thé du moment. Née il y a un peu plus devingt-cinq ans de la passion de dégustateurs qui ont décidé de s'approvisionnereux-mêmes, le concept d'origine française compte aujourd'hui une petitetrentaine de boutiques dans le monde dont... une au Japon ! Chaque magasin tire-directement profit de son réseau de goûteurs qui sélectionne 25 thé-sdifférents dans une vingtaine de pays. Les conditions de travail, les normes desécurité et de santé des producteurs sont scrupuleusement vérifiées dans toutesles exploitations. En plus des thés,emballés ou en vrac, on trouve aussi tous les accessoires nécessaires pour(s')offrir le plaisir de la dégustation.

SENTEURS D'AILLEURS
Place Stéphanie 1A-3
Ixelles
✆ +32 2 511 69 69
www.senteursdailleurs.com
Métro : Louise ou Hôtel des Monnaies. Tram : Stéphanie.
Ouvert du lundi au samedi de 10h à 18h30. Parfums et cosmétiques.
Senteurs d'Ailleurs invite à un voyage olfactif. Trois espaces vous accueillent : celui de la parfumerie corporelle, celui des soins et celui des fragrances d'intérieur. Une équipe spécialisée aux connaissances archi pointues vous accompagne lors d'une « consultation parfumée » pour trouver la fragrance qui vous convient. Certes, c'est un voyage un peu plus onéreux que dans les parfumeries classiques, mais les produits sont rares et de très bonne qualité.

SEPTANTE SEPT

Rue du Page 77
Ixelles
✆ +32 484 74 68 80
Métro : Horta.
Tram et bus : Ma Campagne.
Ouvert du mardi au samedi de 11h à 19h. Créateurs belges.
C'est plus qu'un magasin, c'est un espace dédié à la flânerie autour d'un assortiment d'objets *design*, de vêtements uniques, de bijoux, de CD et autres curiosités. C'est aussi une invitation à la découverte de nouveaux talents belges et à un art de vivre zen avec dégustation de thé et même des massages.

SORTIR

Les Bruxellois désertent de plus en plus le centre au profit d'Ixelles et de Saint-Gilles, quartiers dynamiques, colorés et animés. A Saint-Gilles, apprécié surtout pour ses brasseries typiques, cela bouge sur le Parvis, aux alentours de l'hôtel de ville et dans le quartier Ma Campagne. A Ixelles, plus branché et tendance, on sort rue du Bailli, place du Châtelain, mais aussi du côté de Flagey, point de ralliement incontournable pour une « partie de campagne » en été avec ses grandes terrasses et ses étangs. Le cimetière d'Ixelles reste le quartier étudiant par excellence et la place du Luxembourg, à deux pas du Parlement, l'endroit le plus cosmopolite de la ville où l'on vient parfaire son anglais. Enfin, le petit morceau de terre ensoleillé de Matongé peut être une halte agréable.

» Cafés - Bars

L'ATELIER

Rue Elise 77
✆ +32 2 649 19 53
Bus et Tram : Roffiaen.
Ouvert du dimanche au mercredi de 16h à 3h ; le jeudi de 16h à 4h ; le vendredi et le samedi de 16h à 5h.
Par excellence, c'est l'estaminet typique et propre sur lui du quartier estudiantin. Plutôt fréquenté en semaine, il est connu pour ne pas avoir une seule fenêtre. Le gros du public y est forcément plutôt jeune et assez amateur de houblon puisque la carte des bières occupe un pan de mur entier. Des références parfois obscures, mais que les barmen, plutôt sympathiques, connaissent comme leur fond de caisse.

BAR DU MATIN

Chaussée d'Alsemberg 172
Forest
✆ +32 2 537 71 59
www.bardumatin.be
bardumatin@gmail.com
Tram : Albert.
Ouvert du mardi au vendredi de 8h à 2h ; le week-end de 9h à 2h. Terrasse.
Immanquable, en plein milieu de ce grand carrefour et face à la station de métro Albert ! Malgré ça, on pourrait presque jouer une partie de tennis sur la terrasse, vu sa taille ! Les chaises rouges et l'enseigne en grandes lettres colorées donnent envie d'approcher : bonne idée, on se sent bien aussi à l'intérieur. C'est que tout est prévu pour passer un moment agréable : croissant pour accompagner le petit serré du matin et belle carte de bières.

Si on n'est pas du matin, on ira les soirs de fin de semaine écouter des groupes belges et bruxellois qui s'y produisent joyeusement.

BRASSERIE VERSCHUEREN

Parvis de Saint-Gilles 11-13
Saint-Gilles
✆ +32 2 539 40 68
Métro : Parvis de Saint-Gilles.
Ouvert tous les jours de 11h à 2h.
L'établissement fut fondé par Louis Verschueren en 1880 ! Son décor vieux café, avec son comptoir datant de l'après-guerre et ses petites tables de cantines, en fait un haut lieu de vie saint-gilloise, souvent plein à craquer. On y mange de très bons croque-monsieur et un délicieux gâteau au chocolat. Durant la Seconde Guerre mondiale, le bâtiment est utilisé comme local clandestin par la résistance. Il a gardé de cette époque un côté rebelle incarné aujourd'hui par une population artiste, bohème, jeune et parfois sans-le-sou.

CAFÉ BELGA

Place Eugène-Flagey 18
Ixelles
✆ +32 2 640 35 08
info@cafe-belga.com
Métro : Louise ou tram 81.
C'est le café branché de Flagey attirant les soirs de week-end une foule de gens venue profiter de son emplacement idyllique, sur les étangs ! En été, trouver une place en terrasse relève de l'exploit, il faut alors s'armer de patience à l'image des irréductibles de l'endroit qui envahissent allégrement l'espace en prenant place par terre un verre à la main – ce qui rend au passage l'atmosphère moins pompeuse. Le mieux est encore de s'y rendre le matin pour prendre un café ou encore déjeuner avec de délicieuses tartines, salades et autres petits en-cas.

LE PANTIN

Chaussée d'Ixelles 355
Place Flagey
Ixelles
✆ +32 2 640 80 91
www.lepantin.be
pantinette13@hotmail.com
Ouvert tous les jours de 10h à 24h.
Situé juste au coin de la place Flagey, Le Pantin vaut bien une visite. On y trouve une belle carte de bières qui réchauffe en hiver et aussi une carte des thés. Des salades et des crêpes salées (ingrédients bio) permettent de se remplir agréablement l'estomac. Le décor peut montrer son âge, mais cela fait partie du charme de ce bar. L'endroit est aussi un lieu de rassemblement pour les amateurs d'échecs et de jeux de société.

LA PORTEUSE D'EAU

Avenue Jean Volders 48
Saint-Gilles
✆ +32 2 537 66 46
www.laporteusedeau.be
info@laporteuse.eu
Ouvert du dimanche au jeudi de 11h à 23h ; le vendredi et le samedi de 11h à 0h. La cuisine ferme une heure avant la fermeture. Compter entre 20 € et 25 € pour manger.
En sommeil pendant quelque temps, cette belle taverne, qui recrée un cadre Art nouveau, s'est réveillée... et c'est tant mieux ! L'ambiance 1900 qui règne ici est un vrai bonheur.

LE QUARTIER LATIN

Boulevard du Général Jacques 212
✆ +32 2 230 02 10
www.quartierlatin-xl.be
Tram et bus : Etterbeek Gare.
Ouvert tous les jours de 10h à 2h30.
A quelque dix minutes à pied du cimetière d'Ixelles, juste en face de la gare d'Etterbeek, le Quartier latin est une excellente adresse à l'abri du tourbillon de voitures et de passants des alentours. On y vient pour boire un verre, écouter un concert ou un match d'impro (voir l'agenda sur le site) et pour dîner. Plats de bistro ou cuisine gastronomique, l'un ou l'autre côté de la salle s'accordera à vos désirs.

RALPH'S BAR

Place du Luxembourg 13
Ixelles
✆ +32 2 230 16 13
www.ralphsbar.be
info@ralphsbar.be
Métro : Trône. Bus : Luxembourg.
Ouvert le lundi de 11h à 0h ; du mardi au jeudi de minuit à 1h et de 11h à 0h ; le vendredi de minuit à 3h et de 11h à 0h ; le samedi de minuit à 3h. Terrasse.
Sur la place du Luxembourg, ce bar est une sympathique alternative au Pullman ! La carte des vins est assez développée et le cadre est plus que joli avec ses vestiges d'Art déco.

LE TAVERNIER

chaussée de Boondael 445
Cimetière d'Ixelles
Ixelles
✆ +3226407191
Une superbe terrasse en été, des concerts, des soirées à thème et une clientèle étudiante pas prise de tête, c'est ce que vous trouverez au Tavernier. Le décor s'agence entre des poutres métalliques et des murs en brique donnant un cachet très brut et industriel à l'endroit ! On y passe de très bonnes soirées.

THE WOOD

Chemin de la Meute 1
✆ +32 2 741 63 20
✆ +32 476 60 56 79
www.thewood.be
blue@beegroupe.be
Ouvert du jeudi au samedi de minuit à 7h. Terrasse.
Niché dans le Bois de la Cambre, le bar se transforme le soir venu en espace dédié à la musique et aussi à la danse quelques soirées par mois. Un lieu à multiple vitesses, endroit branché où il est de bon ton de se montrer. Mention spéciale à la terrasse qui promet un été de détente, une coupette de champagne Mumm ou un mojito à la main...

» Clubs et discothèques

LES JEUX D'HIVER

Chemin du Croquet 1
Uccle
✆ +32 2 649 0 864
✆ +32 476 745 085
www.jeuxdhiver.be
info@jeuxdhiver.be
Ouvert du jeudi au samedi de 23h à 7h.
Les Jeux d'hiver situés dans le Bois de la Cambre, est une institution à Uccle. Le lieu, exigeant une tenue correct, est fréquenté par un public BCBG où les portiers n'hésitent pas à recaler ceux qui ne correspondent

pas à telle exigence. Enfin, ceux désireux de trouver une boîte où l'on danse jusqu'au bout de la nuit risquent d'être déçus car les jeux ne sont fréquentés que par un public qui danse très peu et toujours sur une musique commerciale.

SPIRITO MARTINI

Rue de Stassart 18
Ixelles
✆ +32 483 58 06 97
www.spirito-martini.com
info@spirito-martini.com

Le Spirito est un temple de la nuit Bruxelloise, aménagé dans une ancienne église anglicane. Le lieu est unique autant par la qualité de son décor que par l'ambiance qui y règne. La clientèle est de niveau assez relevé, ce qui est dû à la sélection stricte qui s'y fait à l'entrée. Le Spirito dispose d'un immense *dance floor* autour duquel gravitent de petits coins *lounge* de relaxation et différents bars.

STUDIO 44

Avenue de la Toison d'Or 44
Ixelles
✆ +32 472 803 729
Ouvert le jeudi de 22h30 à 0h.

Le Studio 44 est un club qui se trouve entre Porte Louise etPorte Namur, à deux pas d'un fastfood ouvert jusqu'aux petites heures pour lesaffamés nocturnes. Sa programmation musicale y est plutôt faite de musiquescommerciales, R'N'B, rap et House alors que l'intérieur y est assez fashion. Ilpropose des soirées alcool à volonté, le jeudi et le samedi « boys&girls » avec une entée facturée 1€ pour les filles et 4€pour les garçons. Autre concept de soirée pour les anniversaires, champagne àvolonté, un tour en limousine et enfin un pack cadeau est offert.

» Spectacles

THÉÂTRE DE LA TOISON D'OR – TTO

Galerie de la Toison d'Or 396-398
Ixelles
✆ +32 2 510 0 510
www.ttotheatre.be
info@ttotheatre.be
Métro : Porte de Namur.

L'un des plus sympathiques théâtres de la capitale, sans prise de tête mais avec de vrais têtes pensantes dans le registre de la dérision « à la belge ». L'espace restaurant a été complètement rénové en mars et la carte est toujours raccord avec l'affiche : malin. Nathalie Uffner, heureuse et joyeuse directrice artistique de cette toute bonne adresse, nous propose même des cours de cuisine en vidéo.

© THÉÂTRE DE LA TOISON D'OR – TTO

Théâtre de la Toison d'Or.

THÉÂTRE DE L'L
Rue Major René Dubreucq 7
✆ +32 2 512 49 69
www.llasbl.be - contact@llasbl.be
Métro : Porte de Namur.
Bus : Matonge (71)
Lieu de représentation, de création et de répétition dont les objectifs sont la production de créations contemporaines et l'accueil de jeunes créateurs en résidence. Voici un lieu pour les curieux !

THÉÂTRE MARNI
Rue de Vergnies 25
Ixelles
✆ +32 2 639 09 80
www.theatremarni.com
Métro : Louise.
Au programme, concerts de jazz, des spectacles de danses et des expositions.

THÉÂTRE DE POCHE
Bois de la Cambre
Chemin du Gymnase 1A
✆ +32 2 649 17 27
www.poche.be
Niché au cœur du bois de la Cambre, le Théâtre de Poche réveille la conscience politique et sociale de ses spectateurs. Par temps d'hiver, passez-y donc prendre un verre, assis au coin du feu. Délicieux moment.

THÉÂTRE VARIA
Rue du Sceptre 78
Ixelles
✆ +32 2 640 82 58
www.varia.be
direction@varia.be
Métro : Trône.
Ce théâtre compte deux salles. La première, le Grand Varia se situe dans le bâtiment principal, la deuxième se trouve rue Gray à deux pas. La programmation contemporaine met en avant les textes et les acteurs belges mais on retrouve aussi les auteurs internationaux. Des services supplémentaires sont proposés comme des représentations pour écoles, visites et rencontres, parking, resto-bar et librairie (ouverte les soirs de représentations).

© STEPHAN SZEREMETA

Organiser son séjour

© AUTHOR'S IMAGE

Pense futé

›› Argent

La monnaie courante est l'euro.
Des distributeurs de billet, des Bancontact ou Mistercash sont dissimulés un peu partout dans la ville.

›› Climat

Si un vêtement est à prendre dans votre valise, c'est un coupe-vent et un imperméable. Parce que la météo n'en fait qu'à sa tête. La température ne diffère pas tant de la capitale française. A savoir une moyenne de 20°C en été et 5°C en hiver.

›› Décalage horaire

Il n'y a pas de décalage horaire entre la Belgique, la France et la Suisse. Par contre, il y a + 6 heures de décalage par rapport au Canada.

›› Formalité

Pour les ressortissants de l'Union européenne, une carte d'identité ou un passeport valides suffisent pour entrer au Royaume. Tandis que les autres visiteurs devront, quant à eux, présenter un passeport et obtenir un visa ou un permis de travail (s'ils souhaitent travailler).

›› Internet

Bruxelles compte pas mal de cybercafés, qui sont en réalité des *nightshop* (magasins ouverts la nuit), mais qui ont un coin Internet en plus de leur coin téléphone.
Si vous prenez votre ordinateur portable avec vous, de nombreux bars ont le wi-fi et le mettent à disposition de leurs clients.

» Langues parlées

Au Royaume belge, trois langues sont parlées : le français, le néerlandais et l'allemand (qu'on a tendance à oublier).

» Sécurité

Attention aux pickpockets, comme dans toutes les grandes villes touristiques, mais sinon pas d'inquiétude à avoir.

» Téléphone

Pour appeler en Belgique depuis l'étranger :
De l'Europe : 00 32 (indicatif de zone géographique) + le numéro de votre correspondant sans le 0.
Du Canada : 00 11 + 32 + le numéro de votre correspondant sans le 0.

Pour appeler depuis la Belgique :
En France : 00 33 (indicatif de zone géographique) + le numéro de votre correspondant sans le 0.
En Suisse : 00 41 (indicatif de zone géographique) + indicatif de la ville + le numéro de votre correspondant.
Au Canada : 00 1 + indicatif de la ville + le numéro de votre correspondant.

» Tourisme

BRUXELLES INFO PLACE
Rue Royale 2-4
✆ +32 2 563 63 99
www.biponline.be
info@bip.irisnet.be
Métro : Parc ou Trône.
Tram et bus : Palais.
Ouvert tous les jours de 10h à 18h.
Tout ce que vous devez savoir, et même un peu plus, pendant votre séjour à Bruxelles se trouve ici ! Besoin d'une carte ou du plan du métro ? Un livre d'architecture pour découvrir Horta ? Une chambre d'hôtel de dernière minute ? Un billet pour un spectacle à l'Ancienne Belgique ? Louer unvélo ? Apprendre la cuisine ? Un resto ouvert le lundi après 22h ? Presque toutes les réponses se trouvent au BIP !

VISITBRUSSELS
Hôtel de ville
Grand-Place 1
✆ +32 2 513 89 40
www.visitbrussels.be
info@visitbrussels.be
Ouvert tous les jours de 9h à 18h. Fermé le 25 décembre, le 1er janvier.
On file s'y procurer une série de *mini-maps* thématiques (Foodies, Tintin, Art nouveau, 14-18, Green, Jacques Brel, etc.) et bien documentées au tarif unitaire de 1 €. En vente sur place également, la Brussels Card est valable 72 heures (39 €), 48 heures (32 €) ou 24 heures (24 €). La carte donne accès à 39 des grands musées de Bruxelles.
On bénéficie en outre de réductions dans de nombreuses attractions touristiques, institutions culturelles, commerces, restaurants et bars. Plus d'infos sur leur site.
Visitbrussels distribue également d'autres brochures pratiques et organise des visites guidées pour groupes et le fameux bus Hop-on Hop-off. Ils peuvent également réserver une chambre d'hôtel (tarifs vraiment très intéressants en *last* minute).

Y aller

Par avion, train ou bus, Bruxelles est facilement atteignable et pour toutes les bourses. Les tout petits budgets préfèreront le bus malgré un trajet un peu plus long.

Mais, pour allier prix et temps de trajet, préférez le train. Environ 1 heure 30, pour une centaine d'euros. L'avion ne permet pas un gain de temps important si l'on compte les heures perdues à l'aéroport, l'enregistrement, etc.

» En avion

Prix moyen d'un vol Paris-Bruxelles : environ 200 €, invariablement en haute saison/basse saison. A noter que la variation de prix dépend de la compagnie empruntée mais, surtout, du délai de réservation. Pour obtenir des tarifs intéressants, il est indispensable de vous y prendre très en avance.

Pensez à acheter vos billets six mois avant le départ !

■ **AIR FRANCE**

✆ 36 54 - www.airfrance.fr

C'est KLM qui assure les liaisons de Paris à Bruxelles, les vols se font donc via Amsterdam. En revanche, Air France offre des vols directs au départ de certaines villes de province comme Lyon (comptez 1 heure 20 en vol direct) ou Bordeaux (environ 1 heure 35).

■ **EASYJET**

✆ 08 05 08 03 94

www.easyjet.com

La compagnie propose un vol direct et quotidien au départ de Lyon. Egalement plusieurs départs de Nice par semaine.

■ **HOP !**

France

✆ 08 92 70 22 22

www.hop.com

Accueil téléphonique du lundi au vendredi de 6h30 à 21h, le samedi de 9h30 à 18h et le dimanche de 9h30 à 20h.

HOP ! est née de l'alliance de 3 compagnies aériennes régionales (Airlinair, Brit Air et Regional) au sein du groupe Air France. Elle offre ses solutions de mobilité pour les liaisons interrégions, en France et en Europe. HOP ! Air France en chiffres c'est 600 vols quotidiens vers 50 escales desservies, 96 avions de 48 à 212 sièges, des tarifs à partir de 59 € TTC l'aller simple, 130 lignes (à l'été 2015), 4 Navettes au départ de Paris Orly : Bordeaux, Marseille, Nice et Toulouse et 2 principaux hubs en France : Lyon (27 lignes) et Paris-Orly (20 lignes).

RYANAIR
✆ 08 92 56 21 50
www.ryanair.com
Ryanair propose des vols à bas prix pour Bruxelles au départ des aéroports de Bergerac, de Limoges, de Nîmes, de Grenoble, de Perpignan, de Pau, de Carcassonne, de Marseille et de Montpellier.

» En train

Rejoindre Bruxelles en train est facile. 1 heure 30 de trajet et vous voilà arrivé en ayant déboursé entre 25 et 100 €.

THALYS – SNCF
✆ +33 8 25 84 25 97
www.thalys.fr
De nombreux départs pour la Belgique au départ de Paris-gare du Nord. Quasiment un train par demi-heure.

» En bus

OUIBUS
✆ 08 92 68 00 68
www.ouibus.com
Ouibus se veut être une alternative de choix à la voiture et au train, bas prix, wi-fi gratuit et prises électriques, attente confortable en gare, choix des sièges lors de la réservation, grande attention durant le voyage et sièges adaptés aux personnes à mobilité réduite.

LE BUS DIRECT-PARIS AÉROPORT
✆ 08 10 81 20 01
www.lebusdirect.com
Les cars Air France, désormais rebaptisés Le bus direct, desservent Roissy et Orly Ouest et Sud, 7j/7.

» Agences de voyage

ARTS ET VIE
251, rue de Vaugirard (15e)
Paris
✆ 01 40 43 20 21
www.artsetvie.com
info@artsetvie.com
Autres agences à Grenoble, Lyon, Marseille et Nice.
Cinq continents, soixante pays, à chacun son voyage, que vous aimiez les croisières fluviales et maritimes, les festivals pour assister aux grandes manifestations culturelles européennes, les séjours dans les villes d'art, les circuits de découverte, les grands périples, les voyages nature au cœur de grands paysages, les balades et randonnées, les escapades pour flâner dans l'Europe de la culture... A retenir également, les week-ends et les journées à la découverte du patrimoine national, les nouveaux séjours en résidences Arts et Vie, en Bretagne par exemple.

Sites comparateurs & enchères

N'hésitez pas à surfer sur les sites suivants pour comparer les prix des week-ends, séjours, vols, hôtels, etc.

■ EXPEDIA FRANCE
✆ 01 57 32 49 77
www.expedia.fr
Expedia est le site français n° 1 mondial du voyage en ligne. Un large choix de 300 compagnies aériennes, 240 000 hôtels, plus de 5 000 stations de prise en charge pour la location de voitures et la possibilité de réserver parmi 5 000 activités sur votre lieu de vacances. Cette approche sur mesure du voyage est enrichie par une offre très complète comprenant prix réduits, séjours tout compris, départs à la dernière minute…

■ ILLICOTRAVEL
www.illicotravel.com
Illicotravel permet de trouver le meilleur prix pour organiser vos voyages. Vous y comparerez billets d'avion, hôtels, locations de voitures et séjours. Ce site offre des fonctionnalités très utiles comme le baromètre des prix pour connaître les meilleurs tarifs sur les vols à plus ou moins 8 jours. Le site propose également des filtres permettant de trouver facilement le produit qui répond à tous vos souhaits (escales, aéroport de départ, circuits, voyagistes…).

■ JETCOST
www.jetcost.com
contact@jetcost.com
Jetcost compare les prix des billets d'avion et trouve le vol le moins cher parmi les offres et les promotions des compagnies aériennes régulières et *low cos*t. Le site est également un comparateur d'hébergements, de loueurs d'automobiles et de séjours, circuits et croisières.

■ LILIGO
www.liligo.com
Liligo interroge agences de voyages, compagnies aériennes (régulières et *low cost*), trains (TGV, Eurostar…), loueurs de voitures mais aussi 250 000 hôtels à travers le monde pour vous proposer les offres les plus intéressantes du moment. Les prix sont donnés TTC et incluent donc les frais de dossier, d'agence…

© STÉPHAN SZEREMETA

La Grand-Place.

CLIO
34, rue du Hameau (15e)
Paris
✆ 01 53 68 82 82
www.clio.fr
Agence ouverte du lundi au vendredi de 9h à 19h, le samedi de 10h à 18h.
Le tour-opérateur Clio, dont le nom est inspiré par la muse de l'histoire, vous emmène à la découverte de Bruxelles avec différents circuits et séjours.

CONNECTIONS
Belgique
✆ 070 23 33 13
www.connections.be
contactcenter@connections.be
De nombreuses offres sont proposées par Connections à Bruxelles et parmi celles-là des coffrets week-end à s'offrir pour une escapade à thème (petit déjeuner, dégustation de vin, sauna, etc.).

INTERMÈDES
60, rue de La Boétie (8e)
Paris
✆ 01 45 61 90 90
www.intermedes.com
info@intermedes.com
Ouvert du lundi au jeudi de 9h à 19h ; le vendredi de 9h à 18h ; le samedi de 10h à 13h. Le samedi de 9h30 à 16h de janvier à mars. Horaires d'été du 15 juillet au 15 août : du lundi au vendredi de 9h à 18h.
Intermèdes propose des voyages d'exception et des circuits culturels sur des thèmes très variés : architecture, histoire de l'art, événements musicaux. Intermèdes est à la fois tour-opérateur et agence de voyages. Les voyages proposés sont encadrés par des conférenciers, historiens ou historiens d'art. Les groupes sont volontairement restreints pour plus de convivialité. Intermèdes propose également des voyages sur mesure, avec des nombreuses escapades à découvrir sur Bruxelles.

» Plans alternatifs

Bruxelles insolite et secret. Bruxelles n'a plus de secret pour vous ? Premier séjour et suivre les sentiers touristiques ne vous tente pas ? Laissez-vous guider par les auteurs de *Bruxelles insolite et secret* qui vous emmèneront visiter une autre ville dans la ville. (*Bruxelles insolite et secret*, Nicolas Van Beek et Nathalie Capart, Editions Jonglez).

Bruxelles en BD. Bruxelles et la BD, c'est plus qu'une histoire d'amour. Dans toute la ville, des fresques sont peintes un peu partout en hommage aux créateurs et à leurs personnages de bulle. Sur le site www.brusselsbdtour.com vous pouvez noter les lieux où elles se trouvent et vous amuser à les chercher pour visiter Bruxelles façon BD.

S'y déplacer

Le meilleur moyen de se déplacer à Bruxelles reste les transports en commun. La ville est assez bien desservie. Le week-end, des bus (noctis) roulent la nuit jusqu'à 3h du matin. Tous les horaires et itinéraires sont sur le site Internet de la Stib. Pour les courageux et amoureux des balades, les vélo, Villo ! , sont un excellent moyen de transport écologique et économique. De plus, ils vous permettent de vous déplacer assez librement.

Pour les plus valeureux, une bonne balade à pied, histoire de respirer l'air frais, sera fantastique pour découvrir Bruxelles et son charme parfois caché.

›› Transports en commun

■ **STIB**

✆ +32 70 23 20 00 - www.stib.be

Tarifs : Billet vendu dans les véhicules coûte 2,50 €. (2, 10 € en dehors). Pour cinq voyages : 8 €, pour dix voyages : 14 €. Pour un trajet entre le centre et l'aéroport : 6 € dans les véhicules (4,50 € en dehors). D'autres formules présentent des avantages pratiques et financiers : la formule d'un jour s'utilise à volonté pendant 24 heures pour 7,50 €. Il existe aussi une formule de 3 jours : 18 €.

›› Location de voiture

La voiture n'est pas le meilleur moyen de se déplacer… au contraire. Compliqué de s'y retrouver dans un centre urbain truffé de tunnels, de sens unique et de grands boulevards. Comme toute grande ville, la circulation est périlleuse et le parking payant. Pensez à avoir toujours quelques pièces pour les parcmètres. Attention à bien vous garer, car les amendes tombent rapidement.

ALAMO
✆ 08 05 54 25 10
www.alamo.fr
Avec plus de 40 ans d'expérience, Alamo possède actuellement plus de 1 million de véhicules au service de 15 millions de voyageurs chaque année, répartis dans 1 248 agences implantées dans 43 pays. Alamo met tout en œuvre pour une location de voiture sans souci.

AUTO EUROPE
✆ 08 00 94 05 57
www.autoeurope.fr
reservations@autoeurope.fr
Auto Europe négocie toute l'année des tarifs privilégiés auprès des loueurs internationaux et locaux afin de proposer à ses clients des prix compétitifs. Les conditions Auto Europe : le kilométrage illimité, les assurances et taxes incluses dans de tout petits prix et des surclassements gratuits pour certaines destinations. Vous pouvez récupérer ou laisser votre véhicule à l'aéroport ou en ville.

BSP AUTO
✆ 01 43 46 20 74
www.bsp-auto.com
Ouvert du lundi au vendredi de 9h à 21h30, le week-end de 9h à 20h. Location de voitures sur votre ordinateur.
Il s'agit là d'un prestataire qui vous assure les meilleurs tarifs de location de véhicules auprès des grands loueurs dans les gares, aéroports et centres-villes. Les tarifs comprennent toujours le kilométrage illimité ainsi que les assurances. Les bonus BSP : réservez dès maintenant et payez seulement 5 jours avant la prise de votre véhicule, pas de frais de dossier ni d'annulation, la moins chère des options zéro franchise.

Tramway parcourant l'avenue Louise.

Collecto, un taxi nommé... plaisir !

Se déplacer en taxi à Bruxelles la nuit, pour un prix raisonnable. Avec ce principe assez simple : entre 23h et 6h du matin, 7j/7, les départs se font à partir des bornes Taxi Collecto (souvent mentionnées sur les mêmes poteaux où figurent les horaires de bus et de tram). Départs – sur réservation 20 minutes avant – toutes les demi-heures, à l'heure fixe et à la demie. Ces taxis collectifs se limitent aux 19 communes de Bruxelles.
La réservation se fait en laissant un message au 02 800 36 36 ou par SMS au 04 93 49 49 49 en respectant le schéma suivant : nombre de personnes.heure.numéro du point d'embarquement de Collecto. Pour connaître le numéro du point d'embarquement, RDV sur le site Internet.

La course : 6 € par personne (5 € pour les possesseurs d'un abonnement STIB ou de la carte MOBIB). +32 2 800 36 36 – www.collecto.org ou www.stib.be

CARIGAMI
✆ 08 00 73 33 33
www.carigami.fr
Ce site Internet vous permet de comparer les offres de plusieurs courtiers et de louer une voiture quelle que soit votre destination. Un large choix de voitures citadines, monospaces, cabriolets, 4x4... L'évaluation de l'assurance et les avis clients sont affichés pour chacune des offres. Annulation gratuite jusqu'à 24h à l'avance.

TRAVELERCAR
✆ 01 73 79 27 21
www.travelercar.com
contact@travelercar.com
Service disponible aux aéroports de Roissy-CDG, Orly, Beauvais et Lyon St-Exupéry.
Agir en éco-responsable tout en mutualisant l'usage des véhicules durant les vacances, c'est le principe de cette plateforme d'économie du partage, qui s'occupe de tout (prise en charge de votre voiture sur un parking de l'aéroport de départ, mise en ligne, gestion et location de celle-ci à un particulier, assurance et remise du véhicule à l'aéroport le jour de votre retour, etc.). S'il n'est pas loué, ce service vous permet de vous rendre à l'aéroport et d'en repartir sans passer par la case transports en commun ou taxi, sans payer le parking pour la période de votre déplacement !

» Vélo

Si les vélos restent un bon moyen de transport, il ne faut surtout pas oublier de bien vous éclairer la nuit et d'être prudent quand-même : le centre-ville de Bruxelles n'est pas Amsterdam...

17H ▸ 20H
DU LUNDI
AU SAMEDI
HAPPYHOUR FG.
L'AFTERWORK D'ANTOINE BADUEL SUR RADIO FG.
INFOS · SORTIES · MUSIQUE
ET DES VOYAGES DE RÊVE À GAGNER
FG. EN ÉCOUTE SUR RADIOFG.COM

■ **PRO VÉLO**
Rue de Londres 15
Ixelles
✆ +32 2 502 73 55
www.provelo.org
info@provelo.org
Métro : Trône
Ouvert en semaine de 10h à 13h30 et de 14h à 18h, le week-end de 10h à midi et de 12h30 à 18h.
Vous les trouverez facilement, près de la place du Trône (Métro 2 : station Trône, SNCB : Bruxelles-Luxembourg). D'autres boutiques Pro Vélo à Woluwé Saint-Pierre (dans la prolongation de l'avenue du parc de Woluwé) et dans le bois de la Cambre (carrefour des Attelages). Un service de location met à disposition des vélos pour adultes et pour enfants. Pour 1 heure, comptez 4 €, pour une journée 16 €, pour un week-end 25 €. Des visites guidées de qualité (www.provelo.org) sont programmées selon un calendrier bien établi, disponible sur Internet ou à la maison des Cyclistes.

■ **VILLO**
Allée Verte 50
✆ +32 78 05 111 0 /
+32 475 58 07 87
www.villo.be
contact.villo@jcdecaux.be
Un système de location de vélos (jaunes), disponible 7j/7, 24h/24. Grâce à une carte d'abonnement d'un an, disponible sur le site Internet, d'une semaine disponible aux bornes de location, payable par carte bancaire ou d'un jour, également aux bornes de location. Il vous est possible d'emprunter un vélo dans une des stations de location réparties dans toute la ville et quand vous avez terminé, vous le déposez dans n'importe quelle station. Un dépôt est demandé, quel que soit le type d'abonnement, mais il n'est encaissé qu'en cas de dommage. Super pratique !

© JP-REMY

Visite guidée en car, le Palais Royal.

Se loger

Petit conseil futé avant de réserver votre chambre :

- **le week-end,** les grands hôtels diminuent le prix de leurs chambres parfois de moitié, pensez à consulter leur site ou les grands sites de réservation en ligne !

■ BRUSSELS BOOKING DESK
rue Royale (quartier des musées) 2-4
✆ +32 2 563 61 04
www.brusselsbookingdesk.be
Les disponibilités sont centralisées, des tarifs « week-end » et « vacances » avantageux proposés et ce, pour tous les budgets... Bref, une adresse rudement utile quand on ne trouve pas d'hôtel disponible.

›› Locations tous quartiers

■ BELSUD
Rue du Marché-aux-Herbes 61
✆ +32 2 504 02 80
www.belsud.be - info@opt.be
Métro : Centrale ou De Brouckère.
Tram et bus : Bourse ou De Brouckère.
Ce service dépend de l'OPT et dispose d'une sélection de chambres d'hôte. Tarifs indicatifs d'une nuitée : en catégorie classique, à partir de 45 € pour une personne et de 65 € pour deux. Dans la gamme supérieure, à partir de 65 € pour une personne, et de 85 € pour deux. Enfin, pour les adresses au cadre de prestige, ne comptez pas moins de 120 € pour une chambre double.

■ BED & BRUSSELS
Rue Kindermans 9
✆ +32 2 646 07 37
www.bnb-brussels.be
Tram : Vleurgat.
Banque de données de plus de 350 B&B dans la capitale, Bed & Brussels est une aubaine pour l'amateur du genre ! Les familles sont triées sur le volet et on vous offre dès lors un séjour de choix.

Des services connexes sont proposés : transfert de l'aéroport ou de la gare, visites à thème, etc. Réservations en direct via le web (possibilité de vidéo réservation) qui, cela dit en passant, regorge de bonnes info pour visiter Bruxelles.

BRUSSELS@HEART
32 rue des Commerçants
✆ +32 496 86 54 60 / +32 498 62 81 16
www.brussels-at-heart.be
info@brussels-at-heart.be
Métro, tram et bus : Yser.
2 chambres. Tarif : 110 € la nuit pour une personne, 125 € pour deux, 200 € pour trois. Tarif dégressif sur la durée.
Deux très beaux appartements très cosy et décorés avec goût dans le centre de Bruxelles près de la place de Brouckère. Cuisine, salle de bains privée, wi-fi, TV satellite, lecteur DVD.

CITADINES APPARTHOTELS
Avenue de la Toison-d'Or 61-63
Saint-Gilles
✆ +32 2 543 53 53
www.citadines.com
toison@citadines.com
Métro, tram et bus : Louise.
Studio pour deux à partir de 170 € par jour pour moins d'une semaine, à partir de 149 € d'une semaine à un mois, à partir de 97 € pour plus d'un mois. Deux pièces pour quatre personnes de 162 € à 200 € par jour.
Appartements et studios privés, salon, salles de réunion. La résidence est très confortable, propre et agréable : on se sent comme chez soi. Située on ne peut mieux, en plein cœur du haut de la ville, Citadines propose aussi le Bed & Breakfast de prestige. Si vous souhaitez louer un studio ou un appartement, sachez que les tarifs sont dégressifs en fonction de la durée de votre séjour.

Citadines Apparthotels.

© CITADINES APPARTHOTELS

» Grand-Place, Monnaie et De Brouckère

2GO4 HOSTEL
Boulevard Emile-Jacqmain 99
✆ +32 2 219 30 19
www.2go4.be
Lits en dortoirs ou en chambres privées. Connexion Internet gratuite.
Les auberges de jeunesse privées, ça existe ! La preuve par celle-ci à deux minutes de la place de la Monnaie. Installée dans une maison de maître avec une belle hauteur sous plafond, son style est plutôt sympa. L'ensemble est propre, l'ambiance colorée et le salon est équipé d'une cheminée. Une cuisine est mise à disposition. Les draps (et les serviettes de bain pour les chambres particulières) sont fournis, le café offert le matin et il n'y a pas de couvre-feu imposé.

HÔTEL LA MADELEINE
Rue de la Montagne 22
✆ +32 2 513 29 73
www.hotel-la-madeleine.be
Accueil 24h/24. 56 chambres. Animaux acceptés. Connexion Internet.
Derrière leur façade du 15e siècle et classée monument historique, on choisit parmi les 56 chambres confortables offrant toutes les facilités nécessaires, allant de la chambre individuelle économique à la chambre exécutive. Accueil personnalisé dans une ambiance familiale. Rapport qualité-prix intéressant et localisation idéale pour un séjour à Bruxelles. A proximité de la gare centrale et en plein cœur historique de la ville (à deux pas de la Grand-Place !). En bref, tous les points d'intérêt sont accessibles à pied et le métro de la gare centrale emmène les visiteurs bien au-delà (Atomium,...).

HÔTEL MOZART
Rue du Marché aux Fromages 23
✆ +32 2 502 66 61
www.hotel-mozart.be
hotel.mozart@skynet.be
50 chambres.
Hôtel au style pour le moins étonnant, implanté au beau milieu d'une rue des plus vivantes du centre-ville. L'immeuble de caractère qui l'abrite date du 17e siècle et ses 50 chambres ont toutes été personnalisées dans un style Louis XV. Cette décoration insolite et kitsch à la fois, mais néanmoins chaleureuse, donne presque une impression d'être chez soi. Le propriétaire est également connu pour venir en aide aux plus démunis en cas de grand froid, n'hésitant pas à les loger et à les nourrir ! Préférer les chambres donnant vers l'arrière, plus calmes.

HÔTEL RÉSIDENCE LE QUINZE
Grand Place 15
✆ +32 2 511 09 56
www.hotel-le-quinze-grand-place.be
info@lequinze.be
Chambre simple de 98 € à 168 € ; chambre double de 119 € à 215 €.
Simple et basique, le Saint-Michel dispose de 14 chambres pourvues de... Stop ! Que tous ceux qui ont connu l'ancien établissement laissent ici leurs a priori... l'hôtel a fait peau neuve et a même changé de nom. Il porte désormais pour enseigne « Le 15 », comme le numéro de la rue ou comme le nombre de chambres. Celles avec vue sur la Grand-Place sont d'un romantisme échevelé mais gare aux nuits d'été si vous dormez la fenêtre ouverte, c'est parfois bruyant. Un bon point supplémentaire pour l'accueil personnalisé et le Wi-fi gratuit. Le décor rappelle les belles années de Bruxelles. Poussez les portes de cette résidence hôtel pour un voyage direct vers l'ambiance de Bruxelles Expo 58. Idéal pour de « longs séjours », vous disposerez de tout ce dont vous aurez besoin pour un séjour le plus agréable possible. Chaque matin, un petit déjeuner vous sera servi dans l'Estaminet du Kelderke. Quoi de mieux qu'une vue imprenable sur un site classé par l'UNESCO pour déguster le premier repas de la journée ?

© PANTONE HÔTEL

■ **PANTONE HÔTEL**
Place Loix 1
Saint-Gilles ✆ +32 2 541 48 98
www.pantonehotel.com
59 chambres. Wi-fi.
Avec sa situation idéale (proche de l'avenue Louise et à environ 15 minutes à pied de la Grand-Place), cet hôtel moderne est pour le moins original. Les 59 chambres au décor *design* sont hautes en couleur. Cela met de la gaité et permet de bien commencer la journée. Demandez les chambres des derniers étages : la vue sur la ville est splendide !

■ **PILLOWS BRUSSELS**
Place Rouppe 17
✆ +32 2 204 00 40
www.sandton.eu/pillowsbrussels
pillowsbrussels@sandton.eu
45 chambres. Chambre double à partir de 110 €. Petit déjeuner inclus. Connexion Internet.
Le Pillows Sandton – 45 chambres, entre gare du Midi et Grand Place – se positionne comme un des meilleurs hôtels dans sa catégorie. Au menu, chambres spacieuses, personnalisées et équipées de tout l'attirail digne d'un 4 étoiles (y compris le mini bar, le peignoir de bain et les chaussons). On loue la facilité d'accès et la proximité immédiate du centre-ville, on vénère la qualité de la literie et la diversité du petit déjeuner, on encense ses deux bars, l'un à cocktails, l'autre à champagnes. Le Pillows est juste à côté du Comme Chez soi, une idée toute bruxelloise du grand luxe !

■ **SLEEP WELL YOUTH HOSTEL**
Rue du Damier 23
✆ +32 2 218 50 50
www.sleepwell.be
info@sleepwell.be
Wi-fi gratuit.
Infrastructure attrayante dans sa catégorie, toutes les chambres (y compris les dortoirs de six lits) sont équipées de sanitaires et douches privés. Les chambres STAR sont également équipées de télévisions écran plat et de petits réfrigérateurs. On y trouve aussi un bar, un restaurant et une salle TV. Le petit-déjeuner buffet est varié, copieux et gratuit ! Restauration possible midi et soir pour des groupes de 15 personnes minimum. Sleep Well fêtera ses 40 ans d'existence en 2017 !

■ **VAUDEVILLE**
Galerie de la Reine 11
✆ +32 2 511 23 45
www.theatreduvaudeville.be
ronan@cafeduvaudeville.be
Quelle magnifique situation pour ces chambres d'hôtes particulièrement insolites ! Le Théâtre du Vaudeville, aujourd'hui rénové, est devenu lieu de manifestations et d'événements

divers au cœur des splendides Galeries Saint-Hubert. Juste à côté un restaurant de cuisine et d'ambiance actuelles avec une grande terrasse dans la galerie. Et aussi quatre chambres : Explorateur, Diva, Madame Loulou et Black & White. Notre préférence va clairement au style de cette dernière mais les trois autres méritent aussi le coup d'œil.

» Marolles, Sablon et Mont des Arts

AUBERGE DE JEUNESSE BRUEGEL
Rue du Saint-Esprit 2
✆ +32 2 511 04 36
www.vjh.be – info@vjh.be
Métro : Gare centrale
ou lignes de bus 27, 48 arrêt
« Église de la Chapelle ».
Prix avec petit déjeuner : à partir de 22 €. Réductions enfants. Chambres de 1 à 4 personnes. Pique-nique et repas chaud proposés.
Ambiance « voyageurs du monde entier », idéale pour les rencontres et les fêtes improvisées, mais pas franchement pour le repos : blotti derrière l'église Notre-Dame-de-la-Chapelle, le bâtiment qui abrite cette auberge est envahi, en saison, de groupes de jeunes parfois bruyants ! Les chambres confort sont équipées de salles de bains privées.

AUBERGE DE JEUNESSE JACQUES BREL
Rue de la Sablonnière 30
✆ +32 2 218 01 87
www.laj.be
brussels.brel@hostelbrussels.be
M° Botanique ou Madou
A partir de 20 € la nuit. Enfants entre 3 et 15 ans 50% de réduction. Petit déj bio inclus.
Récemment rénovée, l'auberge de jeunesse est située près du jardin botanique, à environ 10 minutes à pied de la Grand-Place. Elle dispose de plus de 171 lits répartis dans des chambres et des dortoirs. Parmi les services en libre accès : Internet, cafétéria, bagagerie, jeux, bibliothèque… En été, des concerts gratuits et de grands barbecues y sont régulièrement organisés : ambiance garantie !

HAPPY GUESTHOUSE
Rue de l'Hôpital 27
✆ +32 471 58 04 97
www.happyguesthouse.be
info@happyguesthouse.be
Métro : Centrale. Tram : Royale.
Bus : Parlement Bruxellois.
A partir de 108 € avec petit déjeuner. Parking de la ville couvert à deux pas (15 € par jour). Arrivée à tout moment du jour et de la nuit (système de code et badge).

© HAPPY GUESTHOUSE

Happy Guesthouse.

ORGANISER SON SÉJOUR

Happy Guest House porte bien son nom : l'accueil chaleureux et attentionné de Sophie ne peut que rendre ses invités heureux ! Convivialité, sourire et découverte sont d'ailleurs les maîtres-mots pour cet établissement idéalement situé. C'est dans un cadre agréable et proche du centre, au mobilier joliment pensé et à la décoration choisie avec goût, que vous pourrez en effet séjourner. Si vous aviez encore un doute, le petit déjeuner copieux saura vous convaincre ! N'hésitez pas.

HÔTEL GALIA
Place du Jeu-de-Balle 15-16
✆ +32 2 502 42 43
www.hotelgalia.be
hotelgalia@hotelgalia.be
Ouvert toute l'année. Accueil 24h/24. Vingtaine de chambres. Réduction de 5 € par chambre et par nuitée en cas de réservation online. Restauration. Tv satellite.
Situé place du Jeu de Balle, quartier très animé en journée grâce à son célèbre marché « aux puces ». On y prend un malin plaisir à consommer chaque coin de rue avant d'attaquer la Grand-Place. Les chambres sont bien équipées et ont été rénovées récemment. Autant dire qu'elles sont véritablement charmantes et qu'on n'y manque de rien. Plus inédit, on trouve des chambres quadruples et même quintuples ! Grand buffet pour le petit déjeuner. Service top et souriant à tout niveau ! Merci Nicolas !

VILLA SABLON
Rue Sainte-Anne 26
✆ +32 477 81 37 81
www.villasablon.com
info@villasablon.com
Dans cette maison du Grand Sablon, on trouve 4 chambres modernes et de grand confort, meublées avec goût et aménagées avec soin (on a *flashé* sur l'audacieuse Suite Orange !). Le petit déjeuner permet de tester les produits régionaux (dont des confitures maison) et le dimanche, on déjeune chez Wittamer. Pas avare de conseils, Gaëlle donne ses adresses hors des sentiers battus. Son mari étant pilote de ligne, Gaëlle voyage virtuellement pendant ce temps grâce aux hôtes qu'elle accueille... Autres chambres d'hôtes, mêmes propriétaires, dans le quartier Louise, à Woluwe et à... Croix-Valmer !

Auberge de jeunesse génération Europe.

» Dansaert, Saint-Géry et Sainte-Catherine

AUBERGE DE JEUNESSE GÉNÉRATION EUROPE
Rue de l'Eléphant 4
Molenbeek-Saint-Jean
✆ +32 2 410 38 58
www.lesaubergesdejeunesse.be
Métro : Comte de Flandre.
A partir de 20 € la nuit, petit déj bio inclus. 50 % de réduction pour les enfants entre 3 et 15 ans. Jardin.

Ici, les chambres ont leur propre salle de bains. Plus de confort que certains hôtels à un prix auberge de jeunesse. Insolite à Bruxelles, le site offre 5 emplacements pour camping-cars avec aire de services complète.

■ BRUSSELS WELCOME HOTELS
Quai au Bois-à-Brûler 23
✆ +32 2 219 95 46
www.hotelwelcome.com
info@hotelwelcome.com
Métro : Sainte-Catherine.
Chambre double à partir de 98 €. Petit déjeuner inclus. Wi-fi.
Un hôtel familial, idéalement situé au cœur du vieux Bruxelles, près de la place Sainte-Catherine. Divers pays exotiques ont inspiré le thème des dix-sept chambres : une superbe harmonie de bleus pour la chambre Zanzibar, des colonnes de bois sculptées pour la chambre India, un kimono de soie pour la chambre Japon… Et, pour couronner le tout, le patron a fait appel à Marc De Meyer, artiste bruxellois, pour peindre certains murs en trompe-l'œil. Une très belle adresse !

■ CITADINES SAINTE-CATHERINE
Quai au Bois à Brûler 51
✆ +32 2 221 14 11
www.citadines.com
Parking.
Cet appart'hôtel avec jardin intérieur, est situé au cœur de la ville et à quelques pas de la Grand-Place avec ses fameuses maisons brabançonnes du XVIe siècle et son marché aux fleurs. Métropole cosmopolite européenne, Bruxelles demeure une ville d'art et de culture ; en témoignent ses musées Breughel, d'Art moderne et d'Art ancien. Patrie de Tintin, elle possède un réel art de vivre et une foule de bonnes adresses à découvrir.

© CENTRE VINCENT VAN GOGH – CHAB

Centre Vincent Van Gogh – Chab.

Autre adresse : Avenue de la Toison d'Or 61-63 à 1060 Saint-Gilles ✆ +32 2 543 53 53.

■ HÔTEL ORTS
Rue Auguste Orts 38-40
✆ +32 2 450 22 00
www.hotelorts.com
Métro : Bourse.
Chambre double à partir de 150 €. Wi-fi.
Ce boutique-hôtel décoré avec goût propose 13 chambres et une suite, toutes très bien équipées avec salle de bains, TV, mini bar. On y trouve également une belle terrasse qui prolonge un café-resto de bonne tenue. Idéal pour explorer la ville, grâce à sa situation hyper centrale dans le quartier branché de Saint-Géry.

» Schaerbeek, Saint-Josse et Woluwé Saint-Lambert

■ CENTRE VINCENT VAN GOGH – CHAB
Centre Vincent Van Gogh
Rue Traversière 8
Saint-Josse-ten-Node
✆ +32 2 217 01 58
www.chab.be – info@chab.be
Métro : Botanique.
Lit à partir de 21 € en dortoir, 36,50 € en chambre individuelle, 28 € en chambre double.

© HÔTEL BLOOM

Hôtel Bloom.

■ HÔTEL BLOOM

rue Royale 250
Saint-Josse-ten-Node
✆ +32 2 220 66 11
www.hotelbloom.com
book@hotelbloom.com
Accueil 24h/24. 305 chambres. Chambre double à partir de 119 €. Parking. Connexion Internet.
Décalé par rapport aux établissements standardisés, l'Hôtel Bloom offre des chambres uniques, et signées par des artistes plasticiens. Ceux-ci se sont appliqués à les décorer sur le thème du *Bloom* (autrement dit sur les thèmes de « l'épanouissement » ou de la « floraison »). Résultat, les fresques qui surplombent les lits sont bluffantes ! Le petit déjeuner est bio, le personnel simple et aimable, et l'ensemble jouit d'un très bon rapport qualité-prix ! La place De Brouckère est à 20 minutes à pied, le Botanique à deux pas.

■ HÔTEL LAMBEAU

Avenue Lambeau 150
Woluwé-Saint-Lambert
✆ +32 2 732 51 70
www.hotellambeau.com
Métro : Georges-Henri.
Dans un quartier résidentiel calme, ce petit hôtel familial comprend 24 chambres tout confort, au style à la fois contemporain et « un brin » Art déco, en tonalités noire, blanche et grise. Toutes disposent d'une salle de bains (sèche-cheveux), d'une télévision avec canal vidéo (choix de films à la réception), d'un minibar, d'un téléphone privé et même d'un presse-pantalon ! Si on y ajoute un service impeccable, on comprendra qu'il s'agit d'une bonne adresse. Bien sûr, ce n'est pas le cœur de la ville, mais le métro est tout près, ainsi que le superbe parc du Cinquantenaire.

›› Saint-Gilles, Ixelles et Uccle

■ AUBERGE 3 FONTAINES

Chaussée de Wavre 2057
Auderghem ✆ +32 2 663 24 32
http://www.auberge3fontaines.be
contact@auberge3fontaines.be
51 chambres. A partir de 21,50 € la nuit, petit déj non inclus. Parking voitures et cars.
Des chambres de 2, 4 et 5 lits, grande terrasse sud, bières belges au bar et deux cafétérias. Mais aussi de quoi garder la forme avec tennis, squash et badminton ou alors flâner ou jogger dans la forêt et autour des étangs. Bref, voilà assurément l'auberge la plus verte de Bruxelles !

Auberge 3 fontaines.

© AUBERGE 3 FONTAINES

LE BERGER
Rue du Berger 24
✆ +32 2 510 83 40 /
+32 477 26 14 87
www.lebergerhotel.be
info@lebergerhotel.be
Métro : Porte de Namur.
Tram : Stéphanie. Bus : Quartier Saint-Boniface ou Matonge.
Le restaurant est ouvert du lundi au samedi de 19h30 à minuit (budget entre 40 € et 60 €) et le bar de 17h30 à minuit (budget de 4,50 € à 11 €). Chambre àpd 55 €, packages possible entre 99 et 135 € (voir site internet pour plus d'informations).
Situé dans une petite rue perpendiculaire à la chaussée d'Ixelles, l'hôtel Le Berger promet un séjour atypique et délicieux. Les chambres sont décorées dans un esprit *vintage* en mémoire du passé sulfureux de l'établissement. Un bar à vin et un très bon restaurant italien y sont attachés. Un joli endroit pour un séjour en amoureux (l'hôtel propose des packages « couple » avec bouteille de champagne et panier gourmand).

MAISON DE AZ
Rue de la Victoire 3
Saint-Gilles
✆ +32 2 534 94 88
www.maisonaz.com
info@maisonaz.com
Chambre double à partir de 125 €. Enfants de moins de 6 ans : gratuit.
Non loin de la Porte de Hal, ce B&B installé dans une maison de maître de la fin du 19e est tenu par Annick et Patrick, deux fous d'art. On retrouve leur passion dans la décoration excessivement réussie de chacune des chambres (une bleue, une orange, une rouge et une noire). N'hésitez pas à leur demander des tuyaux : l'accueil est des plus chaleureux !

URBANROOMS
Rue Alsace Lorraine 10
Ixelles
✆ +32 471 95 15 35
www.urbanrooms.be
contact@urbanrooms.be
Chambre double à partir de 95 €. Wi-fi gratuit.
Accueillante maison bruxelloise et vrai havre de paix, la décoration épurée très tendance en plus ! Ce B&B aménagé par un jeune couple d'architectes propose un petit déjeuner dans la *wake up room* pour un réveil en douceur et lecture au coin du feu. De quoi profiter d'un de ces moments de détente, rares dans la capitale. Les beaux jours, la terrasse permet de capter les rayons du soleil.

VINTAGE HÔTEL
Rue Dejoncker 45
Saint-Gilles
✆ +32 2 533 99 80
www.vintagehotel.be
info@vintagehotel.be
A partir de 85 € pour une double chambre avec petit déjeuner. Prix en fonction du jour et de la fréquentation.
C'est un retour vers les « *Golden Sixties* » que les designers de cet hôtel ont voulu proposer à leurs hôtes. Ils n'ont rien laissé au hasard et ont même poussé le concept jusque dans la musique. Chaque objet est accompagné d'une fiche *design* et ravira donc ceux qui s'y intéressent de près.

Jardin botanique de Bruxelles. © S-F / SHUTTERSTOCK.COM

Index

C

D / E

F / G

H / I / J

K / L

M

» Index